权威·前沿·原创

皮书系列为
“十二五”国家重点图书出版规划项目

21世纪教育研究院／编

中国教育发展报告（2015）

ANNUAL REPORT ON CHINA'S EDUCATION (2015)

主　编／杨东平
副主编／杨　旻　黄胜利

社会科学文献出版社
SOCIAL SCIENCES ACADEMIC PRESS (CHINA)

图书在版编目(CIP)数据

中国教育发展报告. 2015/杨东平主编. —北京：社会科学文献出版社，2015.5
（教育蓝皮书）
ISBN 978 -7 -5097 -7298 -0

Ⅰ. ①中… Ⅱ. ①杨… Ⅲ. ①教育事业 - 研究报告 - 中国 - 2015 Ⅳ. ①G52

中国版本图书馆 CIP 数据核字（2015）第 063330 号

教育蓝皮书
中国教育发展报告（2015）

主　　编 / 杨东平
副 主 编 / 杨　旻　黄胜利

出 版 人 / 谢寿光
项目统筹 / 邓泳红　桂　芳
责任编辑 / 桂　芳

出　　版 / 社会科学文献出版社 · 皮书出版分社（010）59367127
地址：北京市北三环中路甲 29 号院华龙大厦　邮编：100029
网址：www. ssap. com. cn
发　　行 / 市场营销中心（010）59367081　59367090
读者服务中心（010）59367028
印　　装 / 北京季蜂印刷有限公司

规　　格 / 开 本：787mm × 1092mm　1/16
印 张：21.5　字 数：348 千字
版　　次 / 2015 年 5 月第 1 版　2015 年 5 月第 1 次印刷
书　　号 / ISBN 978 -7 -5097 -7298 -0
定　　价 / 79.00 元

皮书序列号 / B -2006 -035

教育蓝皮书编委会

主　　编　杨东平

副 主 编　杨　旻　黄胜利

课题核心组成员

杨东平　黄胜利　柴纯青　熊丙奇　刘胡权

杨　旻　周　玲　罗惠文　王　烽　储朝晖

本书作者　（按文序排列）

杨东平　文东茅　刘玉波　罗惠文　王丽伟

田志磊　王　蓉　刘明兴　柯　进　史耀疆

张林秀　Scott Douglas Rozelle　陶东梅

李剑平　王丽伟　刘　靖　彭霞光　张　凤

赵玉池　汪　明　张珊珊　赵　晗　周　天

马　晖　任怀鸣　蔺亚琼　宋　萑　张　博

王敬英　周深几　曾国华　周　玲　张良驯

赵慧杰　秦红宇　张　旭　杨　旻

摘 要

2014年是贯彻落实《国家中长期教育改革和发展规划纲要（2010－2020年）》的第四年。高考制度改革、高等教育改革、职业教育改革等各项改革方案密集出台，显示教育综合改革的深入开展。国家进一步扩大教育公平，采取特别措施弥补贫困地区农村教育短板。与此同时，城镇化过程中“流动儿童”的问题、高校科研腐败、教育创新等新老问题杂陈，亟待通过制度变革和制度创新予以破解，凸显了教育治理现代化的重要性。

9月4日国务院发布《关于深化招生考试制度改革的实施意见》，随后上海和浙江公布的试点方案勾勒了我国新高考的蓝图。与此同时，高考加分项目过多过滥引致教育不公，依旧被社会广泛诟病，基于此，作为高考制度改革的配套措施，教育部颁布了规范高考加分政策的改革举措，取消全部奖励性加分项目、取消大部分地方照顾性加分项目、保留和完善部分照顾性加分项目。这一举措深得民心，但还有待细化和科学化。

在中等职业教育发展的进程中，社会经济发展的地区差异、分权化的管理体制决定了地方中职教育发展的千差万别，当前中职教育存在深层次矛盾，东部和中西部各自面临着突出矛盾。据研究，来自贫困农村地区的孩子接受高等教育的几率远远低于城市地区的孩子，中职学生流失率高，其通用知识水平在入学后甚至开始退步。深入研究后义务教育阶段教育发展的问题，成为当务之急。6月22日，国务院发布《国务院关于加快发展现代职业教育的决定》，明确表示要引导部分本科院校转型为应用技术型高校，定位成职业本科，形成中职、专科、本科和研究生贯通的现代职业教育体系。然而从政策制定及初步落实情况看，各方对地方本科是否转为职业教育、高校如何分类等定位问题还存在较大争议。如何规范独立学院的发展，是我国高等教育发展中的重大问题。截至2013年3月，全国90%的独立学院仍未能完成转设。影响独立学院转设的，既有政策上的原因，也有学校自身的原因。

十八届三中全会通过《中共中央关于全面深化改革若干重大问题的决定》，提出了“深化教育领域综合改革”的总体要求。“深化教育领域综合改革”必须构建政府、学校、社会新型关系，倡导教育家办学，成为未来地方教育制度创新改革的着眼点。2014 年最大的亮点，是北京市教委依法行政，依法治教，多管齐下，一举解决了“小升初”择校乱象严重这一老大难问题。

2014 年，国家颁布了《特殊教育提升计划（2014－2016 年）》，指出未来三年将要探索符合中国国情的全纳教育模式，促使残疾儿童少年能够接受适合的教育，平等参与社会生活。是年，国家开始启动学前教育第二期三年行动计划，一些新的政策开始颁布，一些重大项目继续实施。但是，要保障全体幼儿都能接受到公平而有质量的学前教育、国家学前教育政策的落实不走样，需要在实践中不断继续探索。

基础教育领域，高中“国际班”需要有更加明确清晰的发展定位，更加规范的课程模式，更加严格的收费管理。随着新一轮户籍改革开启，“特大城市严控人口规模”的要求促使京沪等特大城市出现驱赶低端就业人口的现象。如何保障非户籍学龄儿童接受义务教育的权利，成为城市化进程之中亟待解决的严重问题。作为台湾近 45 年来最大的教育改革，“十二年国教”终于在 2014 年 9 月正式上路。教师教育体系改革探索仍然背负着沉重的枷锁，理论与实践脱节、能力培养不足等老问题犹存。PISA 是一项由 OECD 统筹的学生能力国际评估计划，对于 PISA 的关注和讨论需要从直接的能力测量、内在的教育研究和深化的教育改革等视角综合性地进行思考，以期辩证地认识 PISA 的积极作用和消极影响。据中国青少年研究中心的调查，不良的家庭结构、不当的家庭教养方式、不完善的家庭经济文化环境是引发未成年人违法犯罪的重要因素。

北京大学设立燕京学堂，成为 2014 年教育界的一个重要事件。燕京学堂项目的设置是我国大学的行政权力随着资本大量涌入而得到强化的产物。以“规模超大、管理超严、训练超强、考试超频、尖子生超多、升学率超高、‘北清率’超高”为基本特征的“超级中学”成为 2014 年另一焦点。我们需要深入分析“超级中学”形成的机理，找到真正有效的治理之路。2014 年，可视作中国在线教育的“建设年”，国内在线教育开始尝试进入教育核心领域开展探索，K12 教育、外语教育及职业教育的表现尤为抢眼。

农村小规模学校作为学校系统的最为薄弱处，它的建设与发展关乎教育公平的实现与社会正义的推进。推动农村小规模学校发展，把握农村小规模学校师资队伍建设是关键。21 世纪教育研究院通过调查发现卫生习惯不良和营养搭配不合理仍是贫困地区学龄儿童身体健康的两大隐忧，乡镇中心小学儿童的心理问题最为突出，贫困地区村小、教学点儿童的基本在校生活条件保障不足，其教育资源与乡镇中心校比差距极大。

公众教育价值观调查显示，绝大多数公众持有较健康的教育价值观，重视孩子的健康快乐成长，重视能力培养，与应试教育现实中的名校竞争、对孩子的强制形成明显反差。

目 录

𝔹Ⅰ 总报告

𝔹Ⅱ 特别关注

𝔹Ⅲ 教育新观察

BⅣ 教育调查与评价

BⅤ 附录

皮书数据库阅读使用指南

总 报 告

General Report

B.1

深化教育综合改革，大力促进教育公平

杨东平*

摘 要： 2014年国家继续推进教育领域内综合改革，以上海、浙江为试点的高考制度改革、现代职业教育体系的规划管理、以简政放权为核心的地方政府教育制度创新、以北京为代表的基础教育政策突围、贫困地区办学条件和儿童状况的改善、地方高校转型和高等教育的新版图、互联网时代的教育创新等立体式改革进展反映了教育的改善、改革和创新。与此同时，城镇化过程中进城务工农民工子女教育、高校科研腐败等新老问题杂陈。在深化改革、促进教育治理现代化的进程中，需要认识教育“新常态”，促进教育创新，通过制度变革解决农村教育和教师问题。

关键词： 教育综合改革　教育治理现代化　教育公平

* 杨东平，21世纪教育研究院院长，北京理工大学教授。

一　各类教育改革起步

（一）高考制度改革启动：上海、浙江试点

改变“应试教育”弊端，关键是改革考试评价制度，改变高考制度的“指挥棒”作用。2010 年国家制定《教育规划纲要》，将高考制度改革视为教育改革的突破口。9 月，期盼了 3 年之久的高考制度改革方案终于公布，名称为《关于深化考试招生制度改革的实施意见》。核心内容是促进教育公平，实行普通高校与职业院校分类考试，改革考试科目，高中将不再分文理科。

在考试科目方面的最大改变，是将高中学业水平考试加入高考评价。高考的总成绩改由全国统一高考语文、数学、外语 3 个科目的成绩，加上高中学业水平考试成绩，后者是从思想政治、历史、地理、物理、化学、生物 6 门科目中由考生自主选择最多 3 门的成绩，计入高考总分，即 3 + 3 的模式。高中阶段综合素质评价作为高校招生的参考。由上海、浙江两地试点，于 2017 年开始实行。其他重要措施包括大幅度取消高考加分，研究型大学自主招生面试改为高考之后等等。围绕这一改革，教育部颁发了关于普通高中学业水平考试、开展中学生综合素质评价、减少和规范高考加分项目和分值、完善和规范高校自主招生的配套文件。

高考制度改革的核心是破除“分分计较”的总分录取模式，建立全国统一考试、高中学业成绩、高校面试“三位一体”的综合评价和录取制度。这种“三位一体”的新的招生录取模式已经在南方科技大学、上海纽约大学等新大学实行，同时也在浙江省的 20 多所大学开展试点。

（二）高等教育改革破局

作为深化教育综合改革的举措，除了上海、浙江开展高考改革试点外，国家确定北大、清华和上海市承担教育综合改革试点的任务，被称为“两校一市”试点。上海市国家教育综合改革试验区建设方案（2014 ~ 2020 年）已获国家批准，包括 10 大方面、共有 52 条具体的改革举措。11 月，教育部和上海

市签署深化上海教育综合改革战略合作协议。

教育部核准发布了清华大学、北京大学等9所大学的《大学章程》，以规范政校关系、学校与社会关系，以及建立学校内部治理结构。按照要求，各高校在2015年要完成《大学章程》的制定。

北京大学、清华大学推出的《综合改革方案》，包括加快完善中国特色现代大学制度、深入推进人事制度改革、创新人才培养模式、健全学科发展机制和科技创新体系、改革社会服务体制机制、推进资源管理模式改革、进一步深化行政管理改革等方面。具体措施包括实行去行政化的制度建设，将学术委员会建设成为履行学术权力的机构，在学校治理上首先扩大院系治理的自主权；将本科教育界定为通识教育基础上的专业教育，建设通识教育核心课程，推进“大班讲授，小班研讨”，实施研究性学习等措施，提升本科教学质量。建立教师分系列管理、分类聘任的人事制度改革，实行“预聘”与“长聘”相结合的教师聘任制度，预聘教师在经过五六年的考核期后才能成为长聘教师，等等。清华大学还将试点授予学位改革，可自主增列学位授权点，自主设置本科专业、第二学位、双学位等培养项目，自行审批学位、设计印制学位证书。

（三）规划现代职业教育体系

高等教育改革破局的另一个重大举动，是部署高等职业教育规划以及地方本科院校转型。3月，教育部副部长鲁昕提出以600多所新建本科为重点，探索将其转型为本科层次职业教育，引发社会强烈关注。这一概念后来表述为探索“中国特色应用技术大学建设之路”。6月22日，国务院发布《国务院关于加快发展现代职业教育的决定》（以下简称《决定》），明确表示要引导部分本科院校转型为应用技术型高校，定位成职业本科，形成中职、专科、本科和研究生贯通的现代职业教育体系。此后，六部委联合印发《现代职业教育体系建设规划（2014－2020年）》，提出将建构现代职业教育体系与普通高等教育体系并行沟通的双轨模式，探索研究型高校、应用技术型高校和高等职业学校的分类管理。

与以往的文件相比，《决定》对发展现代职业教育有一系列新认识，如提出“加快发展”的要求，提出“政府推动、市场引导”，改变了过去“政府主导”的提法；企业从过去的“重要力量”成为“重要办学主体”。

（四）简政放权，地方政府教育制度创新

各地方政府在简政放权、改善教育治理方面，有一些新的尝试。广东省佛山市顺德区在实行大部制改革的过程中，因地制宜地改革教育管理体制，将学校管理权下放到乡镇一级，通过简政与放权、赋权相结合，实现“管办评分离”，初步形成了由政府指导性管理、学校自主管理、行业自律性管理，社会、社区、社会贤达、企业、家长、校友等多元参与，协同共治的开放型教育治理体系，激发了办学活力。

江苏省镇江市教育局以简政放权为基本思路，大力精简各种评估检查，会议少了、考核少了、检查少了、评比少了，使校长能够集中精力关注教学。通过建设现代学校制度，试行“自主管理试点校”、“副校级干部选聘制”等举措，扩大校长的自主权，使校长的主动性、创造性得以发挥。张家港市淡化考核评比，整治文山会海，近两年来，取消了教育系统内90%的考核评估项目，将每年一度的全市教育质量综合评估调整为每三年一次，允许办学业绩突出的学校不再参加全市统一评估，鼓励学校走个性化、多样化办学之路。苏州市吴江区汾湖高新区（黎里镇）坚持“政府、社区、学校、家庭”四位一体的教育方针，向成人学校放权，推进社区教育大发展。

二　基础教育的改善、改革和创新

（一）基础教育的创新探索

2014年中国教育的“开门红”，是OECD组织公布2012年度PISA测试，上海继2009年夺冠后蝉联冠军。PISA即“国际学生评估项目”，对15岁学生进行数学、阅读、科学三科学业成绩的测试，成为基础教育领域国际竞争的晴雨表。“向上海学习”成为一个国际热点，英国教育大臣率队到上海考察，发掘中国教育的秘密，并组织上海数学教师去英国传授经验。国外专家认为，上海基础教育的成功经验在国内是具有共性的，如家长和老师对孩子强烈的教育预期，成为一种激励机制；各级政府的教研组织、学校的教研室和集体备课制度、完善的教师培训、教师的超工作量服务等等，其中有些是西方国家难以学

习的。一些国内名校纷纷在北美建分校，输出中国教育的成功模式。国内的研究者则重视 PISA 测试中，上海获得的另外一些“第一”：学习时间最长，学生厌学情绪严重，等等。

北京十一学校“普通高中育人模式创新及学校转型的实践研究”、清华附小的“小学语文主题教学实践研究”分别获得首届基础教育国家级教学成果奖特等奖、一等奖。它们的改革体现了以学生为主体、由教向学的转变，通过开设多样化的课程和整合课程，走向个性化、多样化的学习。重庆市谢家湾小学实行课程整合，将以往小学的十几门课程整合成数学与实践、阅读与生活、科学与技术、运动与健康、艺术与审美 5 门“小梅花”课程，取得良好效果。

与此同时，上海市新的一年级课本删减古诗，课文单元减少，引起社会热议。11 月，教育部办公厅发文，号召在中小学开展“少年传承中华传统美德”系列教育活动，通过经典诵读、主题演讲等方式，引导学生学习、理解中华优秀传统文化，增强民族自豪感和文化自信心。全国小学体育工作会议提出把校园足球作为学校体育重点项目，制定中长期发展规划，计划 3 年内扩大至 2 万所。

（二）北京市锐意改革解决“小升初”择校难题

据 2010 年《教育规划纲要》颁布之后教育部与各省市签订的《备忘录》，2015 年将全面实现义务教育均衡发展。因而，2014 年是关键之年。年初，教育部发布《关于进一步做好小学升入初中免试就近入学工作的实施意见》，以及《关于进一步做好重点大城市义务教育免试就近入学工作的通知》，督促北京、天津等 19 个大城市尽快落实这一工作。

2014 年最大的亮点，是北京市教委依法行政，依法治教，一举解决了“小升初”择校乱象严重这一老大难问题。北京市通过建立“电子学籍”与“统一入学服务系统”2 个电子平台，实行单校划片或多校划片入学，取消共建生，降低特长生招生比例，严禁将竞赛成绩奖励证书作为入学依据，禁止组织任何形式的考试、面试选拔学生，严控“坑班”、“点招”等以规范招生；同时，采取多种措施拓展优质教育资源，培植新优质校。通过一系列“组合拳”，疏堵结合、有破有立，基本实现了义务教育阶段免试就近入学的目标。据北京市教委的统计，2014 年北京市小学就近入学比例为 93.7%，初中就近入学比例为 76.82%；北京市城六区初中就近入学的比例达到 74.01%。

北京市以壮士断腕的决心自我革命，攻坚克难，成为地方政府教育创新的突出典范，再一次证明了地方政府变革教育的可行性。在这一过程中，起关键作用的是具有正确的价值观、敢于担当、有领导力和行动力的教育家和教育家精神。

（三）改善贫困地区的办学条件和儿童状况

基础教育的重中之重和短板在农村。一些贫困地区和农村办学条件差，教师队伍难以稳定，存在许多代课教师，学前教育、英语和音体美等科的师资严重短缺，由于缺乏教师，许多农村小学未能开设英语。国家采取一系列措施改善农村教育问题。

年初，教育部、国家发展改革委、财政部出台《全面改善贫困地区义务教育薄弱学校基本办学条件的意见》（以下简称“薄改计划”），提出保障基本教学条件、改善学校生活设施、办好必要的教学点、妥善解决县镇学校大班额问题、推进教育信息化、提高教师队伍素质 6 项重要任务。“薄改计划”对贫困地区[①]义务教育薄弱学校的教室、桌椅、教学仪器设备、图书等以及对寄宿学校中的生活设施提出了明确要求。为确保教学点能够正常运转，不足 100 人的教学点按照 100 人核拨经费。“薄改计划”采取中央和地方分项目、共同分担的办法，预计中央财政投入 2000 亿元左右，地方政府投入 4000 亿元，用三至五年补齐农村教育“短板”。

目前，我国集中连片特困地区儿童约 4000 万，其健康、教育水平明显低于全国平均水平。11 月，国务院通过《国家贫困地区儿童发展规划（2014 - 2020 年）》，强调对集中连片特困地区的农村困难家庭儿童给予从出生开始到义务教育结束的关怀和保障。近期的重点包括新生儿先天性疾病免费筛查和救助、困难家庭婴幼儿营养改善试点、县（市）建设儿童福利机构、偏远地区学前教育巡回支教试点、提高特殊教育生均公用经费、落实乡村教师生活补助。

---

① 我国的贫困地区包括集中连片特困地区、边境地区、少数民族地区，共有 1100 个县，义务教育薄弱学校占全国的 40%，学生占全国的 33%。

经过2011～2013年实施学前教育三年行动计划，2013年底学前教育的毛入学率已经达到67.5%。国家决定实施“第二期学前教育三年行动计划”，计划到2016年，全国学前三年毛入园率达到75%左右。

（四）进城务工农民工子女教育的新情况

在城市化进程中，出现了两个新的边缘化群体，即进城务工人员随迁子女和他们留在农村的子女，俗称“流动儿童”和“留守儿童”。据2010年人口普查数据，全国17岁以下流动儿童为3581万，农村留守儿童6102.55万，占农村儿童的37.7%。这两个群体总数约一亿人。2013年底，全国义务教育阶段在校生中流动儿童1277.17万人，农村留守儿童共2126.75万人，合计为3403.9万人。

国家为落实进城农民工随迁子女接受义务教育，实行“以流入地为主，以公办学校为主”的“两为主”政策。据教育部数据，流动儿童在城市公办学校就读的比例，2011年为79.2%，2013年达到了80.4%[①]，有两成的流动儿童未能进入公办学校，享受高质量的教育。关键是，随着特大城市加强对人口增长的控制，2014年北京、上海、广州等城市明显收紧了流动儿童入学政策，高筑门槛，许多适龄儿童被挡在学校门外，部分回乡就读，部分沉淀于城市。应当看到，大城市人口控制与给非户籍人口提供教育公共服务，是两个性质完全不同、相对独立的问题，保障流动儿童接受义务教育是政府依法行政的基本责任，不能将人口管理失控的责任转嫁给流动人口。这说明我们虽然在大力推进城市化，但对于人的城市化仍然没有做好准备。流动儿童教育及其政策经过十多年的发展变迁，到了一个新的关键点。

（五）互联网时代的教育创新

以互联网为平台的教育创新，最集中地表现在教育培训领域，培训行业处在激烈“火拼”和转型之中。2014年年初，YY旗下的“100教育”发出“颠覆新东方”的宣战，传统教育行业、互联网行业巨头及新兴企业

① 刘奕湛、徐博：《三部委解答政府如何为农民工解决后顾之忧》，《新华每日电讯》2014年2月21日。

纷纷竞逐在线教育市场，每天平均产生近3家在线教育公司。新东方试水在线职业教育，百度投资万学教育、传课网、智课网，阿里巴巴推出在线学习平台“淘宝同学”，学大教育发布了e学大智能平台，腾讯在线课程的分发平台“腾讯课堂”上线等等。与此同时，培训机构倒闭潮初现。英特国际少儿英语培训机构、春藤英语、曼哈顿英语、新动态英语等多家机构纷纷倒闭。这些机构此前都得到了融资，为此必须快速扩张、跑马圈地，由此埋下经营不善的祸根。

一些学校改革教学模式，尝试翻转课堂，将预习放在课后，在课堂上集中讨论和交流，强化课堂教学的功能。有的学校将ipad引进教室，整合教学资源，开展基于网络教育资源的教学实验。友成企业家基金会与中国人民大学附中合作开展实验，将人大附中的课堂通过网络传送到内蒙古、山西等地农村学校，这种两地各有教室、教师的实验被称为“双师课堂”。

（六）留学教育的“人口红利”

中国的留学潮波澜起伏，继续为人关注。据教育部的统计，2013年中国出国留学总人数为41.39万人，比2012年增长了3.58%，这是近年以两位数持续高速增长5年后，增速明显回调。基本趋势是读研比例下降，读本科人数的比例快速攀升，赴美读本科的人数2012～2013学年达93768人，占比从2005～2006学年的14.90%增长为39.8%，远高于同期赴美留学总人数的增速。就读私立高中人数更是呈现井喷式增长，2012～2013年达23795人，而2005～2006学年仅为65人，留学低龄化趋势明显。

由于申请人数众多，2014年中国学生遭遇美国高校“最难录取季”，名校录取率越来越低。在253472份美国常春藤联盟校的申请中，只有8.9%的申请人被录取，其中普林斯顿大学、耶鲁大学、宾夕法尼亚大学、康奈尔大学等4所名校创下历史录取率新低。深受中国留学生青睐的加州大学伯克利分校，今年的新生录取率也首次下跌至20%左右。事实上，中国学生出国留学人数的增长幅度已经出现了减缓的迹象。

与此同时，中国也开始享受留学生的“人口红利”，近年出现了留学生回国高潮。2000年留学回国人员仅9121人，而2013年达到了35.35万人，仅比当年出国留学人数低6万人。

三　规划高等教育的新版图

（一）科研腐败引发高校问责

以建设世界一流大学、一流学科为目标，我国的39所“985高校”和112所“211高校”是高等教育的第一梯队，得到中央财政的大力支持。由于传言可能会改变现行管理，对“985”、“211”高校按绩效评价进行拨款，得到社会广泛呼应，引发对行政化、等级化高校管理模式的批评。近年来，我国高等教育经费占教育总经费的比例在30%上下，而同期OECD国家这一占比仅为20%～25%。过高的高等教育投入，主要投向了“985”和“211”院校。据2013年的数据，一百余所中央部委所属高校（“211”和“985”高校）与两千余所地方普通高校公共财政预算比约为3∶7。巨大的学校差距造成不同高校毕业生在劳动力市场上的巨大差距。然而，对“985”高校巨额投入的产出效益却是模糊不清的。如何改变这种具有歧视性的制度安排，对大学进行绩效评价，提高高等教育的投资效益，促进高等学校的公平竞争，是舆论关注的核心问题。

10月10日，科技部通报中国工程院院士、中国农业大学教授李宁等5所大学的7名教授，弄虚作假套取国家科技重大专项资金达2500多万元。其中，被称为“中国动物转基因克隆研究领军人物”的中国农业大学教授、工程院院士李宁，涉嫌将课题经费转移至关联公司，其名下注资千万元的生物技术公司超过4家。据知情人介绍，转基因专项国家一次性投入200多亿元，又要求两年内花完，这根本不可能，于是他就转到自己的公司里。

此前，教育部划出的高校教师师德“红七条”中，明文禁止违规使用科研经费。据全国科协的一个调查，近年来我国对科研经费的投入每年增长20%，而科研资金用于项目本身的仅占4成左右。科研经费使用的不规范和腐败行为，坐实了公众对于研究型大学的担心。堵塞高校科研经费漏洞，显然不仅仅是师德建设和完善报销制度的问题，更需要改变行政化管理和消除集团利益、实行信息公开、形成独立的学术评价、改善教师薪酬制度等各个方面的制度变革。

（二）地方高校转型和高等教育的新版图

占本科院校总数56%的646所地方本科院校，大多是20世纪90年代高校扩招之后合并升格的，存在定位不清，盲目追求研究型、综合化，专业设置趋同，市场表现不佳等问题。据新建本科评估报告，抽样的43所高校专业设置与结构调整合格率仅为59.8%，专业建设合格率约为69.8%。[①] 地方本科院校毕业生的就业表现不仅落后于“985”、“211”高校，也落后于高职院校，转型发展成为当务之急。

“600所地方高校转型”之争的背后，是我国高等教育转型、改革职业教育体系、构建高等教育新版图的规划。借鉴世界高教系统分类方式，结合我国高等教育现状，我国高等教育的新版图，是将目前普通高校与职业院校的二元模式，改造为研究型高校、应用技术型高校和高等职业学校并行的三元结构。学者建议，少数“985”、“211”高校为学术型，多数转入学术与应用的交叉地带，强调专业，回归实践。部分已定位成专业应用型的地方本科高校要提高教育质量。部分应用技术型本科院校可转为职业技术型，成为职业类本科，100所示范性高职未来也可发展为职业类本科院校。研究型与应用技术型之间、应用技术型与职业技术高校之间在培养层次和培养目标上可以交叉融合，没有等级差异，每一类型都可成为世界一流大学。当前地方本科院校转型面临的难题，首先是制度设计尚不清晰、缺乏配套和引导政策；其次是行政化体制，因为高校升格的动力很大程度上来自官员提升级别的冲动。

四　深化改革，促进教育治理现代化

2014年公布的考试招生改革，北京大学、清华大学的综合改革，上海市教育综合改革，职业教育改革等各项方案将从2015年起开始实施。2015年将是教育改革的落地之年。要实质性地推进这些改革，避免走过场的结果，关键是促进教育治理的改善和现代化。

---

① 刘道彩：《大学还有热门专业吗》，《中国青年报》2014年4月2日。

（一）认识教育的“新常态”

当前教育发展的新常态，即今后教育发展的长期趋势，有三个显著特征。

一是教育在整体上进入了“后普及教育阶段”。随着基本普及九年义务教育、高等教育进入大众化阶段，尽管仍然需要补缺，但主要问题已经从满足基本需求转到追求好的教育、有质量的教育，提升教育质量，改善教育品质。

二是快速城镇化进程导致的新情况新问题，突出表现为在大规模人口流动中，出现了城市流动儿童、农村留守儿童这两个新的边缘化群体，他们的教育问题解决仍然需要整体性的制度安排。在农村，出现了三类特别值得关注的学校，即城镇地带的大班额现象和大规模学校、集中了大量留守儿童的农村寄宿制学校，以及乡镇中心学校之下的村小、教学点等小规模学校。它们的问题和解决之道各不相同。如何处理新形势下的城乡关系，既要满足进城上学人群的需要，又要满足难以进城上学、沉淀在农村的后20%～30%弱势家庭的教育需求，是对地方教育管理的重大挑战。

三是互联网时代、学习型社会的教育需求。虽然学校总体上仍呈现“应试教育”的传统面貌，但教育多元化的格局已经出现，以学习者为中心的理念开始深入人心，在体制内外，各种自下而上的教育创新、教育探索越来越多，“小微学校”和幼儿园越来越多，个性化、多样化、终身化的学习型社会的特征正在出现。

面对这一新常态，教育呈现理想与现实、城市和农村、促进公平与促进创新的强烈反差。虽然我们已经进入了教育普及和大众化阶段，进入了互联网环境，但教育之体仍陷于应试教育之中。“不能输在起跑线上”的蛊惑，使得起跑线不断前移，损害着青少年的身心健康、想象力和创造力。被称为“教育工厂”、“考试集中营”的“超级中学”仍然大行其道。我们需要通过以高考制度、义务教育均衡发展为主的教育变革，形成新的教育现实，从而凝聚面向未来的理想共识。

面对城乡教育的巨大差距和断层，我们需要继续强调教育公平的价值，保障农村学生的基本教育需求，弥补农村教育突出的短板；同时，要尽快从应试教育中突围，迎接知识经济和互联网时代世界范围内教育创新的挑战。11月在卡塔尔举行的“世界教育创新峰会”（WISE），显示教育创新就是要联结这样两个不同的目标：帮助边缘群体获得必要的教育，同时提高青少年在未来社会的生存能力。也就是说，通过教育创新促进教育公平，通过教育创新培养青少年的创造力！这两个目标不可偏废，也并非截然矛盾，而是可以互相促进的。

这需要两个方面的改革。就促进教育公平、改善边缘群体的教育而言，需要强化政府责任，尤其是中央和省级政府的财政责任。对于促进教育创新而言，需要放松管制、开放教育，培育产生教育家和有利于教育创新的环境和土壤。

（二）改善教育治理体系，促进教育创新

面对教育的“新常态”，我们需要确立新的教育理想，回答什么是好的教育、什么是我们需要的教育，我们的制度和管理如何适应学习型社会的到来。

十八届三中全会的决定提出提升国家治理能力和推进治理体系现代化的目标。深化教育领域综合改革的重要任务，就是政府转型、简政放权、建立多元利益主体下新的教育治理结构。首先是向社会放权，转变公共服务的提供方式，政府不是包揽包办，而是进行宏观管理，实行管办评分离、委托管理、购买服务、第三方评价，鼓励社会力量兴办教育。这意味着进一步开放教育、解放教育生产力。这是适应教育新常态的一个重要举措。今天，满足人们对好的教育的需求，已经在很大程度上转化为对个性化、多样化、选择性教育的需求。要进一步开放教育，通过制度创新释放改革红利。

简政放权的另一个层面是改变行政化、官本位的行政管理，向学校放权。这需要深化中小学办学体制改革，使学校真正成为自主办学的主体，实行教育家办学。同时，要改善教育创新的环境和土壤，改变以正规教育、学历教育为主的教育管理，使教育制度和政策更为灵活和富有弹性，在“包容性增长”的概念中，接纳正在出现的多样化的草根创新。

（三）通过制度变革解决农村教育和教师问题

年末，黑龙江、河南、江西等地发生了农村教师因待遇过低而罢课的事件，凸显了农村教育这一最短的短板，农村教师待遇过低的问题长期没有解决，教师队伍素质不高、不够稳定，成为农村教育落后的根本原因。

我国的基础教育管理体制一直存在重心过低的问题。1985 年实行以乡镇、

街道为主，2001 年改为“以县为主”，管理的层级虽然有所提高，但面对 1000 多个贫困县的现实，“以县为主”全面提高农村教师待遇的设想显然是不现实的。2010 年的规划纲要希望加强“省级统筹”，使省级财政发挥更大作用，但并无明确的制度安排。多年来，我国实行的各项农村教育项目都以硬件改善为主，这一次“薄改工程”改善的仍然是办学条件，没有涉及农村教师待遇。在深化社会综合改革的新形势下，围绕国家财政体系的改革，应当高屋建瓴，创新性地构建新的教育财政制度，重新划分中央和地方的教育事权、财权，显著加大中央财政对基础教育的投入，建立以中央和省级财政为主的义务教育经费保障制度，从根本上解决农村教师待遇问题。这既是重要的民生事业，也是缩小城乡差距、改变农村教育落后面貌的根本措施。

特别关注

Topics of Special Concern

B.2

高考改革：牵一发而动全身*

文东茅　刘玉波**

摘　要：国务院《关于深化考试招生制度改革的实施意见》以及随后上海和浙江公布的试点方案勾勒了我国新高考的蓝图。高考是指挥棒，高考改革“牵一发而动全身”。新高考将如何引导基础教育和高等教育改革的方向？它又将为考生、教师以及中学和大学带来怎样的机遇和挑战？本文将尝试对新高考的全局性影响作出展望。

关键词：新高考　高考改革　走班制　招生自主权

* 本文为2014年教育部哲学社会科学研究重大委托项目“高考改革试点方案跟踪与评估研究”成果之一。项目负责人：文东茅，项目批准号：14JZDW004。

** 文东茅，北京大学教育学院/教育经济研究所教授；刘玉波，北京大学教育学院博士研究生，西安博迪学校董事长。

2014年9月4日国务院发布《关于深化考试招生制度改革的实施意见》（以下简称《实施意见》），随后浙江和上海分别制定《浙江省深化高校考试招生制度综合改革试点方案》、《上海市深化高等学校考试招生综合改革实施方案》，这些文件吹响了我国自1977年恢复高考招生以来力度最大的一轮高考改革的号角，也勾勒出了我国高等学校招生考试制度新的蓝图，即“到2020年基本建立中国特色现代教育考试招生制度，形成分类考试、综合评价、多元录取的考试招生模式。”① 新高考改革试点方案包括诸多新的举措，如考试科目上取消文理分科，实行“3+3”制、部分科目两次考试、高职院校单独考试；在评价机制上，强调“基于统一高考和高中学业水平考试成绩、参考综合素质评价”，试行“三位一体”的综合评价；在招生方式上，试行“专业+高校”的志愿填报方式，“一档多投”、取消投档批次等等。此外，《实施意见》还对高校自主招生、高考加分、招生名额分配等提出了具体的意见。高考改革方案公布后，引起了全社会的广泛关注，对于高考改革可能产生的影响，公众、媒体和专家也有大量的分析预测，不过这些讨论分析大多只侧重于某一方面的影响，见一斑而难窥全豹。高考改革“牵一发而动全身”，本文将尝试在综合有关媒体讨论的基础上，结合笔者近期四次赴浙江、上海与中学校长及教育考试院负责人访谈交流的体会，就新高考对我国教育系统可能产生多种影响进行全面的分析。

一　学生自主选学选考将成改革突破口

新高考的重要指导思想之一是增加学生的选择性，促进学生兴趣、特长和个性的发展。为此，新高考在考试类型、考试科目和考试组织上进行了重大变革，学生的选择性将大大增强。

首先是考试类别的选择。新高考实行分类考试，高职院校考试招生与普通高校相对分开，采用“文化素质+职业技能”的评价方式，为职业技能型人才提供不同招录渠道和发展路径。由于《实施意见》明确提出“2015年通过分类考试录取的学生占高职院校招生总数的一半左右，2017年成为主渠道”，

① 国务院：《关于深化考试招生制度改革的实施意见》，2014年9月4日。

因此，通过普通高考进入职业院校的人数减少，高中学生需要在职业教育、普通高等教育两条不同发展轨道之间提前选择。在浙江的高职院校单独招生考试中，职业技能测试又分为 17 个大类①，学生还需要自主选择职业技能测试的考试。

其次是考试科目的选择。新高考要求普通高校招生中打破传统的“文理分科”，考试科目采取“3 + 3”制，即考生考试总成绩由统一高考的语文、数学、外语 3 个科目成绩和高中学业水平考试 3 个科目成绩组成。在上海，学业水平考试科目是在物理、化学、生命科学、历史、地理、思想政治等 6 门科目中选择 3 门；在浙江，则是在物理、化学、生物、历史、地理、思想政治、技术等 7 门科目中选 3 门，即在上海和浙江，考生将分别有 20 种和 35 种考试科目组合的选择。根据浙江省教育考试院的初步摸底调查，拟选择“理化生”和“政史地”之外其他组合的学生比例达到 60% 左右②，可见选考科目制满足了大多数学生对考试科目组合多样化、个性化的需求。考试科目的选择不仅与考生的能力和兴趣发展有关，也在一定程度上影响着考生的高考专业选择甚至高考成绩排名。这对于高中生而言，不能不说是一次重大的选择。

最后，考试时间和频率的选择。在新高考中，将在外语考试中为学生提供两次考试的机会；在浙江的试点方案中，一年安排两次学业水平考试，全科开考③。这就意味省考试院将在两年中为每一科目都提供四次学业水平考试机会，学生可以选择报考两次，选用其中一次成绩。学生在何时参加第一次考试？是否要参加第二次考试？这都是摆在每一位考生面前的必答题。

此外，由于综合素质评价将作为考试招生的重要参考依据，如何提升综合素质、凸显能力特长，也是考生们必须面临的课题。这就要求学生必须对统一课程学习之外的学习活动的内容、进程、程度等进行选择和规划。

---

① 浙江省人民政府：《浙江省深化高校考试招生制度综合改革试点方案》，2014 年 9 月 9 日。

② 根据笔者对浙江省教育考试院负责人的访谈，2014 年 11 月 20 日。

③ 浙江省教育厅：《浙江省普通高中学业水平考试实施办法》、《浙江省普通高校招生选考科目考试实施办法》，2014 年 11 月 7 日。

二　选修制将带动高中教育全面改革

由于实行选考科目制，不同学生学习的科目不同，加之学生在考试时间、参考次数上的自主选择性，我国中小学长期普遍实行的行政班级制将难以与之适应，这就迫使学校必须推行新的教学组织形式，以此配合课程的多样化实施，满足学生的个性需求。实行选修选考制后，对高中学校最直接的影响将是走班制的普及化[①]，即中学普遍呈现没有固定行政班级、没有固定教室、学生每人一张课表的状况。这意味着整个学校、课程、老师都要转起来。[②] 走班制不仅是教学组织形式的改变，它将进一步导致学分制、分层教学、跨年级选课制的产生。许多科目将出现“学一科清一科”的情况，也会出现同科目不同难度、同科目不同教材、一个班里的学生来自不同的年级等情况，这对教师备课、授课，以及学校排课、教室安排、师资调配都提出了新的要求。在较早实行走班制改革的北京市十一学校，目前已经形成分层课程、分类课程、综合课程、特需课程等四大门类的课程，其中包括265门学科课程、30门综合实践课程、75门职业考察课程，根据学生发展方向、课程难度和学习方式，数学、物理、化学、生物等课程都分为4～5个不同的层次，并且向上延伸出大学先修课程、高端研修课程，向下延伸出援助课程。[③] 由于师资水平、办学条件和发展特色不同，不可能每一所学校都能提供与十一学校一样丰富多样的课程，但从满足学生多样化的需求、激发教师发展潜力的角度看，这种课程的多样化、校本化方向是必然的。可以肯定，将来会有越来越多的高中开设出各种特色校本课程，中国大学先修课、网络公开课也将得到更大范围的推广，因而高三阶段语文、数学、外语之外的其他科目教师大量闲置的情况并不会普遍出现。

选修制带来的另一变化是学生学业指导的强化。中国教育在线《2014年高招调查报告》显示，高考填报志愿时，已经有了明确的目标专业意向的考

① 根据笔者2014年10月7日与部分浙江中学校长的座谈。

② 胡亚平：《浙江19日公布高考方案：或实行“走班制”1人1课表》，《广州日报》2014年9月19日。

③ 赖配根：《寻找教育家办学的DNA——北京市十一学校办学实践探访》，《未来教育家》2014年第10期。

生只占15.6%；知道不想学什么，但是不知道想学什么的考生占36.3%；没有目标，不知所措的考生是最多的，占48.1%。[①] 可以想象，在高考改革试点初期，面对更加复杂多样的选择，学生更会出现选择的迷茫。为此，高中必须提供必要的帮助，以便学生了解自身优势、学会选择，高中开设学业指导课程、提供学业咨询将成为普遍趋势。高中学业指导不仅包括学习科目选择、学习进程安排、学习方法辅导等内容，更重要的是要了解各高校的不同要求，为学生提供有针对性的学习建议。在“专业+高校”的录取模式中，高中学校将必须更全面地了解各个大学不同专业的人才评价机制，根据大学对人才的需求来指导学生课业安排。随着时间的推移以及高中生生涯指导课程的推广普及，可以相信，学生对自己的认识将更为清晰，学业选择也将更为理性。

三 高校多元自主招生将逐步推广

高考改革的重要目标是打破“唯分数论”，为此，新高考方案中，综合素质评价将作为“参考依据”，与高考成绩和学业水平考试成绩一起纳入招生评价体系。尽管对于如何进行以及如何使用综合素质评价还没有明确的规定和办法，但改革的方向已经明确。可以参考的模式就是浙江省正在试点的“三位一体”综合评价招生，在该模式中，高考成绩可以只占综合成绩的50%，高校组织的综合素质评价可以占总成绩的30%～40%。如果高考（含选考科目）成绩、学业水平考试成绩和综合素质评价的权重分别为50%、10%、40%，此时按百分制计算的综合素质评价成绩1分将相当于高考成绩（按总分750分计算）的6分，即综合素质评价中10分的差距（如80分和90分）需要用60分的考试成绩才能弥补。可见，在此情况下，在招生录取过程中综合素质评价结果将不是可有可无的“参考依据”，而是决定性的因素，意味着高校将拥有高度的招生自主权。

在拥有招生自主权之后，高校需要尽快“学会招生”。在以往“唯分数论”的招生体制下，高校仅仅是简单地“据分录取”，在改革之后，高校根据学科、专业和发展的需要“按需招生”。如何客观公正、科学高效地评价、筛选出适合

① 《2014高招调查报告》，中国教育在线，2014年6月11日。

高校和学科特点的优秀学生，将是高校需要共同面对的难题。高校办学层次类型、学科专业、发展目标的多样性决定了不同高校招生要求和标准的多样性；在实行“专业＋高校”的招生体制下，同一高校不同专业的招生要求也很可能会差异极大。高校不仅要研究制定一整套适合自身人才培养和改革发展需要的招生标准、条件和程序，还需要培养、建立一支大规模、高素质、专业化的招生队伍。完成这些工作绝非一日之功，需要不断尝试、不断总结，逐步完善。

与此同时，高校还需要建立健全招生权力的自我约束机制。高考改革赋予了高校在招生规则制定、自主评价和录取考生等方面更大的自主权，相应地，也会要求高校对所制定的招生规则的科学性、合理性负责，对考试招生过程、结果的公正性、客观性负责。在中国这样一个特别注重人情关系的社会，如果没有细致明确的规则、严密审慎的程序，高校招生必将成为一项高风险职业。建立“制度的铁笼”，不仅是为了限制招生人员的越权、违规行为，也是希望依靠强有力的制度抵制可能的腐败和违法犯罪。招生权力自我约束机制的建立将直接关系到高考改革的进程，甚至决定改革的成败。因此，尽管高校自主招生是必须坚持的改革方向，但对高校的放权又必须是谨慎的、逐步推广的。

四　招生改革将加速高校人才培养模式变革

以往的高校招生是以高校为单位、分批次录取，被列入“第一批招生”的高校总能招到高分考生，被列入第二批、第三批招生的高校则只能从剩余考生中顺次录取。由于人为地将高校分为三六九等，限制了各高校的招生范围，必然会引起大批高校的不满；同时，考生的档案通常只能被抛到一所高校，在专业意愿得不到满足时考生必须“服从专业调剂”，这也就必然会导致大批学生对所学专业不感兴趣从而对高考招生和就读高校不满。这种模式尽管可以有效地保证大多数高校和专业在招生时都“旱涝保收”，可以“保护”部分冷门专业，却是以牺牲学生的选择和高校之间的不公平竞争为代价的。

根据新的高考改革方案，将“创造条件逐步取消学校招生录取批次”、“增加高校和学生的双向选择”；[①] 在上海的方案中，已经决定从2016年起合

① 国务院：《关于深化考试招生制度改革的实施意见》，2014年9月4日。

并本科第一、第二批招生，并提出“探索学生多次选择、被多所高等学校录取的可行性”;[①] 在浙江的方案中，将实行“专业+学校”的志愿填报方式，“录取不分批次，按考生总成绩，分大类实行专业平行志愿投档”。[②] 在这种招生模式下，考生将拥有更多的选择权和主动性，高校及其学科专业的质量、特色将可能取代“高校名气”而成为考生入学选择的主要因素。对高校而言，以往的“录取分数线竞争”将失去意义，对包括考试成绩、综合素质、专业兴趣等多个要素的生源质量竞争将成为主流，“各美其美、美美与共”的多元化生源质量观也将逐步形成。在改革中，一些被划入“二本”、“三本”的特色高校（尤其是民办高校）及部分专业有望冲出重围、脱颖而出，一些重点高校的冷门专业也可以摆脱追求高分的枷锁，招收对专业有兴趣的、真正适合的学生，一些办学声誉差、质量低的专业很可能因招生困难而被淘汰。改革对所有高校和专业而言，都可谓“机遇与挑战并存”，如何抓住机遇、提升质量、办出特色，并让自己的努力和成果能为社会和考生广为了解，也必将成为各高校和各专业需要长期面对并着力解决的课题。

新高考试点方案规定，高校可以分学科大类（或专业）自主提供学业水平考试科目选考科目范围，但最多不超过3门，而学生满足其中任何一门即符合报考条件。在此情况下，高校生源结构必然会走向多样化。例如，在上海的试点方案中，学生“6选3”有20种科目组合，高校规定任何一科为必选，则意味着有10种组合符合要求，而不规定选考科目则意味着所有20种组合均符合要求。面对生源结构的多样化以及生源质量的新特点，高校按专业招生、从大一开始分专业培养的模式将遇到诸多困难。在上海的试点方案中，已经要求高校“按学科大类（或专业）自主提出选考科目范围”，浙江方案则明确规定“分大类实行专业平行投档”，这就意味着高校按专业大类招生甚至不分专业招生将成为一种趋势，随之而来的很可能将是大学一年级不分专业，主要进行通识教育和专业定向，从二年级开始分专业培养。这一培养模式的改革很可能导致大学内部各个学科专业“抢夺大一新生”的局面，如何向新生开出高质

① 上海市人民政府：《上海市深化高等学校考试招生制度综合改革实施方案》，2014年9月19日。

② 浙江省人民政府：《浙江省深化高校考试招生制度综合改革试点方案》，2014年9月9日。

量、有吸引力的通选课，如何通过这些课程去有效鉴别、挑选有专业兴趣和发展潜力的学生，又将成为各学科专业必须面对的课题；由于专业教育将主要在后三年进行，高校现行的培养计划必须调整；由于各个学科专业每年选报的学生人数变动不居，而且学生转专业的壁垒下降、频率提高，高校在专业招生计划制定、学生管理、资源调配等方面也将面临诸多新的挑战。如何培养出创新型、个性化的高级专门人才，应该成为这一轮人才培养模式改革的主题。

五　教育思想观念将在冲突中逐渐更新

本次高考改革最重要的原则是“坚持育人为本，遵循教育规律”，“把促进学生健康成长成才作为改革的出发点和落脚点，扭转片面应试教育倾向”。[①]“改革的实质是以一种更全面的评价观、更多元的人才观和更深刻的公平观实现对‘唯分数论’的超越”。[②] 但是，思想观念的变革是一个比制度和政策变革更漫长、更艰巨的过程，这就注定了高考改革不可能一帆风顺，新旧思想观念的冲突将更为激烈，并在一个时期内长期存在。

高考改革面对的思想观念的挑战可能首先是“唯分数论”阴魂不散。我国三十多年的高考一直采用总分录取制，而且只是依据考试成绩，这就导致整个教育领域普遍的“唯分数论”，一切为了分数，分分必争、分分必究。新高考招生体制试图通过分类考试、自选科目、综合评价、多元录取等措施，淡化分数的作用，打破唯分数论，但其基本的录取方式仍然是基于高考成绩、学业水平考试和综合素质评价的总分录取制，这就很可能导致新的唯分数论的出现。“好经也有念歪时”，为了获得更高的成绩，可能绝大多数学生都会参加两次外语考试和两次选课科目的学业水平考试，并且想尽各种办法提高综合素质评价的成绩；高中学校也会尽其所能制定“提分战略”，包括为集中优势、节约资源而限制学生的选考科目组合，突击完成学业水平考试，高三集中应对语数外等；高校为了招生工作“高效”和“公正”，可能仍然简单地依据考试

① 国务院：《关于深化考试招生制度改革的实施意见》，2014 年 9 月 4 日。

② 文东茅：《高考改革方案对“唯分数论”的超越》，《中国高教研究》2014 年第 10 期。

院提供的考生综合成绩“依分录取”，仍然相互攀比录取分数线。不过，从乐观的角度看，上述现象很可能会成为改革初期的一种“过渡状态”，随着时间的推移，可能越来越多的考生和教师会发现，学业水平考试选考科目实际上是一种等级赋分制，花费半年甚至更多时间反复复习参加第二次考试尽管有可能提高原始考分，却并不一定能提高考生在群体中的相对排名及等级得分，得不偿失。而随着高校多元自主招生体制的推进、综合素质评价制度的完善和其作用的充分发挥，考生们会逐步发现，花费时间精力真正提高综合素质、培养能力特长不仅可以在高考招生中得到充分的回报，也会使自己终身受益。若能如此，中小学阶段的素质教育也可望得到真正落实，甚至课外补习教育也会更多地着眼于学生能力、兴趣、特长的培养和个性化需求的满足。

高考改革还包括“因材施教”、“终身学习”、“人人成才”等重要指导思想，但受“大一统”思想的影响，目前各级各类学校普遍教育理念同一、僵化，创新求异将面临诸多阻力；受“重学轻术”传统的影响，我国“人才”观念单一，职业技能人才不受重视，职业教育的地位和吸引力难以在短期内得到显著提升，“分类考试”也难以立竿见影地显现其意义和成效。尽管《实施意见》提出“拓展社会成员终身学习通道”、“扩大社会成员接受多样化教育机会”，“构建人才成长‘立交桥’”，但因“精英高等教育”阶段形成的考大学、上名校思想根深蒂固，终身学习思想要深入人心尚需时日。这些思想观念的阻力和冲突很可能增加改革的困难、延缓改革的进程，但是，高考改革毕竟顺应了时代的发展和社会的诉求，代表着教育发展的正确方向，因而应该乐观地相信，假以时日，正确的新观念必将代替错误的旧观念。

高考改革有如风乍起，吹皱了一池春水。新高考有如新的指挥棒，各级各类教育都将因之而或迟或早、或多或少、或直接或间接地发生改变。及早预见、正确引导高考改革的影响应该成为研究者和政策制定者当前的重要任务之一；各级各类学校、教师、学生和家长也应该充分重视、尽可能地了解高考改革可能的影响。“好经也有念歪时”，要完全实现高考改革者的初衷，推动中国教育持续、系统、深刻的变革，则需要全社会的共同支持和配合，为此，正确的态度应该是乐助其变，而不是静观其变或“以不变应万变”。

B.3

中国高考加分政策的改革和政策建议

罗惠文　王丽伟*

摘　要：作为高考制度改革的配套措施，教育部颁布了规范高考加分政策的改革，取消全部奖励性加分项目、取消大部分地方性照顾性加分项目、保留和完善部分照顾性加分项目。这一举措深得民心，但还有待细化和科学化。建议进一步完善少数民族考生加分政策，整合针对农村学生的补偿性政策，赋予高校自主采用加分的权利，稳定高考加分政策的修改制定。

关键词：高考制度　加分政策　教育体制改革

2014年7月，辽宁省级示范性高中本溪一中87名体育特长生涉嫌作假，再一次引爆了公众对高考舞弊的担忧。高考加分项目过多过滥引致教育不公，已被社会诟病多年。2014年9月颁布的国务院《关于深化考试招生制度改革的实施意见》明确提出，“2014年底出台进一步减少和规范高考加分项目和分值的意见”。12月，教育部、国家民委、公安部、国家体育总局、中国科学技术协会《关于进一步减少和规范高考加分项目和分值的意见》（以下简称《高考加分意见》）出台，成为2014年底最受公众瞩目的教育事件之一。

一　高考加分政策的发展过程

“高考加分政策”主要指的是中央和地方教育主管部门以及高校，在高等

* 罗惠文，21世纪教育研究院副研究员；王丽伟，21世纪教育研究院助理研究员。

教育入学招录中根据考生的种族民族、家庭背景、德智体突出表现等情形对其高考分数予以优惠与照顾的操作规则。其出发点是为弥补统一高考制度的局限，对优秀人才予以奖励，为特殊人才提供成长通道，并对一些特殊群体予以政治性的照顾。按其价值主要分为两种：

第一，照顾性加分。它是国家采取的政治性的补偿、照顾、优惠政策，主要面向边疆、山区、牧区及少数民族聚居地区的少数民族考生，归侨、华侨子女及台湾省籍的考生，烈士子女、自谋职业的退役士兵以及荣立二等功（含）以上等荣誉的退役军人。此外，还有某些行业和地方出现的某些特定政策，如照顾退役的优秀职业运动员的加分等。

第二，奖励性加分。为避免唯分数论的局限，对具有文体特长或获得重大学科、科技竞赛奖项的学生，获得省市级三好学生和优秀学生干部称号的学生等实行加分的优惠。

在加分政策之外，为满足人才选拔的一些特殊需要，还形成了保送生、文体特长生、定向生、提前批次招生等特殊的招生政策。

回顾历史，我国高考加分政策的演变经历了三个阶段。第一阶段是 1949 年后至 1976 年，当时强调政治标准优先、教育为工农子弟开门，对工农和革命干部子弟采取“优先录取”、破格录取的政策。第二阶段是 1977 年恢复高考之后至 2003 年左右，开始出现对优秀人才的奖励性需求，多采取降分录取政策，降分幅度一般在 10 ~20 分之间。第三阶段是 2004 年之后，各种加分政策越来越多，实行加分、降分和优先录取相结合的方式，优惠分值最高为 20 分。

导致加分项目泛滥的重要原因之一，是自 2000 年开始，将部分高考加分政策的制定权从教育部下放地方。截至 2014 年 12 月，共有全国性高考加分项目 11 项，其中政策照顾性加分 5 项，奖励性加分 6 项；地方性加分项目 95 项，其中照顾性加分 81 项，奖励性加分 14 项。① 在这一过程中，出现加分项目过多过滥、加分政策随意性较大、操作不透明不规范、加分优惠多为优势阶层子弟所享受等问题，影响了高考公平。高考加分政策逐渐成为社会反映强烈

① 戴作安：《大幅减少地方性高考加分项目》，http：//www. moe. gov. cn/publicfiles/business/htmlfiles/moe/s8535/201412/181907. html，2014 年 12 月 30 日。

的教育问题。

2014 年 12 月新发布的《高考加分意见》规定取消全部奖励性的全国性加分项目，包括省级优秀学生、思想品德突出者、奥赛、科技类竞赛、重大体育竞赛、高水平运动员 6 项；保留和完善照顾性的全国性加分项目，包括少数民族考生、侨类和台湾省籍考生、烈士子女、退役士兵和立功退役军人 5 项。取消全部奖励性的地方性加分项目和大部分照顾性的地方性加分项目，研究制定本地调整规范高考加分工作实施方案。此外，《高考加分意见》要求加强加分考生资格审核及其信息公示工作、完善违纪举报和申诉受理机制、严肃处理资格造假考生、依法健全责任追究制度等。

二　高考加分政策改革的民意调查

（一）取消及减少加分项目乃众望所归

《高考加分意见》出台之前，2014 年 10 月 23 日至 11 月 3 日，21 世纪教育研究院联合腾讯网教育频道实施网络民意调查，了解公众对于高考加分政策的意见和态度。[①] 调研发现，受访者认为此前实施的加分政策“加分项目偏多”以及“过多过滥”者占 71. 57%；认为应减少加分的比例多达 61. 12%，而认为应该“维持现状”者仅有 3. 66%。

受访者中认为奖励性加分项目应该“取消”以及主张“保留但做调整”照顾性加分项目者最多。可见，规范高考加分政策，是保障教育公平、符合民意的善治。

（二）公众希望将加分权收归教育部

在 21 世纪教育研究院进行的前述调查中，发现受访者对于高考加分政策制定主体的主张非常强烈，主张权力上移，多达 85. 69% 的受访者认为应当“改变政出多门，由教育部统一制定”。海南（90. 00%）和辽宁（92. 04%）受访者对此观点持支持态度者更多。

---

① 调查共计收回 9791 份问卷。该调查为非随机抽样，结果仅代表受访者群体。

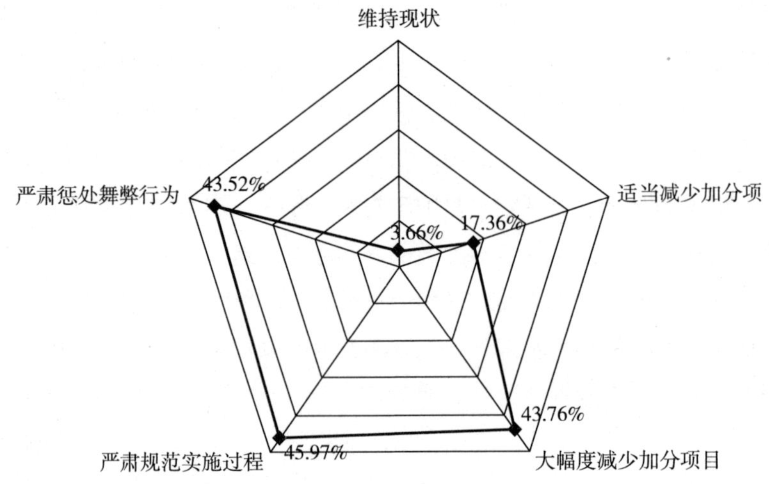

图 1　对高考加分政策的基本意见（多选）

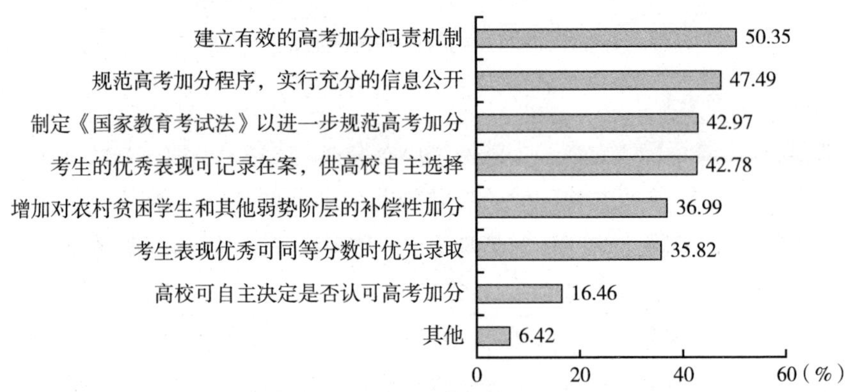

图 2　对高考加分改革措施的建议（多选）

从 2014 年《高考加分意见》看，此次对于地方性加分项目的改革，是取消全部奖励性加分项目和大部分照顾性加分项目。考虑到各省的实际差异，仅将部分确需保留的地方性照顾类加分项目“规范和完善”的权力留给地方，可以说收权的力度是相当大的。

（三）公众期望严格管理，严惩舞弊行为

21 世纪教育研究院调研发现，对于高考加分政策的现状，高达 83.62% 的

受访者认为“弄虚作假比较严重”、“存在舞弊现象”。受访者中认为应该“严格规范实施过程”与“严肃惩处舞弊行为”者均超过四成（见图1）。

调研显示，受访者对改革高考加分政策的建议，呼声最高的是“建立有效的高考加分问责机制”，其次是“规范高考加分程序，实行充分的信息公开”。对此，《高考加分意见》有明确要求，提出“依法健全责任追究制度”及“加强加分考生资格信息公示”等具体措施。

在对高考加分舞弊的惩罚措施方面，《高考加分意见》规定，严肃处理资格造假考生，同时要求各省（区、市）实行倒查追责。据21世纪教育研究院前述调研，民众对于舞弊的“相关责任人”与“考生”追责的态度同《高考加分意见》是一致的，权衡二者，“对舞弊相关的其他人员依法严厉处罚”的支持率明显最高（76.14%），为民众对各项惩罚措施建议之首（见图3）。

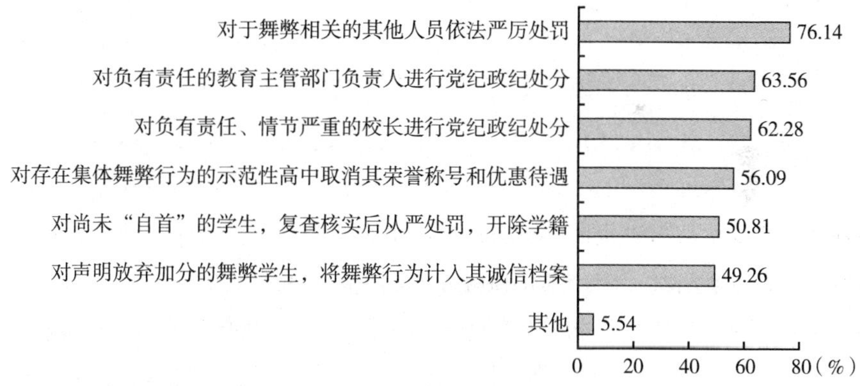

图3　对高考加分舞弊人员惩罚措施的建议（多选）

三　进一步改革高考加分政策的建议

《高考加分意见》是一个比较原则性的规定，其具体实施，需要在科学研究的基础上加以细化和完善，从而具体落实。此外，还有一些相关的问题需要研究。

（一）完善少数民族考生加分政策

此次《高考加分意见》未涉及少数民族学生加分分值、加分方式，并将具体政策制定交由各省（区、市）。据此前少数民族学生加分的实施情况来看，各地自行制定的加分政策差异很大。根据北京大学教育学院文东茅教授对全国30省（区、市）2014年加分政策的研究[①]，在分值方面，各地最高加分分值从0分（山西省没有针对少数民族学生的加分规定）到50分（四川、新疆）不等，同一民族学生在不同地区加分分值不同，同一地区不同少数民族学生加分不同。并且，在实际操作中，各省的加分依据也有所不同，存在单因素加分（即在加分政策中只考虑民族因素）、双因素加分（即不仅考虑民族因素，同时考虑地区因素或院校因素）、三因素加分（即同时考虑以上三个因素）等情况。如北京、上海、安徽、河南对所有少数民族考生均加5分，吉林、湖北、浙江、海南对少数民族学生均加10分，内蒙古只对5个少数民族的学生加10分，黑龙江对规定的7个少数民族的学生加10分、其他少数民族的学生加5分，宁夏给回族学生加20分、其他少数民族学生加10分等。

上述政策差异使得少数民族学生高考优惠政策的内在逻辑一致性出现问题：如果出于民族政策的政治考虑，则应该对所有少数民族学生都加分，而不应对不同少数民族学生区别对待；如果是为了照顾边远、落后、边疆地区的弱势群体，那么这些地区的少数民族学生和汉族都应该加分，而对已经生活在城市地区、享受优质教育资源的少数民族考生则不应加分。因此，针对少数民族学生的补偿性加分项目应当细化执行办法，提高“靶向性”。

文东茅提出，把考生分成特定类别，对每一类别考生都给予相同的加分，在一段时期内相对稳定是一种“静态等额加分模式”。这一模式的缺陷主要是分值缺少依据、类型划分粗糙、政策缺乏灵活性。更为重要的是，对这种加分模式的效果很少有人进行实证检验，就更谈不上对其进行评价和调整了。取而代之的，可以考虑采取“动态等值加分模式”。其核心理念，一是“等值加分”，即对不同考分的少数民族学生给予不同的加分分值，低分段的加分较多，高分段的加分较少。二是“动态加分”，而不是事前规定某一分值且多年不变。[②]

此外，为改变各地各行其是出现的政策偏差，建议对各地少数民族加分政策的制定进行科学指导和评价，由教育部确认后生效。

---

① 文东茅：《少数民族高考加分的“动态等值模式”探析》，《教育学术月刊》2014年第10期。

② 同上。

（二）明确规定加分幅度和加分方式

本次出台的《高考加分意见》虽然名为“关于进一步减少和规范高考加分项目和分值的意见”，但文件中对分值的控制涉及并不多，正文中仅有两处相关规定：一处是对于2015年1月1日之前在高级中等教育阶段已取得将取消的全国性加分项目有关奖项、名次、称号的考生，其加分资格由生源所在地省级高校招生委员会研究决定。此处的规定从影响时间范围而言，仅限于政策过渡期间的一年有效期。另一处是要求地方规范和完善确有必要保留的地方性加分项目时，对于地方究竟如何“合理”设置加分分值、何为“合理”并未做具体的规范或指导；对于保留下来的照顾性加分项目的具体加分幅度、加分方式等亦无涉及。建议在汇总各地方案的基础上，教育部出台实施办法加以规范。

（三）整合针对农村学生的补偿性优惠政策

近年来，我国研究型大学农村学生不断减少的情况引起社会的高度关注；同时，进入优秀大学的生源集中在少数实行严格应试教育的“超级中学”，对农村教育产生不良的导向。高考制度应当建立某种补偿机制，增加农村学生接受高等教育的机会。《关于深化考试招生制度改革的实施意见》将“增加农村学生上重点高校人数”作为改革的具体措施之一；关键在于这一政策具体如何制定和落实，如何使它真正惠及最需要受到照顾的弱势的农村学生，避免让已经享有优质资源的学生“钻空子”。

目前，国家已经在实施农村连片特困地区定向招生、免费师范生等政策，建议整合此类照顾性政策为具有统一性的弱势学生的补偿性政策。例如，谢小庆教授提议，可以为农村第一代大学生（父母都没有读过大学的考生）实行加分。另外，建议以行政手段限制“超级中学”被录取进名牌大学的人数。例如，规定高校不可拒绝任何一所高中的前3名考生。对清华大学、北京大学在一所高中的录取人数实行限额，如不得超过30人。此举将有利于农村地区高中学校的均衡发展，增加薄弱地区考生上重点高校的人数。再次，还需完善相关的信息公开公示。例如，目前“农村专项招生”的信息公开中，并未公开考生最关键的资格——户籍和学籍状况。

（四）赋予高校自主采用加分的权利

从长远看，无论对于优异学生的鼓励还是教育公平的考虑，应当主要不是通过考试加分政策，而是通过高校自主招生、多元评价的招生录取制度，形成多样化的“加分政策”，去评价和选拔学生。可考虑将是否承认加分的权利赋予高校，高校可自主决定是否承认地方的加分项目，可以按原始分投档或录取。目前香港地区大学在内地的招生，就是采取这一做法。

尽管《高考加分意见》提及学生综合素质档案等供高校录取时参考，但是，在存在一个高考总分的情况下，高中阶段学生综合素质评价究竟能否发挥作用，为高校所参考，还需要在今后的高考改革实践中加以评价和改善。

（五）其他有关建议

第一，加快高考立法，促进依法行政、依法治教。建议有关部门加紧《教育招生考试法》的制定，明确政府、高校和考生三者之间的权利与责任，严肃考试违规违法的惩处，从而形成高校自主招生、社会监督、国家宏观管理的高考管理体制。

第二，通过政策评估调整和完善加分政策。加分政策的调整、规范具有长期性、渐进性的特点，不宜用突击式的方式解决。应当对各项优惠政策、加分政策进行政策研究和政策评估，根据实施中存在的问题和利弊分析，确定不同的做法。例如，对报考一些冷门、条件艰苦专业等的照顾实际效果其实并不理想，应通过调研和评价，进行调整和改变。

政府主管部门应当重视对包括高考政策在内的教育政策的评估，将其列为教育研究项目，进行购买服务。

第三，高考加分政策以独立的政策文本的方式呈现。高考加分政策事关重大，而当前其内容往往出现在教育部招生工作规定等文件之中，作为其中的几条几款，而且往往只列出当年改动部分，并无加分政策的全貌。致使许多高中学生、考生及家长对高考加分政策知之甚少，大多数老师也只能略知一二。受益群体对政策陌生，又怎能使政策不偏不倚、公正公平地执行落实？因此，建议高考加分政策不能夹杂在年度高等学校招生工作通知或规定之中，而要形成一个独立的政策文本公告于众。[①]

第四，建议稳定高考加分政策的制定修改。近年来高考加分政策频繁改变，增加了高中学校和考生了解、使用这一政策的困难。建议这一政策修改确定后要有较长的稳定期，至少维持三至六年。[②]

① 湖南省娄底市教育局：《改革高考加分政策，畅通人才选拔正道》，内部资料。

② 同上。

B.4

探寻中职教育的中国路径*

田志磊　王 蓉　刘明兴**

摘　要：通过一个简单的分析框架，本文首先描述了区域特征和中职教育发展模式之间的关系。随后，基于区域职业教育发展的视角，探讨了当前民办中职与公办中职教育的四种关系，并根据调研经验介绍了不同类型民办中职学校的生存情况。之后，从国际比较出发，揭示了我国当前中职教育发展的深层次矛盾，以及东部和中西部各自面临的突出矛盾。最后，笔者从改革投入机制、建立更为开放的治理架构、支持民办职业院校发展等方面给予了具体的建议。

关键词：就业前教育　升学教育　区域中职教育发展　混合所有制

人们对于我国中等职业教育的现状和发展前景的判断往往存在差异，观点的交锋十分激烈。遗憾的是，许多观点虽然吸引眼球，却鲜见从区域发展的视角出发理解中职教育的丰富性。社会经济发展的地区差异、分权化的管理体制决定了地方中职教育发展的千差万别。为了比较全面地了解我国当前中职教育的发展现状，北京大学中国教育财政科学研究所中职课题组先后在北京、浙江、广东、河南、湖南、陕西、山东等地进行实地调研，访谈了近百所中职学校以及部分企业。在不同的生长环境中，各地中职学校提供着差异化的教育服务，形成了不同的发展模式。本文试图刻画

* 本研究得到国家自然科学基金会主任基金项目(71350002)的资助。

** 田志磊，北京大学中国教育财政科学研究所博士后；王蓉，北京大学中国教育财政科学研究所教授，博士生导师；刘明兴，北京大学中国教育财政科学研究所教授，博士生导师。

一个简单的分析框架，帮助读者理解纷繁复杂的现状，探寻中职教育的中国路径。

一 地方政府发展中职教育的意愿

对于地方政府而言，发展中职教育的意愿来源于三个因素：中央考核、本地产业需求、居民教育需求。“普职比大体相当”和“每个县办好一所职教中心”是中央政府发展中职教育的主要抓手，教育管理部门据此建立考核机制，督促市县政府履行职业教育责任。相比政府“看得见的手”，市场这只“看不见的手”在中职教育发展中如何发挥作用，主要取决于政商关系。一般来说，产业集群、纳税大户的需求对地方政府的职业教育决策影响较大，与招商引资企业相关的用人需求也更容易得到政府的响应，而本地中小企业的需求影响较小。居民教育需求通常难以直接影响地方政府的教育供给意愿，但是在激烈的生源竞争中，“用脚投票”机制使得居民教育需求间接发挥影响——如果本地中职学校提供的教育服务类型、质量无法满足居民需求，学生会选择跨区择校或者直接进入劳动力市场。

上述三个因素对地方政府中职教育供给意愿的影响存在显著的地区差异。在东部，本地产业劳动力需求和居民教育需求是地方政府中职教育供给的“双驱动”，部分地区甚至出现了能够收取捐资费、录取线超过普通高中的中职学校。这样的学校通常和本地产业联系紧密、在本地劳动力市场树立了声誉，而且本地产业能够提供具有足够吸引力的就业岗位。在中西部，中职教育与本地产业的内在联系较弱，大部分中职毕业生并不在本地就业而是升学或流向沿海及内地大中城市就业，上级考核成为地方政府中职教育供给的关键，甚至是相当一部分县还有中职学校存在的主要原因。例如，作为国家职业教育改革试验区，河南省制定了详细的规则考核各县市职业教育发展情况，部分县的中职教育建设甚至被提升为“一把手工程”。不过，随着国内制造业梯度转移的加快，内陆县市为了争取转移企业落户本地，也在积极改善职业教育配套，按转移企业要求投入专项资金提升相关专业办学条件的情况并不罕见，企业需求对中西部地区中职教育发展的作用正在日益提升。

二　中职学校的两大功能

从培养学生的角度看，当前我国中职学校实际上主要具有两大功能，就业前教育和升学教育。就业前教育是让学生毕业后直接就业，提供给学生的主要是就业所需的知识和技能；升学教育是让学生完成中职学业后升入高等院校，学校要让学生为参加相应的升学考试以及未来的课程学习做好准备。随着职业教育“立交桥”的搭建与完善，升学教育模式在中职教育中的重要性还在进一步增强。

学生家庭对于就业前教育和升学教育的需求各不相同。在用工荒、技工荒的背景下，接受就业前教育的毕业生不愁就业，但是综合考虑社会地位、发展前景、劳动环境等因素，就业前教育对于经济条件较好的家庭并不具备吸引力。升学教育满足了无法进入普通高中或是无法适应普高激烈的应试教育环境，但是渴望接受高等教育的学生的需求。不过，在高校逐年扩招的背景下，高职吸引力不断下降，对口高考的本科指标数量对于升学教育的吸引力有着决定性影响。山东和陕西是笔者调研省份中的两个典型案例。在山东省，近几年对口高考的本科指标数量以每年翻一番的速度增加，2014 年达到 10460 人，升学教育成为该省相当一部分县域中职学校的主要功能。而在陕西，对口高考本科指标仅数百个，该省很少看到以升学教育为主的中职学校。

就各类中职学校来说，中专学校由于办学传统和资源禀赋的优势，一般以就业前教育为主。技工学校的发展很不平衡，在某些地区，技工学校提供着当地质量最高的就业前教育，生源充裕；而在另一些地区，技工学校的全日制学生相对较少，以短期培训为主。职业高中情况则略为多样，对于上述所说的就业前教育和升学教育功能各有侧重。

一所中职学校的生存境况与是否选择了符合自身禀赋条件的发展模式密切相关。就业前教育对经费投入、仪器设备、实训基地、校企合作深度等多方面都有要求，在客观条件不具备的情况下，中职学校办好就业前教育难度较大。与之相比，升学教育的关键在于良好的学校管理，受财政投入、仪器设备、本地产业水平等客观条件的制约相对较小，欠发达农业县的中职学校也能够提供高质量的升学教育。在河南省一所升学教育十分成功的农业县中职学校，笔者见证了最严苛的教师考勤制度——每天打卡五次!

在中职学校招生竞争如此激烈的背景下，不应对中职学校的发展模式妄加批判。现实中，投入数亿却鲜有学生的中职学校有之，曾经辉煌但人去楼空的中职学校亦有之。一位调研中职学校校长直言：“能招来学生的学校就是好学校。”通过对东中西部三十余县市的案例分析，笔者将中职教育进一步分为三种模式：升学教育、面向本地的就业前教育、面向外地的就业前教育。在下文，笔者将结合区域特征，探讨区域中职教育发展的基本规律。

三　区域中职教育发展的基本规律

在诸多区域特征中，三个要素对于中职教育发展模式的形成至关重要：居民收入、产业特征、财政能力。这三个因素并不新鲜，但是量变的积累会造成发展模式上质的区别。居民收入水平与升学教育需求成正比，与就业前教育需求成反比。地区的产业特征决定了本地中职毕业生能否在当地找到符合其期望的就业岗位，进而影响就业前教育对于本地居民的吸引力。财政能力则从供给端制约着中职教育模式，财力弱的地区很难为公办中职学校的就业前教育提供充足的经费保障。

形成面向本地产业的就业前教育是不少人心目中区域中职教育发展的理想模式。但是在现实中，这一模式十分少见。在河南省近十个县市的调研中，仅该省区域经济最发达的济源市形成了这一理想模式；在浙江省多个县市的调研中，也仅有永嘉县大致符合这一理想模式。

产业基础好、政府财力强的地区，具备形成面向本地产业的就业前教育模式的潜力。但是，如果本地居民收入较高、本地产业面向中职毕业生的就业岗位无法满足家庭预期，家庭会倾向于让孩子继续升学而非接受完中职教育后直接就业，中职学校的就业前教育这个功能也就难以发挥。东部沿海发达县市普遍面临这一局面。以往，依靠外地生源，沿海发达县市在一定程度上弥补了这一缺失，实现了升学教育和就业前教育的比翼齐飞。遗憾的是，在中职免费政策实施之后，由于需要地方财政承担免学费补助，东部地区压缩了对非本地户籍学生的开放空间，伤害了偏重就业前教育的中职学校——由于本地户籍学生缺乏对就业前教育的需求，不少学校在拥有就业前教育所需各种物质条件的情

况下，转向以升学教育为主。浙江的多个经济发达县市都面临这一局面，短短数年间跨区域就读学生比重下降近半，中高职衔接和对口升学比重达到七成。这造成了此类地区产业需求与中职教育模式之间的矛盾。

产业基础差、政府财力薄弱的地区，受限于经费投入、校企合作难以深度开展等不利因素，中职教育往往举步维艰。在此类地区，生存得较好的中职学校大多以高质量的升学教育作为核心竞争力。例如河南正阳县，县职教中心毕业生在对口高考中上二本线的人数超过二百人，招生规模超过千人。不过，也有此类地区的中职学校抓住机遇、巧借外力，探索出了面向外地产业的发展模式。如陕西陇县职教中心，虽然政府财政投入十分有限，它不在陕西重点支持学校的名单之列，但是它抓住东部地区焊接、纺织技术工人供给不足的机遇，通过输送合格且留得住的毕业生，使东部合作企业在该校投放了大量的实习实训设备，既弥补财政投入不足的缺陷，也加深了校企合作深度。近年来，陇县职教中心招生呈现上升态势。

部分调研县市经历了区域特征量变累积、短短几年内中职教育发展质变的情况。在陕西神木县，受益于能源产业，居民富裕、政府财力充裕，该县中职教育多年来一直是以面向本地产业为主的就业前教育模式，基本实现了“普职比大体相当”。随着近年能源产业陷入低谷，企业用人需求下滑，员工收入也大幅减少。在产业环境改变的情况下，学生的升学意愿超过了就业意愿，升学教育已经成为神木县中职教育的主流。在另一个调研县，种植业发达，政府财力尚可，居民收入较高，该县职教中心为国家改革示范点，基础较好，早些年一直以面向东部地区的就业前教育为主要模式。不过，随着种植业收益的增加，面向外地制造业的就业前教育的吸引力逐渐下降，该校又未能在升学教育上获得足够大的突破，学校招生呈现下滑态势。

四　“混合所有制”的中职实践

2014 年 6 月，《国务院关于加快发展现代职业教育的决定》指出：“探索发展股份制、混合所有制职业院校，允许以资本、知识、技术、管理等要素参与办学并享有相应权利。”混合所有制成为职业教育改革的焦点，被视为能够克服客观条件束缚、激发中职教育活力的制度创新。

当前，中职教育领域的混合所有制实践有三个层面：①学校层面的混合所有制。对公立中职学校进行股份制改造，通常将控股权让渡给民间资本，地方政府在教师工资、学校建设、办公经费等方面给予支持。改革的实际效果取决于投资者自身办学的意愿和能力。这一形式又可细分为两类，一类是外来资本收购，一类是学校管理层收购。前者比较常见，如河南宜阳县、西平县职教中心等，后者相对少见，典型案例是浙江平阳县职业教育中心。②校企合作实训基地的混合所有制。学校和企业共同建立实训基地，比如由学校提供厂房和设备，企业提供耗材。学生在实训基地实习，生产出的产品利润由校企双方分享或者校方所得留存用于学生培养。由于国有资产入股必须审批，操作起来十分麻烦，这一模式通常并不以股份制的外在形式出现。③专业层面的混合所有制。民办中职或民营劳动力培训机构与公办学校进行特定高成本专业的联合培养，双方分享学费收益。典型案例是河南嵩县、固始县职教中心。通过引入混合所有制改革，部分地区成功突破了客观条件的制约，在产业基础和财政能力比较薄弱的情况下，实现了以就业前教育为主的中职发展模式。

三种混合所有制都有运行良好的案例，但是相比之下，后两种混合所有制改革在实践中比较稳妥，学校掌握着更多的主动权。第一种方式风险较大，已经发生过办学失败、政府重新回购的案例。如果推行第一种方式，需要对投资方进行较为严格的办学资质审查。

五　民办中职教育

民办中职学校具备较强的办学成本意识、更强的创新和市场需求反应能力，能增加职业教育的多样性，并对公办职业教育体系带来“鲶鱼效应”。虽然存在一些不规范的行为，但是贡献和价值毋庸置疑。近年来，出于学龄人口减少、公办中职教育得到更多政策扶持等原因，民办中职教育在全国层面出现滑坡，民办中职学校大幅度减少，招生数也有较大幅度的下降。

要理解民办中职教育的现状，首先需要理解民办中职教育在中职教育体系中所扮演的角色。站在区域发展的视角看，民办中职教育和公办中职教育之间存在四种关系：竞争、共生、差异化生存、改制。

最常见的是竞争关系，在区域特征所决定的发展约束空间里，双方提供相似的教育服务，竞争本区域内的生源。共生关系比较少见，需要进行前文所述第三种形式的混合所有制创新，公办学校利用民办学校在政策和资源配置方式上的灵活性，民办学校利用公办学校的各种存量资源，达成共赢。差异化生存是指公办和民办学校既无激烈的竞争也无紧密的合作，有着不同的生源和学生毕业去向。改制指的是从公办学校改制成民办学校，经常会形成前文所述第一种形式的混合所有制产权结构。根据学校改制的动机，又可分为两类：基于办学绩效考虑的改制、基于办学成本考虑的改制。

从调研情况来看，与区域内公办中职属于竞争关系的民办中职正大面积陷入困境，只有少数掌握了高质量就业岗位渠道的民办中职发展良好；与区域内公办中职属于差异化生存或共生关系的民办中职生存良好，但是招生市场中信息不对称所带来的巨额招生成本、就业市场中高端就业岗位寡头垄断所带来的效率损失和学生高额就业成本值得关注；改制的学校则比较复杂，调研中的多起改制既有成功的也有失败的，风险较大，其成效很大程度上取决于经营者的能力、意图和态度。在改制的过程中，需要提防“借办学之名，行圈地之实”，也需要提防股权结构安排不当、股东矛盾对学校运行带来的冲击。

六　国际视野下的本土矛盾与挑战

有学者总结了世界上四种典型的技能形成模式：其一，以美国为代表的自由主义模式，是企业参与少、政府责任小、缺乏独立的职业教育体系，职业技能培训主要是以个人需求的形式在普通教育体系中满足。其二，以日本为代表的分割主义模式，是企业参与多、政府责任小、大企业举办、相互分割的技能培训体系。其三，以法国和瑞典为代表的中央集权主义模式，企业参与少，政府责任大，且中央政府统筹力度大。其四，以德国为代表的集体主义模式，把企业的深度参与和政府责任紧密结合，公司承担较大比重的职前教育和培训成本，行会和工会在这一模式中发挥重要作用。

从国际比较的角度，会对我国正在发生的职业教育变革产生新的认识。从政策来看，现代职业教育体系的建设具有明显的以教育行政系统为主导、加强中央政府统筹能力的集权主义倾向。在现实中，我们往往可以找到分割主义和自由主义的技能形成模式在提高我国劳动力素质方面发挥着重要作用的例证。

市场地位稳定、员工流动性低、资金充裕的大企业，不少已经建立起了发达的内部培训系统，有着浓厚的分割主义模式的色彩。在人员流动性高、职业技能投资回报率高的行业，如 IT 培训公司、美容美发培训机构，从业者往往在获得市场认可的民营培训机构接受培训，拿到其颁发的资格认证。但是，在关于我国职业教育发展的理想愿景的话语体系中，对于德国集体主义模式的尊崇占据了主导地位。不过，人们常常忽视集体主义模式所需要的系统性的政治和经济制度的支持条件，例如企业集体行动的制度支持体系、国家与企业联盟之间较为稳定的协调机制，等等。从个别学习德国模式的经济发达县市来看，往往形似神非，企业和政府在职教发展责任上的有机联系并未建立。

我们认为，由于中国国情的复杂性，期待迅速建立某种模式是不切实际的，多种模式并存的格局会长期存在。与其照搬国外的经验，不如下功夫思考和解决当前我国中职教育发展中的突出矛盾。

第一，单个企业职业教育投入存在外部性与企业集体行动的组织与机制发育不良的矛盾。企业集体行动的组织与机制发育不良的典型表现是行业协会发育不良。毕业生就业的流动性导致单个企业职业教育投入存在外部性，企业缺乏投入职业教育的积极性。当行业协会对于企业有一定约束力，且能够与政府进行相互制约的谈判时，家庭、企业、政府三者之间稳定、制度化的成本分担机制就会形成。典型案例是双元制模式。但是，当前我国行业协会发育不良、企业积极性不足的问题难以解决。

第二，中央政府与教育行政系统的压力和地方政府及其他重要行动者意愿不协调的矛盾。中央政府的目标，从全国来看是恰当的，符合社会经济发展对职业教育的需求，却不一定与地方政府的意愿相一致。不同的地区有着不同的区域禀赋，形成了不同的中职教育发展模式，导致了迥异的职业教育支出偏好。同样的免费政策，在形成了面向本地产业的就业前教育模式的东部沿海某县，执行中未打折扣；而在相邻的以升学教育为主的某调研县，免费补助挤占了其他原本投入中职教育的经费。单纯依靠中央的行政压力以及中央财政的资金诱导依然无法充分调动地方财政的积极性。

第三，财政投入分配方式行政化与职业教育价值市场化之间的矛盾。学校的行政级别越高、规模越大，就越容易得到财政资金的支持。目前的中职免费补助和生均公用经费标准，虽然在一定程度上拉开了专业差距，但是并不反映真实的专业办学成本，也缺乏对办学质量、社会需求和评价的考量。而以示范校建设为主的专项投入方式，虽然大幅度改善了示范校的办学条件，但是依然属于行政化的资源分配方式。强调产出因素的重要性已经成为全球职业教育财政拨款研究的普遍认识。目前我国的财政资金分配方式，缺乏基于市场视角的绩效拨款因子。

除了上述一些全国性的矛盾之外，鉴于社会经济发展阶段的不同，我国的东部和中西部还面临着各自的突出问题。

在中西部：①中职教育发展规模和质量之间的矛盾。为了实现“普职比大体相当”和“每个县办好一所职教中心”的政策目标，遍地开花的职业学校布局拖累了普通中专和技工学校的发展。在中职教育财政投入有限的情况下，对规模的侧重导致质量的提升受到了影响。职业学校的办学条件和课程设置改善的步伐跟不上产业技术升级的步伐，难以提供企业所需的高技能人才，而培养质量、就业质量较差又导致居民就读中职学校意愿的不足。②中职教育投入和义务教育投入之间的矛盾。中西部地区农业县的初中辍学率普遍在20%以上。由于县级政府财力有限，对于县域职业教育的强调已经带来了中职教育和义务教育之间对于教育资源的竞争。在一些农业县，义务教育质量不足带来了义务教育巩固率的滑坡，最终影响了中职教育发展所需的生源。

在东部：①中职教育发展模式与产业需求之间的矛盾。在东部发达地区，本地企业对于技能人才需求很大，中职学校的设备完善、师资力量雄厚，完全能胜任技能型人才的培养要求。但是，随着本地居民家庭富裕程度的提高，越来越多的家庭偏好升学教育而非中职毕业后就业。外地生源则在一定程度上弥补了这一缺失。然而，近年来，随着免费政策的实施，地方政府为了减轻财政负担缩减了本地中职学校对外地学生的开放空间，进一步加快了发达县市中职教育从以面向产业为主的就业前教育向升学教育的转变，加深了东部发达县市中职教育模式和产业用人需求之间的矛盾。②中职教育资源布局调整与财政投入属地化之间的矛盾。职业教育具有高成本的特征，为了提升办学质量、满足产业升级对于高技能人才的需求，不少地区正在通过中职学校专业设置、实训基地的布局调整优化辖区内资源配置，让每所学校集中资源办好几个专业。这一资源优化调整经常是在地市层面进行的，与当前的中职教育属地化投入方式发生了冲突。在免费之后，部分地区甚至发生了变更中职学校管理层级的压力。为了优化中职教育资源布局、提升区域中职教育质量，需要对中职教育管理体制中各级政府的事权和财权进行更细致的思考。

七 结语

正如《国务院关于加快发展现代职业教育的决定》所指出的，“当前职业教育还不能完全适应经济社会发展的需要，结构不尽合理，质量有待提高，办学条件薄弱，体制机制不畅。”面对当前中职教育发展与改革所面临的问题，笔者有以下几点建议：

第一，形成企业对于职业教育的投入机制是改革的重点。中央或地方财政通过传统的生均经费拨款和专项资金奖补的政策工具推动职业教育投入的办法存在诸多局限，难以达到推动产业结构转型升级的政策目标。通过适度的税收政策来调动地方财政和企业的积极性，例如税收扣减，或许是更加有效的办法，更有可能瞄准现实需求，在短期内推动校企合作的快速发展。

第二，明确我国技能形成系统的总体框架，给予中职学校市场导向的财政激励。在中职教育财政拨款机制的设计中，充分考虑中职学校升学教育、就业前教育模式并存的情况，考虑成本因素和市场需求，逐步建立依据劳动力市场供求状况动态调整的职业教育拨款机制。

第三，努力建立开放性的职业教育治理框架。在“校企合作”之外增加“政企合作”，提高职业教育和产业合作的统筹层次，探索建立职业教育发展委员会，并使之实权化，给予其一定的资金使用和分配权。

第四，改善民办中职学校发展的政策环境。消除财政政策对民办职业教育的歧视，鼓励地方政府在加强监管的前提下，根据本区域民办中职学校的功能和定位给予财政支持，鼓励借助优质民办中职学校盘活闲置的公办职教资源。特别关注民办职业学校的融资政策，建议教育、财政、金融等有关部门根据民办教育机构生存和发展的实际情况，加强对民办教育机构资产抵押的特殊问题的研究，为民办院校在信贷方面打通渠道。

B.5 中国需要怎样的高中阶段教育？

柯 进　史耀疆　张林秀　Scott Douglas Rozelle*

摘　要：在未来数十年我国的经济发展减速的过程中，提升产业结构必须有更高素质和技能的人才基础，尤其需要建立至少受过高中阶段教育的劳动力和人才储备。农村教育行动计划的调研发现，城市地区孩子进入名牌大学的可能性是农村贫困地区孩子的35倍，进入普通四年制本科大学的可能性是农村贫困地区孩子的21倍。国家的一系列教育发展政策以中等职业教育为重点；然而研究发现学生在中等职业学校学习两年后没有学到先进的技术知识，一些原本掌握的基础知识也淡忘了。这些不足都成为当前制约我国高中阶段教育（包括中等职业技术教育）发展的严重障碍。

关键词：中等职业教育　人力资本　农村贫困地区　职业教育评估体系

一　发展与不平衡：未来中国发展的挑战

中国在改革开放后的三十多年里有很多经济社会发展的创举。在改善民生、提高人民生活质量、减少贫困等方面得到了国际广泛的认可；然而，面对下一个30年，我们是不是还能够持续保持这样的优良业绩呢？这将是我国经

* 柯进，《中国教育报》记者、编辑；史耀疆，陕西师范大学教授；张林秀，中国科学院农业政策研究中心研究员，农村教育行动计划（中方）主任；Scott Douglas Rozelle，斯坦福大学教授，农村教育行动计划（美方）主任。

济社会发展转型面临的重要问题。

事实上，历史上已有许多这样的赶超国家——OECD 的成员国就是最好的例子，比如日本、韩国、新西兰等国；然而也有一些国家，它们虽然经历了相似的发展过程，却并没有获得持续的竞争力。比如阿根廷在 20 世纪初曾经是世界上最富裕的国家，但是在“二战”结束后却走向了衰落和停滞。其他国家如乌拉圭、伊拉克、委内瑞拉等，在 20 世纪六七十年代也曾风光一时，经济增长速度在一段时间内都保持了较高的发展水平；墨西哥也曾经历和我国当前相似的发展历程。那么，我国未来的发展模式将会是哪一种？或者，我国是否可以创造出一个全新的、具有中国特色的发展模式？现在我们还不得而知。

经济发展的“铁律”告诉我们，经济增长与社会分配不平衡之间一直存在着此消彼长的关系。许多国家在试图从中等收入迈向高收入国家的转型时期，经济增长与经济发展不均衡将成为最显著的矛盾。比如，在东亚地区，韩国与台湾地区在实现转型的过程中一直保持了比较好的经济均衡发展模式，韩国和台湾地区的基尼系数[①]仅为 32；很多南欧和东欧国家在转型过程中，也保持了较好的社会分配制度，比如葡萄牙、西班牙、希腊、以色列、克罗地亚、斯洛文尼亚等国家的基尼系数都维持在 30 左右，爱尔兰、新西兰等国家的基尼系数也都在 30 左右。

与此形成鲜明对比的是很多转型国家，在经济发展的同时却积累了很多发展不平衡的矛盾。比如智利、墨西哥等国家在经济高速发展的同时，其基尼系数却高达 50 左右；哥斯达黎加、阿根廷等国家的基尼系数维持在 47 左右，这种高度不平衡的发展模式最终成为阻碍经济进一步发展的瓶颈，这些国家在人均收入达到 1500 美元左右后均出现不同程度的经济发展停滞甚至萎缩倒退。那么，这些试图从中等收入迈向高收入的国家不能获得经济可持续发展的根源是什么呢？

经济学家普遍指出，这些国家之所以发展到后期出现经济停滞甚至萎缩，在很大程度上与这个阶段经济发展速度放缓导致国内社会贫富差距进一步扩

① 基尼系数是判断收入分配公平程度的重要指标，收入分配越趋向平等，基尼系数就越小；反之，收入分配越趋向不平等，基尼系数就越大。主要发达国家的基尼指数在 24 到 36 之间。

大、国内社会开始出现不稳定现象有关。事实上，这些国家在发展的过程中，并不是每个人都享受到了经济增长带来的繁荣，尤其是当国民收入停止迅速增长的时候，如果政府没有及时采取补救性的措施来平衡经济发展速度减缓对百姓未来收入的影响，将会导致国内经济增速进一步放缓。

我国的经济发展在经历过改革开放三十年后也开始具有区域性和结构性发展不平衡的趋势，经济不均衡基尼系数已经迅速逼近 50，几乎所有的经济学家都预言，未来数十年内，我国的经济发展速度将逐渐减缓。我们很难预测，未来我国的经济发展会像日本、韩国、新西兰那样获得较好的转型，还是像阿根廷、墨西哥等国家那样出现停滞甚至萎缩；抑或我国能够探索出一条更加适合于自身的转型之路。但是明显的现实是，到 2030 年我国的人口红利将差不多和 1990 年时的日本相同，廉价劳动力的时代将宣布结束；除此之外，中国和日本这两个经济体还有很多其他的相似之处，比如都面临严峻的人口老龄化形势，两国都具有非常相似的高等教育体系。依据这个逻辑，要实现我国社会经济的可持续发展，未来我国的经济走向在很大程度上取决于我国在 2025 ~ 2030 年间如何解决或者缓解收入分化和不平等的问题。在亚洲国家中，日本也曾经历了零增长的剧痛，但是，日本相比于我国的优势在于，日本在 1990 年时的人均 GDP 要明显大于 2025 年时我国的人均 GDP；我国到 2025 年时的人均 GDP 还不到日本 1990 年时人均 GDP 的 40%。这种在人均生产效率水平上的差异，以及收入基础的差异都将使我国在解决经济增长缓慢问题时面临更加严峻的挑战。更重要的是日本社会在 1990 年时的社会分配不平等程度较低，基尼系数仅为 31，多数日本民众有较高的基础收入，这在很大程度上降低了经济发展速度放缓或者说零经济增长给日本带来的“痛苦”。很明显，我国 2025 ~ 2030 年间的经济增速也将会放缓，甚至也有可能是像日本一样的零增长；这样的经济发展状况将使我国的贫富差距状况变得更加严峻。那么，2025 年时我国社会的不平等程度会有多高？比当前的不平等程度会有所降低，还是会更加升高？

二 今天的人力资本高低决定了明天的贫富差距

经济学家很早就提出，一个国家未来发展的不平等取决于该国当前的收入不平等现状，更加重要的是取决于该国当前的人力资本积累的状况，因为人力资本积累或者说劳动力的生产水平将成为未来劳动力收入的主要决定因素。当前我国的收入不平等程度已经很高，很少有国家能够超过50；那么，我国当前的人力资本积累发展状况又如何?

劳动力供给问题已经逐渐成为制约我国可持续发展的重要瓶颈，“用工荒”、“技工荒”和“就业难”等劳动力供求结构性矛盾问题层出不穷。走新型工业化道路，调整经济结构和转变经济发展方式，促进经济转型已经刻不容缓。然而，发达国家或成功转型的发展中国家的经验表明，提升产业结构必须有更高素质和技能的人才基础，尤其需要建立至少受过高中阶段教育的劳动力和人才储备。确保产业结构调整和质量的提升，关键就在于劳动力生产效率的提高，而这恰恰是劳动力教育水平提高的结果。

中国科学院农业政策研究中心、陕西师范大学教育实验经济研究所、西北社会经济发展研究中心与美国斯坦福大学合作的“农村教育行动计划（英文简称为REAP)”，过去五年在我国不同省份深入调查研究后发现，我国贫困农村地区学龄儿童占全国学龄儿童的45%～50%，其中，超过8000万儿童的年龄在6～15岁之间；这些孩子将成为明日中国经济社会发展的中坚力量，他们所能获得的教育水平将直接决定未来劳动力的生产效率的高低。

我们知道，在20世纪60年代，日本、韩国和中国台湾等发达地区处在类似于我国目前的经济发展阶段时，都建立了一套优质的从小学到高中阶段的教育体系。这些至少受过高中阶段教育的劳动力储备为本地区产业结构由低端制造业向现代化制造业和服务业等高端产业发展的成功转型做出了巨大贡献。

令人担忧的是，我国后义务教育阶段（包括高中阶段教育和高等教育阶段）发展的不均衡，已经成为制约我国劳动力水平普遍提高的瓶颈。农村教育行动计划（REAP）2009年对6000万学生的高考成绩的研究发现，来自贫困农村地区的孩子接受高等教育的几率远远低于城市地区孩子。数据显示，城市地区孩子进入名牌大学的可能性是农村贫困地区孩子的35倍，进入普通四年制本科大学的可能性是农村贫困地区孩子的21倍，即便是进入大专院校的可能性，城市孩子也比农村贫困地区孩子高15倍。这种高等教育发展不平衡在入学率上的反映只是城乡教育发展不均衡的冰山一角。

当然，如同很多发达国家一样，并不是每一个孩子都必须要上大学，高质量的职业教育也是促进劳动力生产效率的重要途径，比如德国、日本的职业教育发展就很好地反映为其工业技术上强有力的国际竞争地位。但是，国内外普遍的共识是：至少接受过完整的高中阶段教育对于提高农村地区劳动力的生产水平是至关重要的。目前中国 24 ~ 36 岁的劳动人口当中，只有 24% 上过高中，这一比例比墨西哥、土耳其、南非还要低，而 OECD 国家的这一比例是 74% 左右。在中国，大学生在劳动力市场中只占 11%，在日本是 40%。

虽然 2009 年我国高中阶段毛入学率达 79.2%，但是我国高中阶段教育存在巨大的城乡差距，城市地区学生接受高中阶段教育的比例高于 80%，而农村地区高中阶段教育的普及率只有 50%，西部边远农村的高中教育普及率就更低。REAP 在 2009 ~ 2013 年对 15 个县的 123 所中学生为期三年的追踪调查发现，只有将近 46% 的学生最终顺利进入高中阶段教育，同时有超过 26% 的农村学生没有完成九年义务教育而提早进入劳动力市场。这一辍学率、毛入学率的差异意味着我国有超过 1.5 亿的农村孩子无法接受高中阶段的教育，他们在完成九年义务教育后就开始步入劳动力市场。中国要避免出现和日本一样的问题，必须成功应对这一挑战，加强对农村教育、农村高中教育的关注和支持。也许，应当让每一个孩子都上到普高毕业；就算是就读职业高中，也应该以数学、英语、中文、计算机等基本知识为主，辅以职业专业课程。

三　中等职业教育面临的挑战

我国现有的教育体制，高中阶段教育主要包括普通高中教育和中等职业教育两大类型。其中，中等职业教育包括普通中专、职业高中、成人中专和技工学校教育。如何有效配置高中阶段的教育公共投资，在一定程度上就是如何优化和平衡普通高中教育和中等职业教育公共投资的比例和结构。对于那些即将完成九年义务教育的农村儿童而言，选择普通高中教育，还是中等职业教育，也将决定性地影响其未来的职业发展以及适应经济转型发展的要求。

已有的研究发现，相对于普通高中教育，中职教育的个人收入回报率偏低。在这样的思想指引下，从 20 世纪的 90 年代开始，世界银行就建议各国将高中阶段的教育投资更多地从中职教育转向普通高中教育。与国际相比，尽管纵向来看，我国中等职业技术教育的回报率有所提高，但是横向比较来看，我国中等职业学校毕业生的回报率也普遍低于普通高中毕业生。

2005年《国务院关于大力发展职业教育的决定》提出，“要以中等职业教育为重点”。2008年，党的十七届三中全会提出“重点加快发展农村中等职业教育并逐步实行免费”的方针政策。与此同时，国家对普通高中教育实行“把握发展节奏，控制发展规模”的政策。这些政策一经出台，在全国迅速付诸实施。据统计，2005~2008年期间，我国中等职业学校的招生规模从655.7万增加到812.1万，平均每年以7.3%的速度增加；同期普通高中的招生数缓慢下降，从877.7万降到837.0万，年均减少1.6%。2008年中央和地方用于中职学生助学金的数额达到180亿元，中职学生的受资助面超过90%，资助额度每人每年1500元，在校两年的资助人均达到3000元。从2009年秋季学期开始，对中等职业学校农村家庭经济困难学生和涉农专业学生实行免学费政策。通过中职学校的连年扩招和大量专项投资，2009年我国高中阶段教育（含普通高中和中职）的毛入学率达到77%。

尽管我国在促进职业教育发展方面投入巨大，然而，中等职业教育是不是真正促进了劳动力生产水平的提高成为一个最大的疑问。换句话说，我们如此大规模的教育投入是不是获得了与之相匹配的发展效益呢？

根据REAP调查，农村学生对中职教育的需求有限，贫困农村初中学生上中职意愿不强。在刚进入初中时，仅14%的学生表示初中毕业后打算上中职；与此相对照，52%的学生表示初中毕业后打算上普通高中。如果给贫困学生接受高中阶段教育提供助学金资助承诺，那么愿意去上普通高中的学生比例将显著增加，但是愿意去上中职的学生的比例却没有变化。对贫困农村学校中最贫困的942个初中学生的追踪调查发现，这些学生中在初中毕业后仅11%选择了就读中职，上普通高中的比例达到32%，并有6%的学生继续在初中复读，旨在下一年考入普通高中。

中职学生流失率高。REAP调查发现，33%的中职学生会在第一学年或第二学年辍学，而在非重点普通高中样本学校，学生第一学年的辍学率仅为4.7%。继续在校的中职学生中，高达41%的学生表示如果再有机会选择，自己将不会选择读中职；并且在校学生中，有25%的学生认为自己毕业后无法在6个月内找到一份全职工作，46%的学生认为自己毕业后无法在6个月内找到一份与专业相关的全职工作。研究还发现，学生在进入中等职业技术学校学习半年后，当他们发现不能学习到什么新的技术或者能力没有提高时，很多学

生会选择离开学校直接进入劳动力市场。根据 REAP 前期的研究，中等职业技术学校学生的流失率是所有学校类型中最高的，几乎超过 40% 的学生不能完成中等职业技术学校规划的 2 年学习期而选择提前离开。

中职学生的通用知识水平在入学后甚至开始下降。国际经验表明，成功的职业教育不仅需要学生掌握一些专业技能，还需要进一步提高其通用知识（如语文、数学等）水平以适应今后工作的需要。REAP 2010 年对一些省份的中等职业技术学校学生的调研发现，学生在进入中等职业学校学习两年后，不仅没有学到本该学到的先进技术知识，甚至一些学生原本掌握的基础数学、语文知识也淡忘了。研究人员通过随机干预实验的研究方法对中等职业技术学校的样本学生进行了两期标准化数学能力的测试，结果发现学生在进入中等职业技术学校学习两年后，标准化数学考试成绩比刚入校时倒退了 0.29 个标准差，这意味着学生的基础数学应用能力比原先倒退了近 3 个月。

缺乏完善的后义务教育评估体系是我国高中阶段教育的另一个问题。现有的中职教育质量评估体系也不能有效评价中等职业学校的教育质量。面对鱼龙混杂的中等职业教育市场，老百姓望而却步，有的甚至采取全盘否定，干脆让孩子直接进入劳动力市场工作。这些不足都严重制约着我国高中阶段教育（包括中等职业技术教育）的发展。尽管我国在 2011 年出台的《中等职业教育督导评估办法》中列出了 30 个评价指标，但其中涉及学生培养质量的仅有 3 项。教育督导的评估指标均侧重于教学投入和政策制度的考评。师资力量、基础设施和经费投入等是许多学校最为关注的指标，以投入为导向的评价体系在保证中职学校投入方面起到了一定作用，但并不足以保证中职教育人才培养目标的实现。

事实上，我国在加大投资力度发展中等职业教育的过程中，对一系列关键问题缺乏系统、深入的研究。首先，我国高中阶段教育的提供现状如何？简言之，高中阶段教育的办学主体是谁？是谁在举办高中？生源、融资、办学条件和教学质量等究竟如何？其次，农村是我国普及高中阶段教育的重点和难点，以及未来劳动力的主要来源地，农村初中毕业生在高中阶段的入学状况如何？他们的选择（选择普通高中、中等职业学校还是直接进入劳动力市场）受哪些因素影响？国家中等职业教育的扩招和助学金政策以及最近一些地方政府的普通高中教育免费措施对他们的入学选择有没有影响？最后，中等职业教育相对于普通高中教育的回报率优势在我国是否普遍存在？我国普及高中阶段教育是否应当“以中等职业教育为重点？”深入研究后义务教育阶段教育发展的问题，成为我国的当务之急。对于上述这些问题的回答无疑将对国家制定未来高中阶段的教育公共投资战略，培养适应发展方式转变和经济结构调整所需要的劳动力和人才，具有极其重大的现实意义和政策含义。

从微观的层面来看，对于当前仍然处于学龄阶段的农村初中学生而言，未来是选择继续上学还是直接进入劳动力市场，这个问题让他们充满担忧，而究竟是选择高中教育还是选择中等职业技术教育更让他们难以取舍。站在这个十字路口，不仅国家政府教育部门焦虑万分，那些在最前线战战兢兢的农村学子也一直在犹豫等待。

四 探索高中阶段教育的科学发展

2010 年通过的《国家中长期教育改革和发展规划纲要（2010－2020 年）》（以下简称《纲要》）明确提出：在巩固“普九”的基础上，要普及高中阶段教育。《纲要》还制定了普及高中阶段教育的时间表：2009～2015 年，高中阶段教育的毛入学率从 79.2% 提高到 87.0%，到 2020 年进一步提高到 90%。《纲要》明确要求到 2012 年全国财政性教育经费占 GDP 的比例达到 4%，为实现包括普及高中阶段教育在内的各项目标提供物质基础。根据国家统计局 2006 年和 2009 年的统计数据，我国在 2004～2007 年间，全国财政性教育经费用于高中阶段教育的比例已经从过去的 13.5% 增加到 15.8%。随着国家公共财政资源对教育投资总量的增加，以及用于高中阶段教育比例的提高，如何分配高中阶段的教育公共投资才能更好地普及高中阶段教育，从而满足实现经济转型对高素质人才的要求？不同的高中阶段教育公共投资策略所带来的绩效究竟如何？这些无疑是政策制定者和政府管理部门面临的重要战略问题。

应当把中职教育质量作为教育督导评估体系的重要内容，强化政府部门对中职学校教学质量的监督。中等职业学校的最终目标在于培养高素质的劳动者和初/中级技能型人才，满足我国经济发展的需要。国家目前“中等职业教育督导评估指标体系”中的教育质量指标权重仅占 9%，建议较大幅度地提高其权重；在教育质量指标中，增加如学生考试成绩、实践成绩、比赛成绩、辍学

率、就业后一年内失业率等以产出为导向的评价指标，以更好实现中职教育人才培养的目标。

进一步优化专业设置和中职学校布局，巩固基础知识教学，细化专业教学标准，完善专业课程设置。应在区域间对中职教育发展进行合理布局，在巩固基础知识教学的基础上发挥各个学校的专业优势，优化资源的利用；同时，加快制订专业教学标准，明确专业教学目标，细化课程设置，合理分配专业技能与公共基础课的课时比例，合理分配专业理论课与实验实训课的比例，并据此指导和落实中职学校的专业课程设置。

中职教育应稳步推进，避免盲目扩张，要把中职教育质量建设作为我国中职教育长远发展的重点。尽管扩大中职教育规模对促进教育公平、维护社会稳定具有重要的意义，但研究显示，中职教育质量不高会导致学生（甚至贫困学生）不愿意上中职，或者即便上了中职也早早辍学。因此，当务之急和长远之计是要将中职教育从简单的数量扩张转移到提高质量上来，保证中职学生学有所获，确保中职教育目标的实现。

B.6

地方本科高校转型政策的评价与反思

陶东梅*

摘　要：地方本科高校转型问题直接关系到高等教育结构调整。近期中央政策提出引导部分本科高校转为应用技术型高校，其定位是完善现代职业教育体系。然而当前政策存在无法反映地方高校实际情况、过于行政化等问题。通过对世界高等教育分类趋势及中国高教现状的分析，本文认为应重构职业教育与普通教育融合版图，构建"学术型—专业应用型—职业技术型"三元交叉体系，以此找准地方本科高校办学定位，促进其转型发展。

关键词：地方本科转型　现代职业教育体系　高等教育分类

2014年3月，教育部副部长鲁昕提出"600所本科转型职业教育"，引发各界对地方本科转型的关注。6月22日，《国务院关于加快发展现代职业教育的决定》发布，明确表示要引导部分本科转型为应用技术型高校，定位成职业本科，形成中职、专科、本科和研究生贯通的现代职业教育体系。教育部、财政部等六部委印发《现代职业教育体系建设规划（2014－2020年）》，将探索研究型高校、应用技术型高校和高等职业学校的分类管理。然而从政策制定及初步落实情况看，各方对地方本科是否转为职业教育、高校如何分类等定位问题还存在较大争议。地方政府对政策多持观望状态，高校转型态度也两极分化。地方本科高校转型面临着实际困境，需要进一步厘清高校分类，助力本科高校的转型发展。

---

* 陶东梅，北京理工大学教育研究院博士研究生。

一　占据高等院校主体的地方本科高校面临实际困境

目前，我国高等教育已进入大众化阶段。根据2014年教育部发布的《2013年全国教育事业发展统计公报》，各类高等教育总规模达到3460万人，已居世界首位。与之相应，我国高校机构数量及类型也日趋庞大复杂。2013年普通高等学校2491所，其中本科院校1170所、高职（专科）1321所。普通本科院校中首批“985工程”高校9所，是国内顶尖研究型大学；后批次核心“985工程”高校30所；重点“211工程”高校73所（不包含“985”院校）；地方（由地方行政部门划拨经费）老牌本科412所（1999年以前建立的地方非“211”院校）；地方新建本科646所（1999年以来通过合并、升本等方式在地市级城市建立的高校），占本科高校总量的55.2%。① 总体而言，中央部属本科院校大约一百多所，地方本科院校占全国普通本科总数的90%以上，成为高等院校的主体。高职教育目前是大专层次，已建立100所国家示范性高职院校。

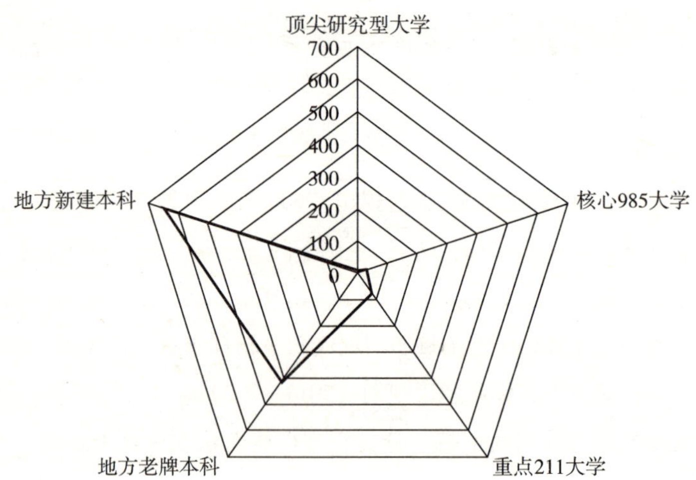

图1　2013年我国普通本科高校分布情况

---

① 机构数根据2013年全国普通高校名单及中国教科院《地方本科院校转型发展研究报告》综合而得。

地方本科高校中新建本科占据大半壁江山（约占60%），承担从精英教育到大众化教育的主要任务。截至2012年4月，地方新建公办院校256所，民办院校94所，独立学院292所，中外合作学校4所。从学校类型看，公办学校按原来专科基础分为三类：一是师范专科升本院校，有些仍保留“师范”二字（例如洛阳师范学院），有些按地市级重新命名（例如哈尔滨学院），共有118所，接近公办学校数的50%；二是高职、行业类专科合并或升本院校，多数有财经学科背景（例如铜陵学院）或工科专业背景（例如常州工学院）；三是成人高校改制院校（例如中华女子学院），共22所。除上述分类外还有9所新建院校。从区域分布看，地方新建本科42%位于东部地区，主要集中在泛长江三角洲经济带；中西部院校约六成，其中师范升本院校数大约是东部的2倍，西部高职行业类升本院校少于中东部地区（见表1）。

表1　1999～2012年4月地方新建本科学校类型及区域分布

学校类型		区域分布			总计(单位:所)
		东部	中部	西部	
公办院校	师范专科升本	29	42	47	118
	高职专科升本	13	7	6	26
	行业类专科升本	34	32	15	81
	成人高校改制	14	4	4	22
	新建院校	5	2	2	9
民办院校	新设民办本科	26	20	14	60
	独立学院转设为民办	14	18	2	34
中外合作学校		4	0	0	4
独立学院		133	90	69	292
总计(单位:所)		272	215	159	646

资料来源：笔者根据李剑平的《地方新建本科高校转型动了谁的奶酪》（《中国青年报》2014年7月15日）编制而得。

我国地方新建本科办学大致形成两类模式。一是技术型本科，培养生产、建设和管理一线的高级技术人才，类似本科职业教育。例如上海机电学院、北京石油化工学院等高校，升本后始终坚持自身行业特色。文科专业占多数的独立学院也属于此类。另一类为专业应用型本科，培养将理论知识应用于实践的工程师，介于理论型与职业型之间，大多移植德国应用技术大学模式。

高等教育快速发展也带来数量与质量、规模与结构等诸多问题，突出表现在高校人才培养类型不能满足社会需求上。地方本科高校是高等院校的主体，但在高等教育系统中定位长期模糊，导致教育质量不高、就业率较低等问题。高校每年有大批毕业生涌入劳动力市场，2014 年达 727 万人，比上年增长 28 万人，而企业却出现“用工荒”。这种大学生就业“剪刀差”现象在地方高校尤为突出。2012 年地方本科在教育部就业率排名中不仅落后于“985”、“211”高校，也落后于高职院校。《2014 年中国社会形势分析与预测》同样显示，2013 年地方本科应届生就业率最低，仅为 77.7%，低于重点本科应届生（80.5%）和高职应届生（91.9%）。

在我国现行高等教育系统中，研究型大学与高职院校定位相对明确且各有侧重。前者借鉴世界一流大学培养学术型人才，后者由国家政策明确引导培养技术型人才。地方高校处于高教系统夹心层：老牌本科极力追赶精英大学办学模式；新建本科则“高不成、低不就”，出现定位模糊、专业趋同、人才同质化等问题。据新建本科评估报告，抽样的 43 所高校专业设置与结构调整合格率仅为 59.8%，专业建设合格率约为 69.8%。[①] 部分新建本科专业设置还存在盲目跟风和“拍脑袋”现象。另外，地方本科高校债务危机并未根除，2010 年底总负债 2634.98 亿元，多所高校出现债务逾期，转型发展成为当务之急。

二　地方本科高校转型发展的年度政策演变

（一）以地方本科转型为切入点的中央政策

中央关于本科转型的政策过程从信号释放到正式文本出台，可谓“一波三折”。2014 年 2 月，国务院总理李克强召开国务院常务会议，首次将“引导一批普通本科高校向应用技术型高校转型”作为加快发展现代职业教育的重要措施[②]，打破职业教育只有大专层次的“断头路”。该政策论证工作实际于

① 刘道彩：《大学还有热门专业吗》，《中国青年报》2014 年 4 月 2 日。

② 《李克强主持召开国务院常务会议，部署发展现代职业教育》，《人民日报》2014 年 2 月 27 日。

2013年已启动，教育部组织15个省份35所地方本科高校研究欧洲实体经济和现代职教体系，将借鉴欧洲应用技术大学办学模式，引导地方本科转型为本科层次职业教育。[①] 转型政策将我国高教版图大致分为研究型高校、应用技术型高校和高职专科学校，由此构建以人才类型划分的高校分类体系。

地方高校转型被舆论推至风口浪尖，源自鲁昕副部长2014年3月中国发展论坛讲话。发言正式提出2000年后新建600多所本科将“向应用技术型转，向职业教育类型转”，但对于“什么是应用技术型高校”、“应用型高校是否等同职业教育”以及“600所是否都要转”等问题未给予解释。讲话发布后在教育界内外引发较大争议，观点认为“新建本科将降格”、“转型行政化色彩较浓”。鲁昕随后在2014年度职业教育与成人教育工作会议再次重申以600多所本科转型为重点，探索本科层次职业教育。据中青舆情监测数据显示，3月22日12时至26日16时，4天内相关言论的舆情总量达72354篇，网民支持或者反对的比例接近。网络流传“全国600多所本科院校转型为职业技术学院名单”，将政策误读为“本科转专科”，引起了部分高校、家长及学生的焦虑。

三个月后，中国政府网发布《国务院关于加快发展现代职业教育的决定》，从国务院层面将高校转型视为构建现代职业教育体系、调整高等教育结构的突破口，但具体实施细则尚未出台。教育部、财政部等六部联合印发《现代职业教育体系建设规划（2014－2020年）》，提出将建构现代职业教育体系与普通高等教育体系并行沟通的双轨模式，探索研究型高校、应用技术型高校和高职专科的分类管理，并要求地方将政策纳入“十三五”规划。

国家政策出台后，针对此前“600所本科转型”说法，教育部在6月26日国新办发布会上正式予以澄清[②]：转型数量方面，“600所地方本科未必都转型”，而是“从现有的本科高校划出一部分”；转型定位方面，向应用技术型高校转型为职业本科，未来将设置职业研究生教育，目的是与高职专科、中职教育构成相互衔接的现代职教体系，不是降格为高职；转型主体方面，“可以

---

① 《鲁昕副部长2014年全国职业教育工作会议上的讲话》，http：//www.jcedu.sx.cn/newsInfo.aspx？pkId＝5458，2014年3月25日。

② 国新办：《国新办就职业教育改革与发展情况举行发布会》，http：//www.china.com.cn/zhibo/2014－06/26/content_32757276.htm，2014年6月26日。

是新建学校，也可以是历史悠久的名校；可以是学校里的绝大部分专业转型，也可以是其中一部分专业”。教育部表示部分“211”、“985”高校符合条件的也可转型职教，目前提出转型申请的地方本科院校已有130多所。

（二）地方政府落实政策过程的差别表现

在地方推进本科转型政策过程中，相关利益群体呈现出不同的态度立场。政策实践中最引人关注的是，2014年4月产教融合论坛上178所高校共同发布的《驻马店共识》，高校表态要成为首批改革者，探索“中国特色应用技术大学建设之路”。178所全部为地方本科，承办单位黄淮学院是教育部政策试点院校。共识发布后引起社会热议。媒体赞扬178所高校敢于探索，落实了国务院“引导部分普通本科高校向应用技术型高校转型”战略部署，但也有观点认为“共识”并未体现多元性、传达的主要是教育部的想法。

尽管教育部将“省级统筹”视为政策推进的关键，但地方政府转型态度基本是“边走边看”，对国家政策保持观望。多地政府表示改革时间表和高校名单并未确定。例如江苏省确立独立学院、新建本科和部分老牌本科作为转型对象，而当地教育部门认为“是否转型，还是高校自己说了算”。目前，湖北、河北、河南等省份已确定普通高校转型数量，大致10所左右，而其他多数地方政府还在等待国家配套政策出台。

地方本科高校是转型主角，其态度呈两极分化。积极支持者多为民办高校和独立学院，政策发布初期，重庆市确定的6所转型高校都是该类院校；此后湖北2所独立学院（华中科技大学文华学院和武汉长江商学院）转设为民办本科时也定位成应用技术大学。相比之下，公办新建本科提出转型的并不多见，这类院校认为目前已是应用型高校，不必再划入职业教育系列。由此，地方本科高校深陷“到底是职业教育还是普通高校”的争论中，引发中央教育部门的担忧。教育部机关报刊发表《高等教育到底怎么改》的文章，而教育部另一官员则公开表示“自己从未提过转型，地方高校应坚持特色”①。至此，地方本科如何转型似乎变得更加扑朔迷离。

① 李剑平：《教育部高教司司长张大良否认“高校转型说”》，《中国青年报》2014年11月25日。

三 地方本科高校转型政策的深层思考

本科转型政策同时也借鉴欧洲国家高等教育系统，构建现代职教体系与普通高教体系并行沟通的双轨模式，改变高职专科“层次”身份，确实是重大突破，表明政府已下决心治理长期无序的高等教育结构。然而地方本科转型政策在制定之初即伴随“文本概念不清”和“行政化色彩过浓”的争议，政策执行利益相关方也各持己见。与此对应，中央决策部门态度也摇摆不定，从“600 所本科转型职教”到教育部澄清此说法不准确，再到教育部官员推翻“转型”之说，从中可窥见本科转型的巨大困境。高校转型不仅仅是教育系统内部的变革，更关系每所高校的前途和命运。

（一）制度设计缺陷和高等教育过于行政化

转型面临众多难题，制度设计缺陷和过于行政化是主要问题。从世界高等教育治理过程看，20 世纪 70 年代以来，西方国家兴起去官僚化和市场化的新公共管理运动，总体促进了高等教育多样化发展，形成多元化治理模式。一是制度性治理，政府运用法律、经费等宏观手段对高校分类管理。例如荷兰应用科技大学在 1986 年通过《高等教育职业教育法案》，取得与大学同等法律地位；奥地利应用技术大学在 1993 年通过《应用技术大学法案》，获得较高的社会地位。二是适应性治理，引入竞争机制，使高校面向市场。例如德国实行“去管制化”的新领航行政模式（New Steering Model），政府对地方和大学放权，应用技术大学在各州竞相办学下形成“小而精”、“独具性”等多样化特色。三是自主性治理，大学内部建立现代化决策机构，自主谋求办学特色。美国加州高等教育总体规划是高等教育分类体系杰出之作，加州大学由其董事会管理，特别强调大学自治，从而保障了各类型高校的办学活力。

反观我国地方本科转型政策，虽设有高校分类管理目标，但教育公平价值和去行政化都尚未纳入核心议题。相比之下，中小学教育去行政化改革已取得实质性进展。自 1993 年上海率先提出校长职级制，以职业级别取代行政级别以来，山东、广东、陕西等地也相继加入试点行列。在高等教育领域，取消大学行政级别、建立校长职级制的呼声高涨，但反对声音认为在中国社会普遍行政化背景下改革难以真正落实，达成共识的是“管办评”分离将有助实现“去行政化”。

由于我国目前高校分类与行政级别和资源配置优先权直接相关，高等教育系统变得僵化单一，并未出现大众化教育应有的多样化特征。[①] 地方高校持续致力于盲目“升格”，往往高职急迫升本科、本科点升硕士点、硕士点要上博士点，一味向重点大学看齐。“升格”使高校行政人员官升一级，同时获得相应科研经费及社会地位。我国研究型大学分类与行政级别暗相契合，“管办评”一体，根据科研水平将大学分成三六九等。由此可见，若不取消大学行政级别，恐怕再好的分类也难逃劫难。

（二）普通本科与职业教育概念仍然对立

地方本科高校转型政策令职业教育与普通教育之沟壑将愈加明显。欧洲应用技术大学在有的国家划为职业型；有的国家将专业应用型与研究型大学共同划入普通高教系统，不属于职业教育体系，德国应用技术大学即为专业应用型，其高职教育实际由职业学院和技术学院承担。我国当前本科转型政策借鉴德国应用技术大学的经验，但将其理解为职业教育，由此导致认知混乱。部分新建本科早年已借鉴德国应用技术大学，为何还要转型？我国应用技术大学为何只能归入现代职教体系？这些问题值得探讨，否则职业与普通教育之争将无法平息。

政策提出现代职教体系，职业教育理念却未更新。普高转型职教被认为是“注水教育”，现代职业教育理念探讨是一个不能忽视的方面。职业教育落后于普通教育，不只是观念问题，更是制度缺位。我国学历证书与资格证书分头管理，教育部授予的学历证书和人社部颁发的职业资格证书并不对应，各类证书互不相认，中高职衔接不畅。与转型高校相比，100 所示范高职最适合成为职业本科，为防止“升本”，只能继续做专科。那么，转型后应用技术大学成为职业本科，与高职专科到底有何实质区别？普通高校专业研究生教育与职业

① 杨东平：《关于高等教育的“中国模式”》，《教书育人》2011 年第 12 期。

研究生教育真的互通？我国“职业本科”、“职业研究生”等概念尚不明确。与之相对，德国已形成招生制度、资格证书和学制等多个衔接通道，这是职业教育与普通教育双轨运行成功的前提。

四　地方本科高校转型发展路径与展望

高校定位的前提是构建一个较为合理的高等教育分类体系，并形成保障高教系统良性运行的分类治理结构。鉴于当前本科转型政策的不完善，应分析世界大多数国家高等教育分类的发展趋势，从世界和中国现状两个维度反思，重构我国职业教育与普通教育融合版图、建设现代高教分类治理模式，将为我国地方本科转型定位发展提供新视角。

从世界高等教育发展历程看，20 世纪中期以来，“高等教育”内涵及外延大致发生两次转变①。一是高等教育数量变化，从单一高校机构转变成高等教育系统。二是高等教育性质变化，由“高深”学问转向终身学习。高职专科升本的新大学与传统大学在此阶段具有同等地位，并不断交融以生成更为多样化的高校类型。概言之，高等教育内涵已经从精英教育转向大众化和普及化，职业教育与普通教育融合是世界高等教育发展的共同趋势。

世界高等教育版图由此大致划分成学术型（Academic）、专业应用型（Professional）和职业技术型（Vocational）②，并彼此交融形成一个连续的人才光谱（见图 2）。以工程专业为例，工程科学家偏重学术，工程师侧重专业应用、工程技术人才和技术人才更注重职业培训。在高等教育系统内部，各类高等学校按照培养目标又可分为多种类型。例如德国应用技术大学是单一性的专业应用型人才培养模式；法国应用技术大学是职业培训和升学双重目标模式；美国社区学院为多元化模式，既注重职业培训，也注重通识教育和升学功能。

---

① Teichler, U. Changing Structures of the Higher Education Systems: The Increasing Complexity of Underlying Forces. *Higher Education Policy*, 2006.

② Mikhail, S. W. The Alternative Tertiary Education Sector: More than Non - university Education. The World Bank, 2008.

通过上述分析，高等学校可以沿着“高等教育系统分类—高等学校系统分类—高校分类”这一发展路径获得普适性的分类方法，并结合自身特色，形成较为合理的办学定位。

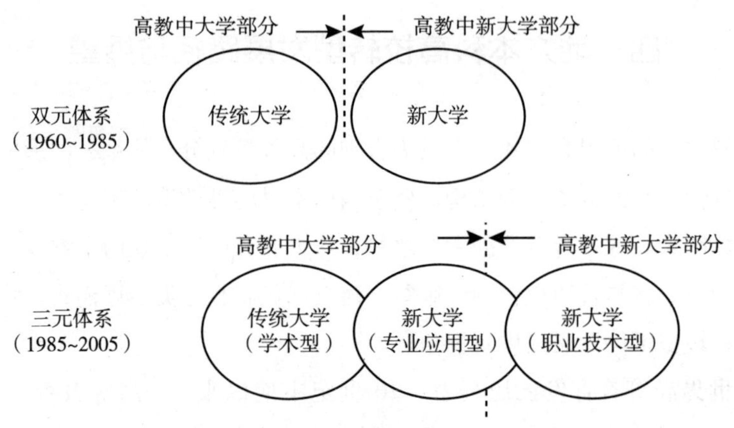

图2　世界高等教育体系的变化

当前我国首先应建立现代化的高等教育系统，以终身学习概念统合普通教育与职业教育两大体系，淡化二者到底姓“职”还是姓“普”的矛盾。借鉴世界高教系统分类方式，结合我国高等教育实际现状，未来高教版图基本设想是：①少数“985”、“211”高校成为学术型，大部分“985”、“211”高校转入学术与应用的交叉地带，强调专业回归实践即可实现。②部分已定位成专业应用型的地方本科高校继续原先的定位，主要提高教育质量。③部分定位为技术本科的可转入职业技术型，成为职业本科；100所示范高职未来也可成为职业本科。高校办学定位，以每种类型特征为主，但也不排斥学术型、专业应用型与职业型的交叉融合。高校按人才类型划分，没有等级差异，每一类型都可成为世界一流大学（见表2）。

建立现代高等教育分类治理模式，政府不能缺位也不能越位。高等教育分类系统及各类高校定位都离不开合理的治理结构。高教系统分类发展的目标是促进高等教育多样化，等级分层往往导致高教系统单一化。按人才类型划分的世界高教体系得以运行，需建立现代化的分类治理模式：首先，价值理念层面，注重人才类型的平等发展、重视教育公平；其次，技术层面，改变等级化

表 2　世界高等教育分类格局及我国未来高教版图

	学术理论型	专业应用型	职业技术型
德国[①]	综合性大学 神学院、艺术学院及师范学院	工科大学 应用技术大学	职业学院 技术学院
法国[②]	传统大学	大学校	职业本科学院 短期技术大学 高级技术员班
英国[③]	传统大学	工业大学 专门学院	多科技术大学
美国[④]	综合大学	专门学院	社区学院 技术学院
日本[⑤]	综合性大学	综合性大学	短期大学 高等专科学院 技术科学大学
中国 （未来构想）	部分“985”、“211”	部分“985”、“211” 地方老牌本科 部分新建本科	部分新建本科（职业本科） 高职专科

资料来源：①Statistisches Bundesamt，Institutions of Higher Education 2014；②Justin，J. W. Comparing the Relationship between Vocational and Higher Education in Germany and France，2009；③ CHEPS：Higher Education in UK，2007；④⑤潘懋元等：《关于高等学校分类、定位、特色发展的探讨》《教育研究》2009 年第 2 期。

的行政方式，建立多元化治理模式。2014 年《中共中央关于全面深化改革若干重大问题的决定》提出要“推进国家治理体系和治理能力现代化”，再次提出要“深入推进管办评分离，扩大省级政府教育统筹权和学校办学自主权”，并提出“逐步取消大学行政级别”，我国高等教育治理模式将面临新机遇，由此倒逼高等教育系统的深度调整也让人期待。

B.7

独立学院的艰难转型

李剑平 *

摘　要：如何规范独立学院的发展，是我国高等教育发展中的重大问题。2008 年教育部颁布 26 号令，要求独立学院按独立设置的普通本科高校标准设置，限期 5 年。至 2013 年 3 月期满，全国 90% 的独立学院仍未能完成转设。影响独立学院的转设，既有政策上的原因，也有学校自身的原因。建议理顺利益关系，区别对待，解决好独立学院问题。

关键词：独立学院　内外部原因　涉及重大利益

在 20 世纪 90 年代后期，在公办普通高校体制之外产生了大量的民办二级学院。2003 年，它们被称为“独立学院”，正式出现在教育部文件中。教育部在 2008 年颁布了《独立学院设置与管理办法》（以下简称“教育部 26 号令”），要求独立学院在 5 年之内实现独立法人资格、独立校园和基本办学设施、独立财务核算、独立颁发文凭、相对独立的教学组织与管理的“五独立”，转为民办高校管理；不符合条件的不再办学。然而，到 2013 年 3 月 31 日期满，全国 292 所独立学院中只有 23 所申请转设为独立设置的民办本科高校，另有 8 所进入转设考察、公示期，全国约 90% 的独立学院仍未能完成转设。

* 李剑平，《中国青年报》主任记者。

一 大部分独立学院难“独立”的原因

（一）教育部26号令难以扭转一些经济大省的高校格局

绝大多数独立学院在资金上并不独立，而是公办高校“独资”。浙江省22所独立学院中有20所除了举办的公办学校外没有其他出资人。湖北省26所独立学院中有一半没有出资人。江苏省正式批准成立苏州大学文正学院是在1998年12月，全省独立学院最高峰曾达到42所，后减少至26所，仅江南大学太湖学院转设为无锡太湖学院。

（二）教育部26号令一些具体规定脱离我国高等教育的实际

目前业界争议最大的是关于举办者出资资产过户的规定，包括不少于500亩的国有土地使用证或建设用地规划许可证。2013年，全国独立学院共有292所，在校生275万人，有35所独立学院转设为独立设置的民办普通本科高校。292所独立学院校平均占地面积575亩，其中164所超过500亩，较2008年增加55所。但是，按照500亩的土地标准，仍有128所独立学院不达标。问题是，随着生源减少和土地资源日益紧张，500亩地的硬性标准已不合理，应当予以调整。

（三）独立学院资产属性不明确

独立学院在中国高等教育体系中缺少准确的定位。独立学院投资人普遍担心，一旦政策变化，投资人将会损失巨大。而母体高校则认为，现在一年坐收几千万元资金挺好的，为什么不让其继续存在？

因为改革政策不配套，现实中部分转设为民办本科高校的“吃螃蟹者”四处碰壁，失去了独立学院的体制、机制优势，处在一个上不着天、下不着地的“夹心层”。曾经的母体高校仍不肯失去既得利益，变着法子甚至不择手段从民办本科高校索要可观的经济利益。

（四）有关部门对资产过户税费问题意见不统一

独立学院规范验收要求出资方负责办理过户手续，承担过户过程中的税

费。但是，资产过户到独立学院名下要产生几千万元甚至上亿元的税费，投资人显然不愿承担。目前国内只有黑龙江省通过地方立法减免民办高校资产过户费用。多地国土、建设、税务部门对独立学院资产过户税费减免问题未能达成一致意见。

二　多数独立学院办学中存在的问题

（一）独立学院专业结构与母体高校严重趋同，办学质量不高，失去竞争优势

以中部某省为例，20所独立学院设立的本科专业与母体高校雷同的比例高达96.87%。全国近300所独立学院，有75%开设了英语专业，71%开设了计算机技术专业，62%开设了国际经济与贸易专业，艺术设计、市场营销、工商管理等热门专业开设率在40%以上。

独立学院难以引进高层次、高水平的教师，从教者多为硕士毕业生。部分独立学院出现教师一旦评上副教授职称，就为了事业单位身份宁可“下嫁”高职院校。

独立学院失去了竞争优势。经历新一轮高等教育经费增长，独立学院与公办高校的资源差距越来越大。以上海为例，独立学院停止招生甚至消亡的主要原因是经济因素，其生均收入不到公办普通高校的一半①，教育质量难以保障。虽然有的省允许独立学院上调50%学费，但独立学院担心减少生源而不敢涨。

（二）申办学校和合作方的责、权、利不明确

一批独立学院的董事会流于形式，董事会章程缺乏对董事长及董事的约束和限制性条款，没有理顺投资方、举办方和母体高校的关系，造成举办学校在

① 李剑平：《省级政府统筹地方独立学院的权力与责任将增大》，《中国青年报》2014年4月25日。

教学质量上没有尽到责任，给学生培养与就业带来很大隐患。

一些独立学院存在急于求成、急于盈利的倾向。董事长直接插手办学和财务管理。部分独立学院的财务管理缺乏有效监督，学费收入被投资方随意挪用并成为投资方的现金流。有些独立学院的投资方每年 9 月底在学生报到以后先抽掉一定比例的学费。

三 辩证地评价独立学院的历史功过

（一）满足“高等教育大众化”的现实需求

美国学者马丁·特罗提出，一个国家高等教育毛入学率在 15% 以内是精英阶段；15% ~50% 则属于大众化阶段；超过 50% 就是普及化阶段。我国 1977 年恢复高考以后，高等教育毛入学率只有 1.5%，经过 20 年发展，1997 年才达到 9.1%，高等教育发展规模与社会需求之间的矛盾比较尖锐。

从 1999 年开始，中国高等教育进入跨越式发展阶段，高等学校大规模扩大招生，在 1999 年后的五六年中，招生规模扩大了 5 倍，独立学院“应运而生”。它作为高等教育资源外延性扩张的一种特殊形式，在全国迅速发展。教育部发展规划司的材料显示，到 2001 年全国独立学院有 318 所、在校生 186.6 万人；到 2013 年年底，全国独立学院共有 292 所，在校生达到 275 万，形成了 2000 多亿元教育资产。

独立学院对高等教育改革起到“减压阀”的作用，其本科在校生约占全国普通高校本科在校生的 18%，在广东、浙江、河北等省，这个指标分别达到 28%、29%、33%，推进了我国高等教育大众化进程。如果独立学院没有转设为独立设置的民办本科高校而按规定停办，该省高等教育毛入学率马上就会掉下来。如果在中西部地区“一刀切”严格执行教育部 26 号令，将使一部分学生失去接受更高教育的机会，造成中西部省份本科入学人数出现大的波动。

（二）弥补我国高等教育投入的不足

独立学院兴起与政府对高校经费投入严重不足有关。在湖北、湖南、江西

以及一些西部省份，很多时候并不是普通高校想要举办独立学院，而是省级财政没有办法承担这么大的高等教育规模，只能通过举办独立学院为公办高校“输血”。

湖北省是国内拥有独立学院最多的省份之一。据统计，该省 1999 年财政性教育经费支出 68.02 亿元，占全省 GDP 的 1.76%，明显低于全国平均值 2.75%。人均教育经费总支出 202.1 元，在全国排第 18 位。1999 年其普通高等教育财政预算内拨款 6.32 亿元，占预算内教育拨款总支出的 12.55%。通过吸引社会资金，合作举办独立学院有助于缓解经费压力。如三峡大学新校区建设产生欠债，于是由三峡大学、宜昌市政府及宜昌教育实业开发总公司在 2000 年合作举办三峡大学科技学院，每年返回母体高校资金约 1 亿元，极大缓解了三峡大学发展的困难。

贵州省举办独立学院也是为解决公办高校经费不足。贵州财经学院商务学院创办初期招收的省外生源占 60% 以上，每年交母体高校 7000 万至 1 亿元①。遵义医学院医学与科技学院原院长吕斌说：“没有独立学院，贵州的高等教育还要落后 20 年。”出于历史原因，福建省内高校不多、校园面积达不到办学标准。为扩大办学规模、建设新校区，政府拿不出足够的经费就出台政策，通过高校举办独立学院，将获得的收入用于还新校区建设的贷款。

以中部某省为例，2013 年高考录取率达到 80% 左右，其中本科生录取率约占 40%；独立学院新生约占本科生录取人数的三分之一。若把独立学院招生指标都压到第一、第二批次录取的普通高等学校，是省级财政根本无法承担的。

（三）独立学院具有很强的营利性

设立独立学院，在很大程度上是教育经费驱动的。因而，独立学院存在比较突出的营利性的问题，因为资本自然会要求回报。独立学院大部分举办者与最后实际控制人是房地产等各类投资者。北方一家以地产、汽车、教育等领域为投资重点的集团，成为 5 所独立学院的投资方。在教育大省湖北的 26 所独立学院中，2/3 的举办者为房地产及各类投资公司、企业。

---

① 李剑平：《“校中校”：独立学院规范发展最难啃骨头》，《中国青年报》2014 年 4 月 30 日。

投资方可以低价征得大量教学用地，获得优惠政策投入基本建设。从独立学院收取学费中赚钱的是“小虾米”，能在教育用地上进行“教师公寓”等“圈地”搞房地产开发的才是“大鳄”。

独立学院经过多年的建设与运作，已经积累了远远超过注册资金的资产。以湖北省一所独立学院为例，出资人注册资金为7000万元，现在整体资产评估为7亿多元，主要是来自土地增值与学费滚动产生的资产。按照办学协议，30%的无形资产划归母体高校，其余归个人所有。

（四）与普通民办高校的不公平竞争

公办学校出资、按民营机制收费、被称为“校中校”的独立学院，遭到民办高校的抗议最多，被称为“假民办”，重要原因是它们戴着“红帽子”、含着“金钥匙”出生，在市场竞争中处于强势地位，不断压缩真正的民办高校的生存空间。

独立学院的营利性不仅来自投资方，也来自公办高校。授予独立学院举办资格与招生指标，相当于给普通高校派发了一个“红包”，给了一条财路。江苏省25家独立学院大部分是母体高校投资，另有10多所高校的二级学院连户头都没有，也直接招生。在教育部26号令中，明确规定符合条件的普通高等学校一般只可以参与举办1所独立学院。然而，南京理工大学、南京师范大学、苏州大学、浙江大学、温州大学、福建师范大学、福建农林大学、山东财经大学、华中科技大学、湖北工业大学、长江大学、中山大学、重庆工商大学、四川师范大学、四川大学、贵州大学、云南大学、云南师范大学等高校都分别举办了两所独立学院，其动机显而易见。

四　对独立学院改革发展的政策建议

当初对独立学院的发展缺乏顶层设计，办起来再说，主要解决“有学上”的需求。现在家长关注的主要是独立学院的教育质量，希望孩子能学到真才实学，但是大部分独立学院的教育质量不尽如人意，家长和学生为此付出了高昂代价。国家改善对高等教育的治理、加强对独立学院的管理势在必行。

（一）进一步细化、修改完善独立学院验收工作方案

独立学院是我国高等教育改革发展的一支生力军，涉及广大师生以及千家万户。若按教育部 26 号令的标准“一刀切”，将有超过四成的独立学院面临关停并转，具有高度的复杂性和敏感性。不论 26 号令执行中遇到多大阻力，我们都不能忽视广大在校生学习权利的保障问题。

教育部党组研究认为，需要对独立学院验收评价标准与工作机制进行更加科学的设置，既要尊重历史，肯定成绩，也要与时俱进。教育部发展规划司正在北京科技大学天津学院、天津大学仁爱学院、天津财经大学珠江学院进行验收试点工作，以期进一步细化独立学院验收细则，修改完善验收工作方案。

（二）分门别类破解独立学院转设问题

由于独立学院在资金渠道、管理机制等方面各不相同，应当分门别类、区别对待。可以有以下不同的选择：地方政府财政支持，独立学院适当削减招生规模，转成地方普通公办本科高校；与地方政府继续合作举办，规范发展；转设为民办本科高校；走中外合作办学之路；对不符合条件的“校中校”坚决取消；对办学质量不佳的予以停办。

独立学院中有一些其实是高校与地方政府合作举办的，没有投资人，因而不宜生搬硬套“非公即民”的转设模式。如浙江大学宁波理工学院、浙江大学城市学院、电子科技大学中山学院、北师大珠海分校等，在教育部 26 号令出台前就办得很好，有的甚至超过一些地方本科高校。当初把这类高校划入独立学院管理，本身就是一种失误。建议在保持原有经费来源方式基础上，采取公办新机制的办学模式，按照省属普通高校标准和要求进行管理。

普通高校独自举办、普通高校与国有资本共同举办的独立学院同样值得关注。浙江省绍兴市为了把绍兴文理学院元培学院建成全市第二所普通本科高校，除给予新校区建设土地指标等支持外，元培学院收入上交母体高校的经费中有 25% 由市财政直接拨付给绍兴文理学院。与此同时，浙江海宁、桐乡、诸暨、富阳等一批经济发达的县市正在与省内高校合作，探索引进独立学院，并将其建设成为地方普通高校。

独立学院中的“校中校”是另外一类，自出现以来一直成为“人人喊打”

的对象。现在出现“假回归”的现象，即“校中校”回归母体高校变成公办的二级学院，既享受公办高校的经费拨款，同时继续按照独立学院的民营机制高收费。许多民办高校期望对这个特殊群体“切一刀”：要么回归母体高校按公办教育管理，要么转办或停办。从依法行政的角度看，按照教育部26号令“校中校”应该回归母体高校，或者按规范引入新出资者并迁址独立办学。

（三）理顺独立学院的各种利益关系

首先，需要理顺投资方、举办方和董事会、学校之间的关系。最核心的是利益问题，政策法规之间“打架”的现象比较突出。

教育部26号令规定，独立学院出资人可以从办学结余中取得合理回报，出资人取得合理回报的标准和程序，按照《民办教育促进法实施条例》和国家有关规定执行。但《民办教育促进法实施条例》并没有对“合理回报”作出明确界定。有的省依据《中华人民共和国企业法》、《中华人民共和国物权法》，对独立学院发展提出“谁投资、谁受益”原则。然而，由于这种投资预期降低且无法兑现，部分投资方转手卖掉独立学院，将资产转移到其他领域。有的投资方甚至通过股权溢价变更，逃避了独立学院重大变更要向教育行政部门备案的监管。投资方的委屈是当初政府缺钱，就鼓励民间资金办学，并许诺可以拿合理回报；现在政府逐渐有钱了，就把独立学院举办者描述成自私自利的“葛朗台”。

其次，是独立学院的注册身份问题。广东省、湖北省、重庆市等多数地方都根据《民办教育促进法》将独立学院按“民办非企业单位”注册，贵州省8所独立学院只有1所登记为事业单位，其余7所登记为民办非企业。只有浙江省独立学院由省政府统一协调登记为事业单位。按民办非企业注册涉及税收等各种财务问题，尤其是教职工社会保险、医疗保险等与事业单位相差甚远，是民办学校教师队伍难以稳定的主要原因。对独立学院教职工身份归属等问题，有的地方要求“对外不宣传、对内不讨论”。

独立学院与母体高校的分手费问题，对此双方意见不一。部分独立学院举办者认为母体高校收了这么多年管理费了，不该再收“分手费”，希望教育部出台指导性意见。一些母体高校则表示，举办独立学院投入了品牌、师资及管理等大量无形资产，“分手”不可能没有补偿费。

教育部发展规划司郭春鸣副司长表示，当初举办时教育部不是“介绍人”和“证婚人”，现在要“分手”，教育部也不是裁判，不偏袒任何一方。双方终止合作办学协议，可按《中华人民共和国合同法》协商解决并承担相应的违约责任。

（四）建议把独立学院发展的权限、责任下放给省级政府

部分独立学院与学者建议，由国务院牵头，国家教育、财政、发改委、税务、国土等部门进行顶层设计，把独立学院具体的过渡措施和进一步发展的权限、责任下放给各省级政府。教育部发展规划司认为，在破解独立学院规范发展难题过程中，应与地方高校转型结合起来，由省级政府统筹区域内高等教育结构优化，先调查摸底，然后科学规划，再分步解决。

B.8

地方教育制度创新的新特点及建议

王丽伟*

摘　要：在十八届三中全会提出“深化教育领域综合改革”的大背景下，21 世纪教育研究院举办了第四届地方教育制度创新奖评选活动。“简政放权”成为本届创新案例的一大亮点。理顺“中央与地方”的关系，明确“政府、学校和社会”的管理职能，倡导教育家办学，成为未来地方教育制度创新改革的着眼点。

关键词：简政放权　制度创新　政校关系

2013 年 11 月，十八届三中全会通过《中共中央关于全面深化改革若干重大问题的决定》（以下简称《重大问题决定》），提出了“深化教育领域综合改革”，要求必须构建政府、学校、社会新型关系。推进中央向地方放权、政府向学校放权，通过建立“管办评分离”制度，明确各级政府责任，推进学校分类管理，规范学校办学行为，发挥社会参与作用，形成政事分开、权责明确、统筹协调、规范有序的教育管理体制。

我国从 20 世纪 80 年代开始进行教育体制改革，《重大问题决定》所提出的“深化教育领域综合改革”的内涵正是“简政放权”在教育体制改革领域的进一步深化。

一　地方教育制度创新的背景

1985 年《中共中央关于教育体制改革的决定》（以下简称《决定》）颁

* 王丽伟，21 世纪教育研究院助理研究员。

布，在中央与地方关系方面，《决定》提出分级管理的原则，规定基础教育由地方负责；在政府与学校关系方面，提出在加强宏观管理的同时坚决实行“简政放权”，扩大学校办学自主权；在社会与教育关系方面，积极鼓励国营企业、社会团体以及个人的捐资办学行为。2010 年《国家中长期教育改革和发展规划纲要（2010－2020 年）》（以下简称《纲要》）出台，在确定教育管理体制改革路线、明确各级政府关系方面，提出要“健全统筹有力、权责明确的教育管理体制，加强省级政府教育统筹”；在政府与学校关系方面，提出转变政府教育管理职能，推进政校分开、管办分离，落实和扩大学校办学自主权；在社会力量参与教育事业方面提出大力支持并依法管理民办教育。20 世纪 80 年代教育体制改革开始时期，以《决定》为主的政策确定了中央向地方放权、地方向学校放权的基本框架，以及鼓励社会力量助学的基本定位；到 21 世纪第一个十年，《纲要》对中央与地方、政府与学校的关系，以及社会力量助学为教育服务的机制进行了较系统和详细的阐释，教育体制改革稳步推进。

在改革教育管理体制、简政放权以及鼓励社会力量介入的过程中，并非要政府单方面放权以及让渡责任，相反，在这一教育体制改革深化的阶段，更要强调政府的主导作用。《决定》中还只是笼统地提出成立国家教育委员会统筹整个教育事业，到了《纲要》，已经从领导教育工作、改进教育系统党的建设和维护教育系统和谐稳定三个方面对政府主导作用进行了具体阐释。

此外，在教育体制改革的进程中，相应的法律保障不断完善。《决定》时期仅仅提出加强教育立法工作，此后一系列教育法律陆续颁布，相关的教育法规不断出台，构成了我国较完善的教育法律、法规体系。到了《纲要》时期，则开始从依法行政、依法治校以及健全督导制度等方面对法律法规进行进一步完善。

二　地方教育制度创新的新特征

第四届地方教育制度创新案例评选及颁奖典礼在 2014 年举行，25 个入围案例主要集中在地方教育行政制度改革、促进义务教育均衡发展、发展农村教育的制度改革、学前教育管理体制改革四大主题，与往届相比主题更加集中。

在地区分布上没有明显变化，东部地区仍然是创新案例的重要阵地，西部地区的案例比例略高于中部，参照以往情况可见，西部地区创新能力稳定增长。从省际分布来看，第四届创新奖中江苏案例最多，从这四届创新奖的案例分布来看，创新活力较强的省份集中在江苏、浙江、四川、山东等地。从创新主体的行政级别来看，市级与县级持平，省级主体最少，参考前几届情况，省级创新案例增加后又出现回落，总体来看，市、县级地方教育创新的活力相对较强。

从创新案例的内涵上讲，首先，“简政放权”成为教育治理体系现代化的最大亮点；其次，义务教育均衡发展热度不减；再次，解决农村教育问题要立足底部攻坚，继续深化制度改革；最后，学前教育健康发展受到重视。

（一）“简政放权”成为教育行政改革最大的亮点

教育行政改革既是行政改革的一部分，也是教育改革的一部分，因此教育行政改革既要有一个教育标准，又要有一个行政标准。在二者中，“行政”是为“教育”服务的，教育标准是首要的、第一位的标准，对教育行政进行评估，必须体现“教育”的行业性和特殊性。①

在第三届地方教育制度创新奖评选中，“简政放权，还学校办学自主权”的案例还仅仅是崭露头角，而在第四届中“简政放权”可谓教育行政制度改革案例的一大亮点。

以广东省佛山市顺德区教育改革为例，顺德区的改革措施是：首先按照决策、监督、服务分离的原则，调整教育局机构设置，以精简政务；其次以“管办评分离”为核心，把学校的权力还给学校，尊重校长的办学自主权；最后，请社会组织承担政府下放的部分事权。经过三位一体的综合性改革，顺德区简政放权成效显著：第一，教育审批事项大幅度取消，2011～2012 年间，取消的审批事项达全部事项的 58%；第二，教育考核评比大幅度减少，撤销与合并事项共计 23 项，最终仅保留 8 项；第三，在管理权限方面，将学籍异动权还给学校，民办非学历机构的审批权下放给镇（街道）；第四，市场取代学校进行中小学校服的运作，政府负责监管；等等。

顺德区简政放权取得重要成效的一个关键因素在于其“教育治理体系改

---

① 褚宏启：《中国地方教育的治道变革》，《教育展望（中文版）》2007 年第 1 期。

革与区域社会管理改革同步推进”，区域社会管理改革的推进为教育行政改革营造了一个良好的大环境，从而使得教育行政改革水到渠成。从教育行政改革内部看，顺德区将“简政”与“放权”紧密联系在一起，以“简政”实现彻底的“放权”，“放权”之后还有配套的监督管理机制。通过这一整套措施，从根本上激发了学校的活力，也激发了社会力量对教育的参与与创新能力。

再比如江苏镇江的教育行政改革创新从“简政放权，让学校自主发展”和“转变职能，让行政服务更专业更高效”两方面着手。在“简政放权”方面，镇江采取的是“扎口管理”，具体内容包括“精简文件简报，严控会议活动，规范检查评比，改进调查研究”等，减轻中小学校长工作负担，同时，启动“自主管理试点校”工作，改变过去直接任命副校长为校长的做法，依法依规地进行民主选聘，实现对校长的充分赋权。在“转变职能”方面，首先强化的是基础性服务，包括完善教职工编制标准、建立教师待岗培训制度，完善后勤管理体制和模式，做好“大后勤”，其次为强化专业性服务，成立“校长发展学校”，同时强化督查性服务，实施三年发展规划。镇江市的改革措施实施以来，文件、会议、考核、检查、评比都明显减少，同时，在学校层面落实“自主管理”和“选聘制”改革，切实提升了学校的自主权限，激发了校长的主动性和创造性，激活了学校的办学活力。

镇江的改革，“简政”与“放权”双管齐下，取得了显著的成效，同时，也对校长的素质提出了更高的要求。自主管理并非彻底地摆脱教育行政部门单干，需要校长以及学校的管理团队在抓权的同时腾出更多的精力筹划学校如何按照教育规律健康发展。

（二）促进义务教育均衡发展的创新探索更加深入

均衡发展仍是义务教育改革的主要趋势。2011 年 3 月和 7 月，教育部分别与 31 个省份及新疆生产建设兵团签署义务教育均衡发展备忘录，提出到 2015 年，我国实现基本均衡的县（市、区）比例达到 65%；到 2020 年，实现基本均衡的县（市、区）比例达到 95%。

在本届促进义务教育均衡发展的案例中，在义务教育均衡发展备忘录中提到的改善薄弱学校办学条件，建立合理的校长、教师流动和交流制度，通过学区化管理、集团化办学、结对帮扶等模式推动优质教育资源共享，加强学校管理，解决择校乱收费问题等得到了很好的体现，与往届相比，本届案例采用更多元的手段，更深入地解决义务教育均衡问题，有些举措是开创性的，取得的成效也是显著的。例如陕西省西安市多措并举促进开展考试制度改革、吉林省东丰县“关注后三分之一”全面推进县域内义务教育均衡发展、江苏省苏州市积极推动民工子弟学校与公办学校同步发展、四川成都市通过“圈层融合”推动县域教育发展、北京市教委严格治理“小升初”择校乱象等。

以四川成都的创新实践为例，四川成都市通过“圈层融合”及“一对一”教育联盟方式，在市级层面关注和推动县域与县域之间、圈层与圈层之间教育的均衡发展，在将市级的人、财、物等资源向经济欠发达的区（市）县和农村学校、薄弱学校倾斜的同时，强化区（市）县在全域成都发展中的责任，有效探索“市域统筹”县级教育的方式和方法，丰富和发展了成都“市域统筹”的方法和内涵。同时“圈层融合”的开展形成了以区县联盟为框架、学校接对为基础、人员交流为核心、优质共享为重点，并以义务教育为重点，向学前教育和高中阶段教育两端延伸的互动发展方式，突破了“以县为主”的教育管理体制。

再比如，北京市教委在治理“小升初”方面采取了一系列举措，尤其是取消共建生成为北京“小升初”改革的重大亮点，同时北京教委严禁“坑班”与“点招”、降低推优及特长生所占比例、增加优质资源供给总量、扩大优质初中就近派位比例、新建特色学校；扩大“指标到校”比例、校际生源均衡配置，推行“一次派位”，进行教师轮岗等一系列举措有效破解了多年以来困扰广大家长和社会各界的义务教育“择校热”老大难问题，改变了持续多年的“以钱择校、以权择校、以分择校”的乱象，大大促进了义务教育均衡发展。

（三）解决农村教育问题要立足底部攻坚，继续深化制度改革

农村教育是近年来地方政府关注的重要问题。在解决农村教育问题上，这些多元举措一方面表现出教育发展必须服务于本地化需求才能获得强大的生命力，另一方面也为未来教育变革提供了可能性的方向指引。整体而言，未来的农村教育变革将显现出更加鲜明的本地化和多元化特征，教育的内涵发展将成为变革的重要着力点，同时，这些教育变革也必须在更为宽松和更具鼓舞性的

制度环境中才能发生，省级统筹的重要性将进一步凸显。

从本届的案例来看，湖南省建立的农村基层教育人才津贴制度、福建实施的农村紧缺师资代偿学费计划以及安徽创新中小学教师管理制度等都凸显了省级统筹农村教育的重要意义。同时，农村教师问题仍是困扰农村发展的重要问题，湖南、福建、安徽的省级统筹都是关于农村教师的补充问题。山东省淄博张店区弹性编制举措解决教师培训难题、四川宜宾市翠屏区创新农村学校教师补充机制也是基于农村教师问题的改革探索。此外，农村教育的内涵发展也是许多案例所关注的，例如重庆市綦江区多元协同全面深化农村课程改革、浙江省丽水探索农村自然小班教学改革以及甘肃平凉市全方面推动农村小规模学校发展等。这些改革探索体现了地方政府因地制宜解决农村教育问题的智慧与决心。

以甘肃平凉市的改革为例，平凉市把扶持小规模学校发展作为教育工作的重点，针对农村小规模学校基本办学条件相对薄弱，公用经费难以保障办学需求，师资短缺制约课程开设，素质教育、课程改革难以落实的实际问题，推动全市农村小学全面进入“小校小班”时代。具体措施包括，在全市 15 个小规模办学试点学区、100 个小规模学校先行开展工作试点。实行百人以下学校“学区走教”制度，推广小班化教学方式改革，解决农村小规模学校课程开设不齐、教学质量不高的问题；“强校带弱校，名校带新校”，以“学生不动资源动”的总体思路，积极探索不同学区间学校结对帮扶、资源共享、优势互补的办学机制，建立城区优质学校和农村薄弱学校结对帮扶机制。平凉市通过“强校引领、资源共享、捆绑考核、共同发展”的管理模式，竭力扶持农村小规模学校的发展，在促进小规模学校由“小而弱”、“小而差”向“小而强”、“小而优”转变方面的成效是值得深思与借鉴的。

（四）学前教育管理模式改革探索增多

学前教育发展的首要问题是学前教育的地位问题，2010 年《国务院关于当前发展学前教育的若干意见》（以下简称《意见》）指出“把发展学前教育摆在更加重要的位置”，要大力推进和普及学前教育，把学前教育纳入政府公共服务体系。另外，政府要明确其职责，并在落实学前教育发展任务时坚持学前教育的公益性和普惠性，坚持改革创新和因地制宜，从幼儿身心发展规律出发，科学发展学前教育，将各项任务落到实处。

2010 年《意见》要求实施学前教育三年行动计划，2014 年三年行动计划已经结束。从本届入围的案例来看，学前教育的探索主要集中在教育的管理方面，例如宁波市北仑区设企业性质编制、实行“辖区中心幼儿园”管理模式，山东泰安以乡镇为单位统筹管理农村幼师，浙江安吉实行“村镇一体化”管理以保障学前教育内涵化发展，湖南省株洲市创新民办园管理模式等。

浙江安吉县实施“一镇（乡）一中心、辐射管理行政村”的学前教育办学格局、“村镇一体化”的学前教育管理模式，县财政扶持、乡镇政府建好中心幼儿园、村建好村教学点的办园投入机制，有效缓解了财政投入压力，保障了农村幼教事业的健康发展，对于发展农村幼儿教育事业是一种积极借鉴。

湖南株洲市对于民办幼儿园采取自愿申报，有关部门组织评估定级，根据布局需要进行遴选，实行分级限价，财政直补。在管理方面，实现合同管理，即县级教育行政部门与普惠性民办幼儿园签订合同，明确双方的权利和义务，以及责任追究。实行年度督导评估年检制、等级动态升降制，并将评估结果向社会公布；建立健全退出机制和补充机制，逐步形成了覆盖城乡的普惠性学前教育服务网络。

三　建议

地方教育的创新活力越来越强成为一种趋势，越是在这种趋势下，越是要澄清一些基本的概念，理顺一些基本的关系。纵向来说，是对于各级政府职责的澄清；横向来说，是对于政府、学校和社会关系的明确。从内涵发展的角度讲，教育制度创新的落脚点仍是学校教育质量的提升、学生获得健康的发展，这一层面的问题，归根结底依靠教育家办学来解决。

（一）理顺“中央—地方”各级政府的教育管理权限和责任范围

教育作为社会管理和公共服务的重要组成部分，属于中央和地方交叉性事务，发展和管理教育是各级政府的重要职责。对每一级政府权责的明晰，是整个政府体系高效运行的前提。

按照建设服务型政府的要求，各级政府及其教育行政部门的主要职能是统筹规划、政策引导、监督管理和提供公共教育服务。中央政府在教育管理方面既要保证地方政府（尤其是县）有能力（包括资源）制定教育公共服务的全国性目标，又要建立让它们对结果负责的机制。同时，中央政府已经增加对地方的财政转移支付和补偿性资助，不断启动很多新项目以增加服务内容和扩大服务范围。对于地方政府，省政府承担支持基层财政和实现平衡的责任，并制定省级及以下各级政府的职能和责任，一些省进行“省直管县”改革，县政府从地市、乡镇转移过来的职责范围在扩大。相对于中央政府的宏观管理和指导监督职责，地方政府的主要职责为财政、执行和监管。政府管理教育的方式由直接干预和微观管理转变为综合运用立法、拨款、规划、信息服务、政策指导和必要的行政措施。

（二）明确“政府、学校和社会”三者的教育管理职能

明确政府、学校和社会的教育管理职能是维持复杂的教育秩序的重要前提。政府职能的核心是宏观规划与资源配置，具体落实到教育政策的制定、教育质量的监督、服务平台的搭建等；学校职能的核心是学校内部的管理与发展，上至学校治理结构的确定，下至学校教师队伍建设与课程开发等；社会教育职能的主要形式是监督并参与学校的教育与管理。

在厘清三方职能边界的前提下，政府要承担起自身的职能，并将属于学校的职能归还给学校，赋予学校真正的法人地位；同时社会要参与进来，即把既不属于政府也不属于学校的职能交还给社会，从而成为政府、学校、社会各司其职、各行其是的有机运行体。

在厘清职能、落实职能的过程中，政府的管理方式从微观的、直接的“硬性管理”转向宏观的、间接的“软性管理”。教育产品的生产和提供可以由不同的主体分别实现①，对于政府来讲，既可以直接提供产品，也可以承担“付费”责任，由其他组织进行生产。而不论是哪种方式，政府都将是规则的制定者和秩序的检查与维护者。

---

① 〔美〕迈克尔·麦金尼斯：《多中心体制与地方公共经济》，毛寿龙译，上海三联书店，2000。

（三）调整“政府—学校”关系，倡导教育家办学

“政府—学校”关系是教育行政体制中的核心问题，也是教育行政体制改革的重要内容。其中的焦点是政府改变“统得过死、包得过多”的局面，给学校更多的办学自主权。所以，未来的教育制度创新，是政府及其部门约束自己权力、回归本位职能，学校自身发展动力被激活的改革。

在大量的地方教育制度创新实践中，推动其创新的力量往往不单单是利益的权衡，更有一种对孩子的真诚热爱和对教育理想的执著追求，将教育变革视为自身的使命与责任，这是一种主动的教育创新的力量，这种力量越来越多地在教育创新案例中出现，而这种主体动力，我们可以概括为教育家精神。

教育家办学是教育制度创新的核心动力。在推动教育制度创新的动力结构中，外部动力是利益集团的博弈，是条件，而内部动力是教育家对教育创新的渴望和行动，是根本。教育家办学让教育创新在风险大、利益空间小的教育领域，使更多教育理想在教育实践中生根，使教育改革更贴近教育本身的需要，不急功近利，不焦躁，更加符合教育发展的规律。为此，应该为教育家办学营造良好的制度环境，允许并尊重他们的探索实践，真正推动教育的健康发展。

B.9

北京市“小升初”入学政策的改革

刘 靖*

摘 要： 2014年北京市出台新政，多管齐下，对“小升初”工作实施史上最严厉的治理，取得阶段性成果。本文通过对北京市及其各区县小升初政策和相关调查结果的分析，系统总结北京小升初政策的特点，综合归纳北京义务教育免试就近入学“新常态”的具体表现，为进一步推进实现公平、公正、公开的改革，均衡、优质、多样和创新的义务教育提出建议。

关键词： 义务教育 均衡发展 小升初 北京

从2010年《国家中长期教育改革和发展规划纲要（2010－2020年）》颁布起，公平和均衡再次成为我国义务教育发展的两大主题。2014年新年伊始，教育部部长袁贵仁在2014年全国教育工作会上的讲话中指出：“公平正义是社会主义本质要求，教育公平是社会公平的重要基础。要在教育公平上多想办法、多做实事，用教育公平重新审视体制机制，重新评估政策措施，通过规则调整和制度创新，不断提高教育公平水平。”① 全国各大城市先后出台了义务教育免试就近入学工作方案，提出有针对性的政策、时间表和路线图，进一步完善免试就近入学。本文通过对北京市2014年的小升初新政的梳理，认识首都义务教育小升初入学政策改革的新成效和“新常态”。

---

* 刘靖，日本名古屋大学国际开发研究生院助教，博士，主要研究方向为发展中国家教育政策研究、中国义务教育均衡发展。

① 袁贵仁：《深化教育领域综合改革 加快推进教育治理体系和治理能力现代化》，教育部网站，2014年1月15日。

一　教育部对城市地区义务教育免试就近入学新要求

2014年初，教育部先后颁布了《关于进一步做好小学升入初中免试就近入学工作的实施意见》、《教育部办公厅关于进一步做好重点大城市义务教育免试就近入学工作的通知》以进一步规范重点大城市①的小学升入中学（简称为“小升初”）招生入学行为，促进义务教育均衡发展。这两份文件系统地针对义务教育的招生范围、对象、入学手续、标准以及信息公开作出了详细的规定，堪称自《义务教育法》颁布以来，我国针对“就近入学”以及相关入学方式所作出的最详细的政府解释和指导意见。与此同时，文件也为我国各重点大城市进一步规范义务教育免试就近入学（小升初阶段）的完善工作制定了路线图和时间表（见图1）。教育部明确要求各重点大城市在2014～2017年间通过制订和实施义务教育面试就近入学工作方案，在2017年实现95%以上的初中划片入学和就近入学。

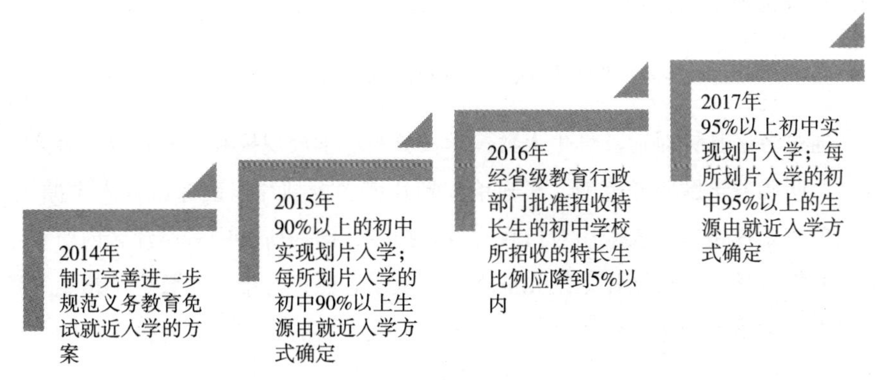

图1　重点大城市义务教育就近入学工作阶段

① 重点大城市指直辖市、副省级省会城市、计划单列市。根据《中国教育报》2014年2月18日第一版总结，重点大城市涉及19个大城市，包括北京、天津、上海、广州、重庆、哈尔滨、长春、沈阳、大连、济南、青岛、西安、南京、宁波、杭州、武汉、厦门、深圳、成都。

二　北京市2014年“小升初”新政的主要措施

2014 年，北京市教委通过一系列努力和创新，重点完善了小升初入学规则，通过调整学区划片积极推行学区制和九年一贯对口招生，统一使用了中小学入学服务系统来管理学籍，明确了违规操作的范围。通过对北京市教委相关政策文件的分析，笔者对北京市 2014 年小升初政策的特点和问题做以下归纳。

（一）构建两个电子平台

在 2014 年的入学工作意见中，北京市教委特别强调了学籍管理工作的重要性，建立了“电子学籍”与“初中入学服务系统”2 个电子平台。适龄入学儿童“一人一号”，学校由此获得“片内学生名单”作为小学入学报名依据。统一的初中入学服务系统，将每个学生入学途径和方式全程记录。这一系统也有助于教育行政部门预测掌握适龄学生数量及分布，特别是对具体数量不明的外地在京务工人员子女的信息采集提供了收集数据的途径。同时，系统对跨区择校也会起到监控作用。这有利于进一步促进就近入学原则的执行。

（二）进一步明确就近入学划片范围

通过各区县针对适龄学生人数、学校分布、学校规模和交通状况等因素的分析，明确各学区服务范围，实施单校划片或多校划片以确保就近入学原则。所谓单校划片是指学校采用对口直升方式招生，即一所初中对口片区内所有小学毕业生入学。多校划片是指先征求学生入学志愿，对报名人数少于招生人数的初中，学生直接入学；对报名人数超过招生人数的初中，以随机派位的方式确定学生。

（三）取消共建生促进教育公平

2014 年北京市小升初工作的一个亮点是在市教委的入学工作意见的文件中首次没有出现共建生入学的相关内容。这一举措彰显了北京市教委对于大力促进教育公平、取消教育特权的决心和愿望，为促进首都义务教育公平提供了有力的政策保障。

（四）规范特长生入学工作

2014 年教育部提出了逐步减少特长生招生学校和招生比例的工作目标。尽管北京市教委没有在文件中给出明确的特长生招生比例，但原则上特长生的招生范围已经明确限制在市教委批准的可招收体育、艺术和科技特长生的学校所在区县内。其他任何名义的特长生招生都被视为违规。

2014 年，各区对特长生跨区流动给予严格限制，东城、海淀、丰台在各区“小升初”政策文件中已明确提出特长生的区内选择原则。与此相对照，西城、朝阳、石景山在各区的相关政策文件中的用词上没有明确提出禁止跨区流动的原则。因此，这些城区在实际操作特长生入学时存在预留操作空间的可能性。

（五）细化非京籍适龄学生入学工作

针对非京籍适龄学生的家庭背景，北京市教委将非京籍适龄学生分为三类。

第一，同城对待型。对于持有区县教委开具的《台胞子女就读批准书》，全国博士后管理部门开具的《博士后研究人员子女介绍信》及其父（或母）的《进站函》，部队师（旅）级政治部开具的随军家属证明及现役军人证件，区县侨务部门开具的《华侨子女来京接受义务教育证明信》等证明的适龄儿童按本市户籍对待，让其参与“小升初”入学。

第二，政策协调型。凡属区县以上人民政府人才引进计划的海外归国人员，各类引进人才的子女入学，按相关规定，由区县教委协调解决。协调对象还包括高校和科研机构以及北京铁路系统子女。这些学生的入学工作可按有关协议执行，或者按父母单位与单位举办的子弟学校确定的条件入学。

第三，五证齐全型。针对普通非京籍在京务工人员子女的入学，北京市教委要求其父母或其他法定监护人向居住地所在街道办事处或乡镇人民政府提交在京务工就业证明、在京实际住所居住证明、全家户口簿、在京暂住证、户籍所在地街道办事处或乡镇人民政府出具的在当地没有监护条件的证明等相关材料，经审核后参加学龄人口信息采集，并到居住所在区县教委确定的学校联系入学就读。

这一做法造成了非京籍学生中不同家庭背景的学生享受不同入学待遇的问题，有碍于实现相对公平的“小升初”工作，可能是各区县政府在新政过渡期采取的过渡手段。

（六）就近原则下的两次派位

与往年的就近入学电脑派位相比，2014 年各区均执行两次电脑派位。各区根据自身教育资源和人口规模调整教育资源分布和派位方法，有些区把以前用于共建的学位补充到就近派位名额中，以尽量满足广大家长对优质教育资源的迫切需求。与此同时，我们也发现了一些在就近入学派位政策中出现的问题和挑战。

各区实施的第一次派位可以理解成“推优”的一种变形。不同之处在于，这是允许所有学生参加的，除了一些综合素质优秀的孩子以外，只有一些足够幸运的孩子可以在本轮“选拔”中侥幸进入优质资源校。虽然给予了所有适龄学生一次进入优质教育资源的机会，但本质上还是一种“陪太子读书”的过程。相比第一次派位，大多数区的第二次派位是一种保障性派位。也就是说，通过第二次派位保证每个适龄学生都会在相应的学区获得学位。

（七）细化违规操作范围

与往年相比，2014 年北京“小升初”工作意见中详细阐述了各种违规工作的内容，特别是针对往年一些公办学校采用的择校方式加以重点禁止。这一措施为杜绝择校和促进公平公正的义务教育入学提供了政策保证。同时，北京市教委还发布了“史上最严择校禁令”——《关于在义务教育阶段入学工作中严明纪律的若干规定》对义务教育阶段入学工作中可能出现的违规招生的各个层面给予“全覆盖”。①

（八）各区“小升初”政策

通过对各区“小升初”政策的归纳和比较，笔者发现 2014 年各区“小升

---

① 李睿:《北京“史上最严择校禁令”发布:“以钱择校”“以分择生”“以权入学”今年休矣》,《现代教育报》2014 年 5 月 21 日；张灵:《北京 15 条禁令严管中小学招生：违规招生学校将全市通报曝光》,《京华时报》2014 年 5 月 21 日。

初”政策与市教委工作意见总体保持一致。从入学方式上看，各区的入学方式的数量基本保持在8种左右且出入不大（见表1）。通过对各地区教育资源的整合调整，以学区为单位的就近入学方式和以九年一贯制学校为渠道的入学方式的建立（包括以小学和中学对口衔接的入学方式），使北京市整体的优质教育资源服务面得到进一步扩大。这为更多适龄学生提供了享受优质教育资源的机会。

表1　2014年北京市首都功能核心区及城市功能拓展区“小升初”入学方式一览

入学方式		东城区	西城区	海淀区	丰台区	朝阳区	石景山区
1. 特长生		▲	▲	▲	▲	▲	▲
2. 就近入学		▲	▲	▲	▲	▲	▲
3. 九年一贯制		▲	▲	▲	▲	▲	
4. 寄宿制		▲		▲	▲	▲	▲
5. 同等条件下照顾		▲	▲	▲	▲	▲	▲
6. 非京籍	同城对待	▲	▲	▲	▲	▲	▲
	政策协调	▲	▲	▲	▲	▲	▲
	外来务工	▲	▲	▲	▲	▲	▲
7. 民办学校招生			▲	▲	▲	▲	▲
8. 特殊教育			▲	▲		▲	▲

资料来源：根据2014年北京市首都功能核心区及城市功能拓展区“小升初”工作意见总结而成。

三　对2014年北京市“小升初”改革的评价

通过政策调整、技术手段、资源拓展等一系列“组合拳”，疏堵结合，有破有立，北京市一举改变了“小升初”择校的落后面貌，基本实现了就近入学的目标。据北京市教委的统计，2014年北京市初中就近入学比例为76.82%，寄宿制入学比例为5.92%，特长生入学比例为6.75%，民办学校入学比例为8.47%，其他方式入学比例为2.04%。北京市城六区初中就近入学的比例整体达到74.01%。2011年21世纪教育研究院的调查显示，小升初在本城区本学区内就近入学比例仅为57%。2014年与2011年相比，“小升初”

就近入学的比率高了约20个百分点!

对北京2014年小升初新政，参与小升初工作的家长和学校又是如何评价的呢?

21世纪教育研究院与腾讯教育联合进行的调查显示，过半数（52.73%）参与调查的家长认为与2013年相比，北京市小升初择校乱象有改变。63.55%受访者认为2014年北京市“小升初”新政实施“有成效”（包括认为“非常有效”、“比较有效”、“有成效但不明显”者）。在2255名参与调查的家长中，有619名家长亲历2014年北京小升初工作，他们当中43.86%的家长对孩子所升中学的结果表示满意（包括“非常满意”和“比较满意”）。针对北京市小升初新政的具体措施，45.94%的家长认为“严禁将各种竞赛成绩、奖励证书作为入学依据”的措施收效好。约40%的家长认为取消共建、禁止选拔学生、启用中小学入学服务系统监测入学全程的举措收效好；只有23%左右的家长认可“扩大优质教育资源，培植新优质学校”的举措，这也体现出家长们对于各区扩大优质教育资源服务面的效果还持观望态度。针对2014年北京市小升初新政中存在的问题，48.52%的家长认为小升初相关信息公开仍不到位；认为存在“仍有名校偷偷进行考试、面试招生”和“非京籍学生上学的权利”问题的受访者较多，分别占45.10%和41.73%；认为“坑班和点招没有被触动”和存在“高价学区房”问题的受访者接近1/3。

通过走访一些学校，笔者了解到一些学校管理者和一线教师对于北京市2014年小升初新政的评价和看法，并归纳为以下五点。

（一）生源变化对教学的挑战

大多数受访者认为2014年北京市小升初新政在切实贯彻就近入学原则方面的态度和举措都是值得肯定的。按一位校长的话说“我不再需要考虑录取多少学生了，系统派多少，区里就给我多少”。那些一般初中学校通过就近入学方式接收到了不少好生源，生源质量的变化为学校在教育教学方面提供了动力和希望。

与此同时，也有一些往年可以通过各种渠道选拔优质生源的学校面临着教育教学上的新挑战：第一，随着限制择校，以往的名校通过就近入学接收的学生数量与往年比较明显减少，从而使班级数量减少，年级规模缩小。如何开展小班教学成为一些名校面对的挑战。第二，生源多样化倒逼教师改变教育教学方法。一些名校的教师已经习惯了教授各方面发展比较全面的学生。随着就近入学政策所引起的生源多样化，一些特级教师和学科带头人在教育教学中遇到了“如何教”的挑战。一些传统名校面临如何从研究型教学到落实基础教学的“完美转身”。

另外，随着区域内公办优质资源的充实和实行就近入学，一些城区的民办中学在招生上遇到困难。我们走访的一所民办初中计划招收6个班而最后只录取了4个班。这不但影响了学校的收入和运营，同时也影响了教育教学。如何在建设优质均衡的公办学校的同时进一步扶持和促进民办学校的发展可能需要更为综合的考虑和统筹。

（二）取消“共建生”，出现“政策协调生”

2014年北京市小升初新政的一大亮点是取消共建生、对教育特权说“不”，大多数受访者也对于这一举措给予积极评价。但与此同时，无论是在市教委还是在各区县的实施意见中都可以找到“协调解决”这样的表述，主要是照顾诸如驻外、援外干部及军人子女的需求。对此一些校长也表达了无奈。有些受访者把这种变化视为“教育特权的新常态”，认为如今的“空降式接受”还不如以前通过缴纳共建费更为公平。正如受访者一致认为的，在北京这样一个存在巨大上层建筑和利益集团的城市，如何公正公平地协调解决这一问题，既需要勇气，也需要时间和智慧。

（三）禁止特长生跨区带来的问题

大多数受访者都表示禁止跨区招收特长生政策的实施，对控制学生跨区流动产生了积极作用。同时，一些市教委批准可以接收各类特长生的学校对降低特长生招生比例和禁止跨区招生也有顾虑。首先，是给学校开展特色教育带来的影响，特别是像交响乐这样的团体项目，有时只有通过跨区招收才能实现。其次，根据教育部和北京市教委要逐渐减少特长生招生学校和招生比例的目标，未来几年特长生很可能会退出小升初招生；随着高考和中考招生改革，特长加分等政策也将被废除。当特长不再是升学法宝的时候，家长和学生将如何面对特长教育？当特长生招生不再是各学校争夺生源的重要途径的时候，教委和学校将如何继续开展特长教育？这些是摆在所有人面前急需思考的问题。

（四）扩大和整合优质教育资源的理想与现实

2014 年北京的小升初新政，有一个重要的前提条件就是采取一系列举措扩大优质教育资源的覆盖面。各区县采取推进优质校一体化办学，实行学区制、九年一贯制对口招生，完善优质高中招生名额分配到区域内初中的办法，完善校长教师交流机制，构建利用信息化手段扩大优质教育资源覆盖面等机制，扩大优质教育资源，调整校际、学区间以及区域内的优质教育资源分配，满足各方对优质教育资源的迫切需求。

北京市东城区凭借学校深度联盟、发展九年一贯制学校、形成优质教育资源带的优质教育资源体系建设，使今年就近入学比例达到 88.4%，高于北京市 76.82% 的平均水平。其中进入优质教育资源初中学校的比例达到 73.36%，比 2013 年增加 45.8%。[①] 通过走访发现，大多数学校管理者和教师普遍对改革持积极态度。与此同时，一些优质教育资源不足的区县积极引进区外优质资源。丰台区 2014 年引进区外优质教育资源建立 20 所学校。石景山区和朝阳区也纷纷引入名校进入本区。

（五）非京籍学生的升学问题

通过走访学校，笔者发现 2014 年非京籍生源在各学校出现了稳中有降的变化。受访者直言这可能与目前北京市严控人口增长以及近期《进城务工人员随迁子女接受义务教育后在京参加升学考试工作方案》的出台有直接关系。对非京籍家长“五证”的严格审核，致使一些非京籍儿童无法入学，也有一些家长放弃让孩子在北京接受没有连续性的教育。

四　北京市深化“小升初”改革面临的挑战

对 2014 年北京市“小升初”政策分别从优势、问题、机会和威胁四方面

---

① 李新玲：《北京东城推进义务教育综合改革破解“小升初”难题》，《中国青年报》2014 年 11 月 5 日。

进行梳理，可以得到2014年“小升初”政策强弱危机分析（SWOT分析）表（见表2）。

表2 北京市2014年“小升初”政策强弱危机分析

	优势	问题
内部	☆取消共建促进公平 ☆整合优质教育资源，创建新优质资源校 ☆明确就近入学细节 ☆规范特长生招生，限制跨区流动 ☆导入入学登记系统，管控招生过程，减少人为因素影响 ☆提供多种入学方式，有助于促进多种方式办学	▲就近入学中的一次派位，推优拔尖依旧存在 ▲非京籍学生入学方式细化，导致教育分层出现 ▲通过特长生入学方式择校依旧存在可能性 ▲区域间教育资源不均衡 ▲政策协调可能会出现新的教育特权 ▲新优质教育资源的管理与利用（特别是师资） ▲强大的公办优质教育资源影响民办学校招生和生存
	机会	威胁
外部	☆反腐运动促进教育公平 ☆义务教育均衡发展解决择校热问题 ☆中高考改革，影响升学方式 ☆促进素质教育学生减负，推进学生评价制度改革	▲区域内教育均衡发展导致区域间公立学校的差距加大 ▲针对外来人口流动的政策导致非京籍学生在京教育连续性和公平性受到影响 ▲普及和选拔并存的公办义务教育 ▲对教师校长流动制度的抵制

小升初改革是一个系统改革，不仅仅是简单的升学政策调整，还需要整个社会体系和教育体系作出相应的调整和创新。我们必须清醒地认识政治经济社会大背景的影响，打破历史所形成的利益格局，通过“去精英化”和“脱功利化”的过程回归义务教育本身。

如何具体落实义务教育均衡发展及其相关的入学方式改革，还存在各种各样的问题。例如，一些固有的以选拔为目的的教育理念依旧存在。也许需要继续降低第一次派位的比例，最终实现全员参与的一次派位，实现真正意义上的就近入学。需要对政策调节入学和寄宿学校招生入学有进一步的规范，明确标准，谨防特权和特例再次出现。需要进一步促进教育信息公开，包括招生信息、公办学校经费、师资分配、招生范围、招生计划和录取结果以及学校学区评价结果的公开。

通过形成学校联盟、学区制、教育集团等方式扩大区域内优质教育资源，北京的一些区县还通过引进名校，高校、科研院所与文艺团体与中小学结合等方式整合优化教育资源。通过引进名校并挂牌改名，可以在心理上满足家长和社会对于优质教育资源的迫切需求；但要实现学校的内涵发展、提升教育教学的水平、改善学校教育教学管理、培养优质师资，需要进一步的深化改革，做许多艰苦深入的工作，也需要教育管理部门的监督和评价。如何在学校改革的同时，保护和传承原学校固有的文化和历史也是需要注意的方面。另外，如何确保区域内和区域间义务教育资源的均衡发展，如何完善非京籍学生在京入学升学办法，确保非京籍学生在北京接受公平且具有连续性的教育，都是新的挑战。

开弓没有回头箭。坚持义务教育均衡发展的方向，完善和深化小升初入学政策改革，通过教育体系和社会管理体系的综合治理，北京市作为“首善之区”最终将会实现公平、公正、公开、均衡、优质、多样和创新的义务教育。

B.10

特教计划：提升特殊教育整体发展水平

彭霞光*

摘　要：《特殊教育提升计划（2014－2016年）》为中国特殊教育的发展做出了整体规划，三年内要建立布局合理、学段衔接、普职融通、医教结合的特殊教育体系，建立财政为主、社会支持、全面覆盖、通畅便利的特殊教育服务保障机制，整体提升特殊教育水平。为了能够落实这些规划和目标，需要采取重视随班就读的发展，加大财政对特教事业的投入，关注困难残疾学生的需要、提高特教教师的待遇等有效的措施，全面推动全纳教育发展，使每一个残疾学生都能得到合适的教育。

关键词：特殊教育　全纳教育

* 彭霞光，中国教育科学研究院副研究员，中国教育学会特殊教育分会副理事长，国家基础教育课程教材专家工作委员会特殊教育委员会委员，国际视障协会东亚地区前主席。

残疾人教育受到关注和保障的程度，是衡量一个国家教育水平和文明发展的重要尺度。2010 年，《国家中长期教育改革和发展规划纲要（2010－2020 年）》将特殊教育作为八大教育发展任务之一，纳入国家教育事业改革和发展大局之中。完善特殊教育体系、健全特殊教育保障机制、提高残疾儿童义务教育质量是特殊教育的主要任务。

2014 年，中国颁布了《特殊教育提升计划（2014－2016 年）》，指出未来三年将要探索符合中国国情的全纳教育模式，促使残疾儿童少年能够接受适合的教育，平等参与社会生活。特殊教育在继续关注数量和规模发展的同时，更加关注残疾人教育质量的提高，关注残疾人个体的需求与社会的有机融合，为在全球范围内建立没有排斥、没有歧视的全纳教育体系做出贡献。目前，我国初步形成了“以特殊教育学校为骨干，以大量随班就读和特教班为主体，以送教上门为辅助”的中国特色特殊教育发展模式。

一　特殊教育的发展概况

一直以来，我国比较重视特殊教育的发展，把特殊教育作为推进教育公平、促进社会和谐的“托底工程”。我国宪法指出，国家保障“盲、聋、哑和其他残疾公民的劳动、生活和教育”的权利。《残疾人保障法》、《残疾人教育条例》等专项法律法规针对残疾人平等参与社会生活、劳动和教育等相关权益做出了明确规定。2006 年修订的《义务教育法》对残疾儿童入学、安置等做出了规定，不仅特教学校要对残疾人实施教育，普通学校也应当接受适龄的残疾儿童少年入学，关心爱护残疾儿童，为他们提供帮助。近几年来，我国也出台了一系列倾斜政策，实施了一系列工程项目，以缩短特殊教育与普通教育的差距，促进特殊教育的均衡发展，力图走出一条适合中国国情的特殊教育发展道路。

（一）形成了从学前教育到高等教育的特教体系

残疾人受教育机会不断增多。从数量上讲，我国特教学校总数持续增长，我国特教学校从 1978 年的 292 所增加到 1988 年的 1379 所，2013 年已经达到 1933 所。义务教育普及水平不断提高，残疾学生在校人数从 1949 年的 2000 多人增加到 2013 年的 36.81 万人。非义务教育阶段教育稳定发展，2013 年通过学前班特殊班或在普通幼儿园就读的方式为近2万个残疾幼儿提供服务，也开办了特殊教育普通高中班（部）186个，为7043个残疾学生提供高中教育。此外，全国有8617个残疾人在接受高等教育，其中7299人是在普通高等院校学习。从残疾儿童受教育类型上讲，我国特殊教育服务范围也在逐步扩大，各级政府除了继续加大力度为适龄视力、听力、智力三类残疾儿童少年提供必要的教育服务外，更要把重度智障、重度肢残、脑瘫、孤独症和多重残疾儿童少年等纳入义务教育范围，努力实现真正的教育公平。

残疾人的职业培训体系也初步形成，在各地有特殊学校职业教育、在职岗位学习、社会职业培训等多种形式。2013年，残疾人中等职业学校（班）在校生有10442人，其中超过一半的学生（5816人）获得职业资格证书。此外，一些特教学校还为社会残疾人开设培训班，涉及计算机、美工、服装、电脑打字、财会班等多种专业。2013年，全国有5357个残疾人职业培训基地，接受职业培训的城镇残疾人有37.8万人次。

由上可见，我国的特殊教育已经初步形成学前教育、义务教育、高中及高等教育各阶段的教育体系，从类型上具备了基础教育、职业教育、成人教育等类型。从招收残疾学生的学校类型看，可以分为特殊教育类学校（如聋校、盲校、培智学校、综合类特殊教育学校）和普通教育类学校。从机构归属看，可以把这些机构分为教育部门主办的特殊教育学校或中心，民政部门、残联部门、社会机构、私人创建的教育康复机构或中心两大类，多数的机构是由教育部门主办的。

（二）建立了以政府投入为主的财政体制

国家财政性经费投入是特殊教育学校经费收入来源的主体，社会团体和社会捐资经费等其他收入所占比重非常小（见图1）。在特教学校教育经费收入中，除了中央政府财政投入以外，各级地方政府也会对本地区的特殊教育给予财政支持。社会捐集资收入虽然一直在上升，但是由于增幅落后于财政性教育经费的增幅，已经从2.7%下降到不足1%。近年来，特殊教育学校已经基本实现义务教育阶段甚至高中阶段全免费，学杂费在特殊教育整个收入来源中已经微乎其微，从2.6%迅速下降。伴随着我国公共教育财政体制的建立和完善，财政性教育经费占特殊教育经费总收入的比重不断上升，已经达到97%

以上①。

从纵向来看，我国特殊教育财政投入增长很快。1998～2011年间，我国特殊教育学校投入从8.4亿元增加到76.7亿元，略高于同期教育经费增速。2008～2011年，国家安排专项经费约47亿元用于支持中西部地区新建、改扩建特殊教育学校，特殊教育学校投入增长了一倍以上。

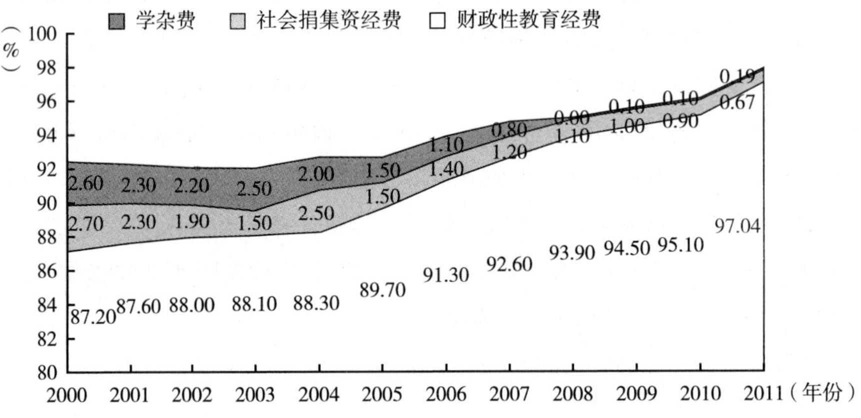

图1　2000～2011年我国特殊教育部分收入来源

除了一般财政性预算内教育投入以外，中央和地方政府通常也设有专项特教经费。2008年中央“特殊教育专项补助经费”为1200万元，2014年增加到4.1亿元，约为2013年0.55亿元的7.5倍，旨在进一步贯彻落实《特殊教育提升计划（2014－2016年）》，推进特殊教育事业发展。

（三）确立了中国特色的特教发展模式

从传统教育来看，盲、聋、弱智这三类残疾学生的特殊教育是在专门的特教学校内实现。20世纪80年代以来，为了实现普遍的教育公平，我国开始尝试在普通学校安置残疾儿童接受教育。从2001年起，60%以上的在校残疾学生为随班就读和附设特教班就读的残疾儿童。2010年，残疾儿童少年在校人数为42.56万，其中在普通学校就读的占到65%左右。尽管从2009年以来，

① 彭霞光等：《中国特殊教育发展报告2013》，教育科学出版社，2015。

在普通学校就读的残疾学生人数在下降（见图2），但仍然有52%的在校残疾学生是在普通学校就读。因此，从数量上说，我国现已经形成“以特殊教育学校为骨干，以大量随班就读和特教班为主体，以送教上门为辅助”具有中国特色的特殊教育发展模式。

1978年以来，从数量上讲，我国特教学校总数持续增长。1978年我国特教学校从292所增加到1988年的1379所。随着1989年全国第一次特殊教育会议的召开，特别是2007年国家中西部特殊教育学校建设工程的实施，特教学校的数量增加很快，2013年已经达到1933所，约是1978年的6.6倍。但各类别特教学校的发展有所不同，综合性特教学校数量逐年稳步增长，2013年综合性特教学校占比达50%以上，还有越来越多的趋势。因此，未来特教学校将以综合特教学校为主，由服务单一类别的残疾学生逐步转向为服务多类别的残疾学生，适应并满足各类残疾学生的受教育需求，体现真正的全纳教育理念。

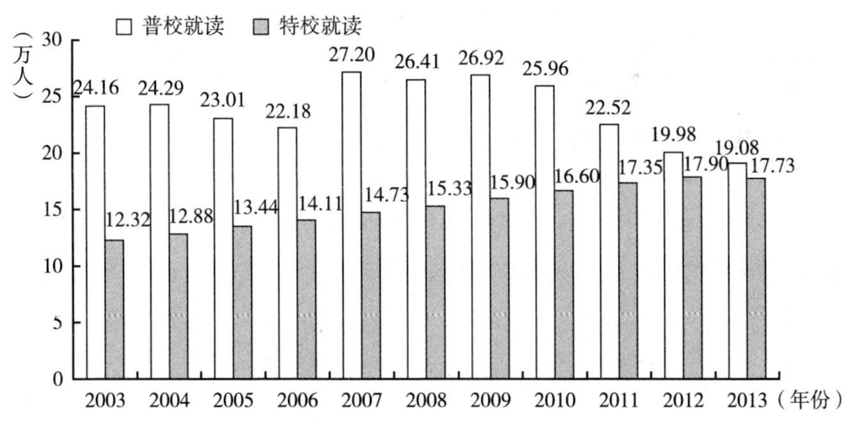

图2　2003~2013年残疾学生在校安置情况

（四）特教教师培养体系不断完善

改革开放后，随着特殊教育发展的需求，国家在全国大多数省份开始建设特殊教育师范学校（部、班），在部属师范大学建立特殊教育专业。1986年，北京师范大学教育系设立特殊教育专业。1993年，北京师范大学、辽宁师范大学建立特殊教育硕士点。2004年，华东师范大学首批特殊教育博士生毕业。

目前，我们国家不仅可以培养特殊教育大学本科生，还可以培养特殊教育硕士生、博士生。中国特殊教育的师资培养体系已初步建立并得到了较快发展。随着体系不断完善，特教教师队伍不断壮大，学历层次也不断提高，为中国特殊教育的发展奠定了扎实的人才基础。

由于师资培养体系初步确立，特殊学校专任教师的数量与学历层次不断提升。从1953年的797人到2013年4.6万人，增加了约60倍。从2001～2013年间，本科学历和专科学历的特殊学校专任教师人数大幅增加，而高中阶段毕业的教师人数逐渐减少。到2013年，本、专科学历的教师人数合计占总教师数的90%以上，其中有61.0%接受过特殊教育专业培训，比上年提高14.3个百分点①，为残疾学生接受有质量的教育提供了保障。

二　存在的问题比较突出

国家推动特殊教育发展取得了一定成效，但残疾人群教育与普通人群教育存在一定差距，我国特殊教育整体水平有待提高，发展呈现不平衡现象，教育权利、教育机会、教育资源等方面还有待改善和提升。

（一）中西部残疾人义务教育机会不足

总体来说，我国残疾儿童教育普及水平偏低。据2012年监测，我国残疾儿童少年义务教育入学率为72%左右，与普通小学99%、普通初中97%的入学率相比，差距比较大。截止到2013年底，全国有未入学适龄残疾儿童少年8.4万人，比2009年减少了12.7万人。未入学适龄残疾儿童少年智力残疾、肢体残疾（脑瘫）和多重残疾占比最多，三类残疾儿童合计达到60%以上，解决这三类残疾儿童的义务教育问题将是重中之重。

分析发现，未入学的学龄残疾儿童约有80%分布在中西部地区，这些适龄残疾儿童少年上学遇到困难。其中西部最多，约有3.5万人，占学生总数的42%，其次是中部地区，约3.3万人，占总数的39%。未入学的学龄残疾儿童人数比较多的是河南（7948人）、湖南（5839人）、江西（5234人）、四川

---

① 教育部发展规划司：《教育统计报告》，2014年3月。

（4436 人）及新疆（4183 人）等。这些地区保障所有残疾儿童都能享受适当的教育将会面临校舍、特教师资及经费等方面的挑战。

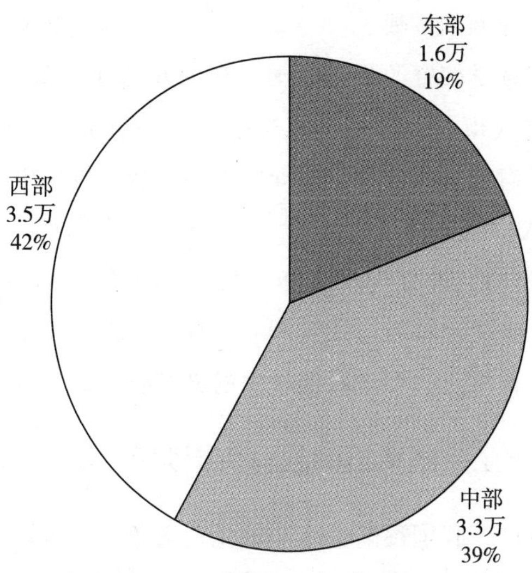

图 3　2013 年东中西部未入学残疾儿童分布情况

在未入学学龄儿童中，残疾类型存在较大地区差异。城市或经济发达地区，孤独症儿童越来越多，如何解决适龄儿童义务教育和康复问题是城市地区面临的新问题。此外，脑瘫、重度肢体残疾和多重残疾等儿童的义务教育也面临就学困难，普通学校拒绝接收，而国家目前又没有设立相应的特教学校，这些类别的适龄残疾儿童是城市或经济发达地区重点攻关的"困难群体"。农村或经济欠发达地区，残疾儿童义务教育问题主要是教育机会不足。这些地区仍然以智力残疾、听力残疾、视力残疾和肢体残疾儿童为义务教育"重点人群"。因此，城市或经济发达地区应创新残疾儿童教育的机制和体制，重点探索孤独症、脑瘫、重度肢体残疾和多重残疾等儿童少年的教育模式和途径，而农村或经济欠发达地区则应该拓宽途径，想方设法增加适龄残疾儿童接受教育的机会。

（二）特殊教育资源布局不合理

从数量上讲，全国特教学校数量增加很快，由于国家实施了对中西部特殊教育学校建设的倾斜政策，中央和地方政府先后投入47亿元，基本完成了中西部地区1150所新建或改建特教学校的任务，缩短了地区之间的差距，但残疾儿童义务教育仍然面临挑战。

中西部地区特教学校资源匮乏。国家在中西部地区30万人口以上或残疾儿童少年较多的县（市、旗）基本完成了1所特教学校的建设任务，但目前有些特教学校还没有能力招收学生，即使有些特教学校招生办学，也存在校舍空置现象。30万人口以下的县特教资源"空白"。据调查，我国目前仍有589个人口在30万以下的县没有特教学校，尽管有些轻度的残疾儿童在普通学校就读，但这些地区无论是特教行政管理、特教专业人才还是特教经费及特教辅助用具等资源都非常匮乏，当地残疾学生的义务教育面临很大的困境。

（三）残疾学生家庭承担的教育负担偏重

随着经济的发展，我国逐渐实施儿童免费义务教育政策，即适龄儿童不会因为贫穷而失学，适龄残疾儿童义务教育也应得到保障。我国2008年颁布《关于促进残疾人事业发展的意见》中规定，要"全面实施残疾学生免费义务教育"政策，但残疾学生义务教育免费仅像普通学生一样免除学费、杂费等，残疾学生家庭仍然需要额外支付其他如住宿费、交通费、辅助用具等费用。

国家近几年加大了对义务教育阶段贫困学生的补助力度，许多残疾学生也相应享受该项政策，这确实一定程度上减轻了残疾学生家庭的负担。但由于对残疾学生的补助额度不高，残疾儿童家庭仍然需要比普通儿童家庭支付更多的教育费用。在义务教育阶段，残疾儿童家庭不仅需要支付残疾学生的教科书费（盲教材、大字版的教材成本很高）、生活费、住宿费、每学期至少一次往返的交通费等，而且还需要支付更多的医疗、康复等费用。在非义务教育阶段，残疾儿童家庭则可能需要负担很多，除了上述费用以外，还需要负担一定的学费、杂费等，农村地区或偏远山区的残疾儿童家庭的教育负担很重。因此，要想让适龄残疾孩子能享受义务教育，国家对残疾学生提供教育经费的保障力度还应再加大。

（四）特教教师责任重、待遇低

与普通教师职业相比，特教教师职业认同感差，教师挫折感强烈，缺乏吸引力。一是社会认可度低，部分学习本专业的学生毕业后不愿意从事特教职业，即便从事了这个职业，也容易流失。数据显示，2010 年全国特教学校新增教师占上年教师总数的 10.05%，但“流失”（调出或自然减员）的教师人数占比也达到了 5.50%①，目前中国特教教师数量严重不足。据测算，特教学校大约需要 1 万多个新增教师②。二是学生群体特殊，能力差异突出，教学挑战大，特教教师成就感低。目前盲校或聋校在校的残疾学生，有些学生经过教育可以进入大学接受教育，也有些学生生活都难以自理，是两种以上残疾的多重残疾学生，教学工作艰辛而成绩难以显现。三是承担责任大，不仅需要承担教育教学工作，更要肩负起传授他们生活经验和技能的重任，承担更多的安全责任。四是特教教师尚无教师职称评定系列，不得不按照普教教师标准接受考评，而实际上两者的教育理念和教育体系截然不同。五是特教教师的工资、福利相比普通学校较低。我国从 1956 年起实施特教教师享受“基础工资加职务工资”15% 的特教津贴政策，50 多年过去了，该项政策一直未做调整。特教教师享受特教津贴政策直到 20 世纪 80 年代，对稳定特教教师队伍起到很大作用。但自 2006 年教师工资结构改革后，特教津贴仅占特教教师工资总额的 4% ~6% 左右，远不能体现出特教教师职业的特殊价值。

（五）残疾儿童随班就读亟待扶持

随班就读是扩大残疾儿童义务教育机会的重要途径。然而，近五年来，普通学校就读的残疾学生人数持续下降。根据教育部数据，2013 年普通学校就读的学生数为 19.08 万人，相比 2009 年降幅达 29%（见图 4）。从图 4 可以看出，尽管在特教学校就读人数 2013 年较 2009 年增长了 1.83 万人，增长幅度达 12%，但由于在普通学校就读的残疾学生人数下降幅度大，仍然出现在校残疾学生人数整体逐年下滑，应该引起各级政府的高度重视。尽管下降的原因可能是多方面的，但也不可否认，残疾学生在普通学校就读缺乏政策、财力、人力等支持和保障。

---

① 彭霞光等：《中国特殊教育发展报告 2012》，教育科学出版社，2013。

② 王雁等：《全国特殊教育学校教职工队伍及需求情况调查》，《中国特殊教育》2012 年第 11 期。

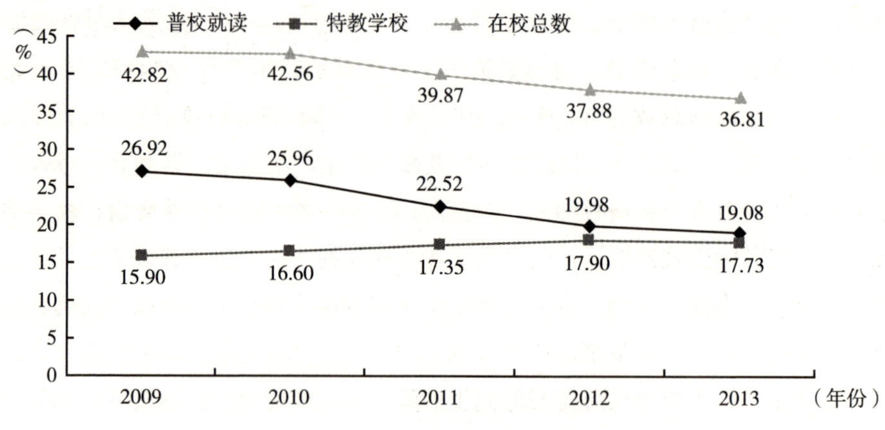

图 4　2009～2013 年残疾学生在校安置情况

三　发展转型创新

20 世纪初期，无论是发达国家还是发展中国家，逐渐将公办的特殊教育学校和特殊教育班作为教育残疾儿童的主要场所，而这种封闭式隔离的特殊教育安置形式，剥夺了残疾儿童和其他儿童一起生活、学习的机会。70 年代以后，欧美等发达国家纷纷出台法律法规，推动普通教育体系接受残疾儿童的教育形式，学校不仅要能接受而且要满足所有学生的特殊教育需要。90 年代以后，国际组织特别是联合国教科文组织非常关注弱势和处境不利儿童的教育问题，提出“隔离就是不平等”，“全纳教育：未来之路”①，即全纳教育是未来整个教育发展的归宿。我国也在努力推动全纳教育的发展，使每一个残疾孩子都能接受合适的教育、公平的教育，并平等参与社会生活。

（一）制订规划，推动全纳教育的发展

发展全纳教育牵涉到整个教育系统的改革，需要打破教育体系和社会系统原有的排外状态。世界上许多国家推动全纳教育的经验表明，完善法律法规的

---

① Jill Van Den Brule：《全纳教育：未来之路》，第 48 届国际教育大会联合国教科文组织材料，日内瓦，2008。

建设、实施普通体系改革对推动全纳教育至关重要。在中国推进全纳教育需要以政府为主导，教育行政部门为主体，全社会共同参与。应该推动舆论，消除阻力，逐步形成社会共识，并逐步修改现行法律法规中阻碍全纳教育实施的条款和内容，研究全纳教育的实现战略、内容和方式，探索符合中国国情的全纳教育模式，为在全球范围内建立没有排斥、没有歧视的全纳教育体系做出贡献。

随班就读是我国发展全纳教育的重要方式，但近五年我国随班就读残疾学生人数逐年下降。因此，各级政府应该在扩大残疾学生随班就读的规模、逐步提高随班就读的质量的同时，积极探索符合中国国情的全纳教育模式。建议国家首先设立若干个县或区级国家级全纳教育实验区，可以研究县级残疾儿童义务教育在行政管理和教学支持保障机制、常规经费和专项经费互补体系、岗前培养和岗后特教知识培训途径、教师规范考核和奖励机制、普通课程和特殊课程有机融合课程设置、残疾学生普通学校与特教学校安置相互转衔及残疾儿童教育指导咨询委员会的工作机制等方面的议题，为国家加快构建普特融通的教育体系、全面推进全纳教育奠定基础。

（二）推行残疾学生全免费教育制度

我国残疾儿童义务教育有其特殊性，成本高、花费大，国家在保障儿童少年不因贫穷而无法接受义务教育上需要投入更多。实现义务教育阶段的残疾学生教育全免费，包括免除接受义务教育所需要的食宿费、交通费等，并适当补助残疾学生。依次逐步实施残疾人教育高中阶段全免费、学前阶段免保教费和食宿费、中等职业教育免费（免学杂费）加补助（补助食宿费和就业保障费）、高等教育免学费政策加助学金等政策。

（三）加大对特教资源“空白”地区的支持力度

目前，全国仍有589个人口在30万以下的县没有特殊教育学校，其中绝大多数位于中西部地区，是中国最贫穷也是残疾儿童义务教育最薄弱的地区，属于特殊教育资源“空白”县，急需在这些地区改造普通学校为县级特殊教育资源中心，接受中重度残疾儿童入学，为在普通学校就读的残疾学生和随班就读教师提供服务。

（四）提高特殊教育教师职业吸引力

首先，要显著改善和提高特殊教育教师待遇，特教教师津贴费由15%提高到50%以上；实施残疾人中职学校和高等特殊教育学院的特殊教育教师专项补助；连续从事特殊教育工作满20年的特殊教育教师，特殊教育岗位津贴计入退休工资；普通学校教师在承担特殊教育班或随班就读工作期间，享受特殊教育岗位的专项补助；实施师范生免费计划。此外，为送教上门教师和承担“医教结合”实验的相关医务人员提供工作、交通补贴。其次，建立特殊教育教师职业准入制度；制定特殊教育教师资格条件和资格考试标准；规定随班就读教师、巡回指导教师、康复类专业人员等的上岗资格。最后，在普通师范院校开设特殊教育专业必修课程，鼓励普通大学生毕业后加修学分以获得特殊教育教师的资格认证。部分有条件的综合性大学可以试点加开特殊教育专业选修课程。此外，应该尽快出台特殊教育学校教职工编制标准，按标准逐步配足配齐教职工，减轻特教教师的工作负担和工作压力，进一步提高特殊教育教师职业的吸引力。

（五）实施中西部地区新建特教学校办学条件改善项目

“十一五”期间，国家在中西部地区新建或改建了1150所特教学校，基本实现了30万人口以上的县有1所独立设置的综合性或单一性特教学校的建设任务，为此中央和地方政府投入了47亿元，为中西部地区普及残疾儿童义务教育打下了良好的基础。但是这些新建或改建的特教学校大多分布在不发达的贫困县，财力薄弱，资源困乏，无论是特教教师，还是特教学校办学条件等都面临困难，因此国家应该继续实施中西部特教学校办学条件改善二期工程，确保上述学校正常运转。此外，也需要采取对口支援、普通教师转岗特教教师等方式，为新建或改建的特教学校输送教师，以保证学校尽快招生，并为残疾学生提供良好的教育服务。

B.11

促进发展公平而有质量的学前教育

张凤　赵玉池*

摘　要：公平和质量问题是学前教育发展过程中需要解决的两个重大问题，学前教育第一期三年行动计划已经结束，哪些成果体现了公平和有质量？还存在哪些问题需要解决？从2014年起，国家开始启动学前教育第二期三年行动计划，一些新的政策开始颁布，一些重大项目继续实施。但是，要保障全体幼儿都能接受到公平而有质量的学前教育，使国家学前教育政策的落实不走样，还需要在实践中不断继续探索。

关键词：学前教育　三年行动计划　公平

国家一系列学前教育新政出台后，中央和地方政府努力构建“广覆盖、保基本、有质量”的学前教育公共服务体系。2013年，第一期三年行动计划已经结束，当时的目标是全国各地在3年内新建、改扩建幼儿园9万多所，新增幼儿园学位500多万个，新增加的资金投入超过1000亿元①。第一期三年行动计划已结束，实施的成效究竟如何？学前教育“入园难”是否真正缓解？是否已经建立起公平而有质量的学前教育体系？未来的学前教育行动计划要如何调整和改进？

---

* 张凤，国家开放大学教育教学部，博士，主要研究方向为学前教师教育；赵玉池，北京师范大学农村教育与农村发展研究院，联合国教科文组织国际农村教育研究与培训中心，博士，主要研究方向为农村教育、比较教育。

① 索长清：《学前教育三年行动计划：回眸与展望》，《教育导刊（下半月）》2013年第8期。

一 “三年行动计划”力图保证学前教育公平得以实现

长期以来，学前教育的不公平深深地扎根于学前教育系统内外，学前教育在教育体系中长期处于一种边缘化的状态。为了解决这个长期存在的问题，国家和政府在“三年行动计划”中，明确提出要建立“广覆盖、保基本”的学前教育公共服务体系。经过三年的努力，尽管不可避免地存在各种问题，但“公平”的概念已经深入行动计划中的各个环节。

（一）“三年行动计划”的出发点是保证每个孩子“有园可上”

为了实现“机会公平”，国家和政府在三年行动计划中投入大量的经费加强幼儿园的建设，想要提供足够多的“学位”，让每一个孩子都“有园可上”。2011 年财政部会同教育部印发了《关于加大财政投入支持学前教育发展的通知》，决定从 2011 年起中央财政设立 500 亿元学前教育发展专项资金。实际上 2011 ~ 2013 年中央财政共安排资金 422.4 亿元支持学前教育发展。同时，对各地扶持城市企事业单位、集体办园，解决进城务工人员随迁子女入园和扶持普惠性民办园进行奖补，三年来受益幼儿超过 1000 万人，其中进城务工人员随迁子女 300 多万人。对各地制定学前教育资助政策、加大资助力度进行奖补，平均每年资助家庭经济困难幼儿、孤儿和残疾幼儿 300 多万人。

中央财政经费的投入，带动地方各级财政投入 1600 多亿元。全国财政性教育经费中学前教育投入占比从 2010 年的 1.7% 提高到了 2012 年的 3.4%。以山东省为例，山东 2013 年全省财政性学前教育经费达到 57.8 亿元，比 2010 年增加 51 亿元，增长 750%。2010 年，山东财政性学前教育经费占财政经费的比例仅为 0.8%，2011、2012、2013 年分别达到 2%、3.3%、3.9%。[①] 而一些教育资源薄弱地区也尽可能加大了对学前教育的投入，比如贵州省在实施三

① 宋翠：《山东去年安排财政性学前教育经费逾 57 亿元　扩大学前教育资源》，http://sd.people.com.cn/n/2014/0402/c166192-20910659.html，2014 年 4 月 2 日。

年行动计划之前，省级的学前教育专项经费每年是100万元，而在实施三年行动计划的第一年（2011年），财政性的学前教育经费增加了1.5亿元。①

（二）“三年行动计划”的实施尽量做到“雪中送炭”

在实施三年行动计划之前，我国财政性学前教育经费投入表现为东部明显高于中西部，西部受国家重点扶持也高于中部，中部实为“塌陷”状态。因此，在实施过程中，三年行动计划明确提出“要以中西部农村地区为重点”，努力做到“关注弱势、按需投入”。

由于中国现有经济发展水平不高及各地区经济、文化发展不平衡，以致学前教育还不能做到使全中国所有幼儿都接受同等质量的教育。但是，受教育权是学前儿童的应然权利，在学前教育过程中，对不同地区、不同经济条件、不同家庭条件的儿童都应该一视同仁，平等对待，做到并重或兼顾，才能实现教育的公平。三年行动计划在实施过程中，在增加国家财政性教育经费投入的前提下，基本将绝大多数的资源投入中西部地区，投入普惠性幼儿园上，可以说，实施过程在总体上力图保证公平。这些政策在具体操作中不可否认存在着各地的差异性和具体性，但就政策本身来看，确实体现出三年行动计划试图保证过程的公平性，也尽量试图改变以前财政投入的“锦上添花”模式，体现出“按需投入、雪中送炭”。

（三）“三年行动计划”实施效果也反映出普惠性

首先，幼儿园园所数量增长迅速。随着财政的持续、稳定投入，学前教育资源迅速扩大。按照“三步走”策略，第一期“行动计划”的重点是扩大学前教育资源，从数量上来看，实施效果反映出了三年行动计划的普惠性。比如河南省在“三年行动计划”中提出“三年内全省新改扩建幼儿园6600所，其中公办幼儿园4000所”②。在国家和各级教育部门的共同努力下，教育部的统计数字显示，2013年全国共有幼儿园19.86万所，比2010年增加了4.82万所，增长了32%；幼儿园数量增长情况具体见图1。

---

① 霍健康：《坚持制度创新加大学前教育投入》，《中国教育报》2011年10月22日。

② 杜燕红：《河南省学前教育三年行动计划解读》，《教育科学文摘》2012年第3期。

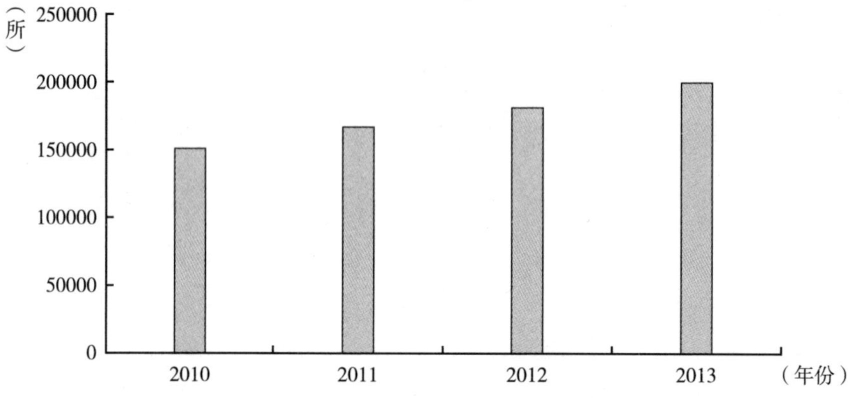

图1　2010～2013年幼儿园数量增长情况

由于分区域的幼儿园数量增长情况，目前只能查到2012年，不过也可以从2012年与2010年的情况对比看出幼儿园数量在各区域的增长趋势。城区幼儿园数量由2010年的35845所，增加到了2012年57677所，增幅为60.9%。镇区幼儿园数量由2010年的42987所，增加到了2012年60483所，增幅为40.7%。乡村幼儿园数量由2010年的71588所，降为2012年63091所，降幅为11.9%。可见，幼儿园数量的增长主要发生在城区和县镇两级，农村幼儿园数量并没有增长。乡村幼儿园数量没有增长的原因，可以结合目前国家城镇化建设来看。在城镇化大背景下，乡村人口逐渐向城镇迁徙，城镇人口逐渐向城市迁徙。人口的减少，可能是乡村幼儿园数量逐渐减少的原因之一，这进而导致镇区和城区幼儿园数量的增长。详细数据见表1。

表1　2010～2012年各地区园所数量增长

单位：所

年份 地区	2010	2011	2012
城区	35845	53547	57677
镇区	42987	54519	60483
乡村	71588	58684	63091

其次，在园幼儿数量增长明显。2013年在园幼儿达到3895万人，比2010年增加了918万人。全国学前三年毛入园率达到67.5%，提前实现了“十二五”规划提出的60%的目标。具体见图2。

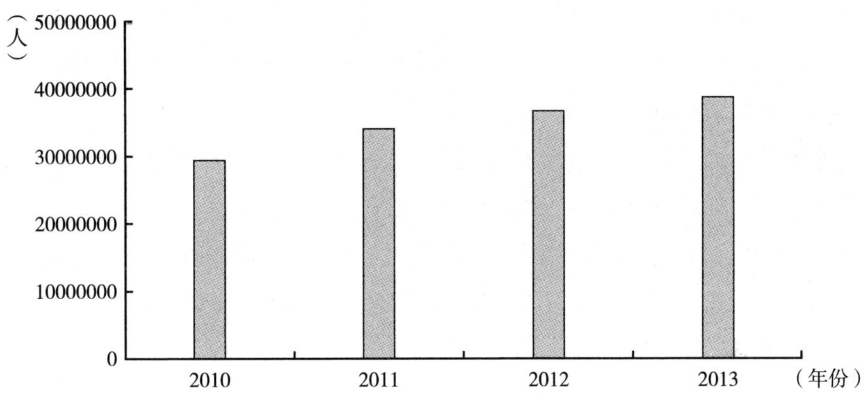

图2　2010～2013年在园幼儿数量统计

从2010～2012年教育部的统计数据来看，各地区在园幼儿数也呈现出总体增长的趋势。其中城区和镇区在园幼儿数逐年增长，乡村地区在园幼儿数2011年有所下降，但2012年出现小幅回升。具体增长情况见图3。

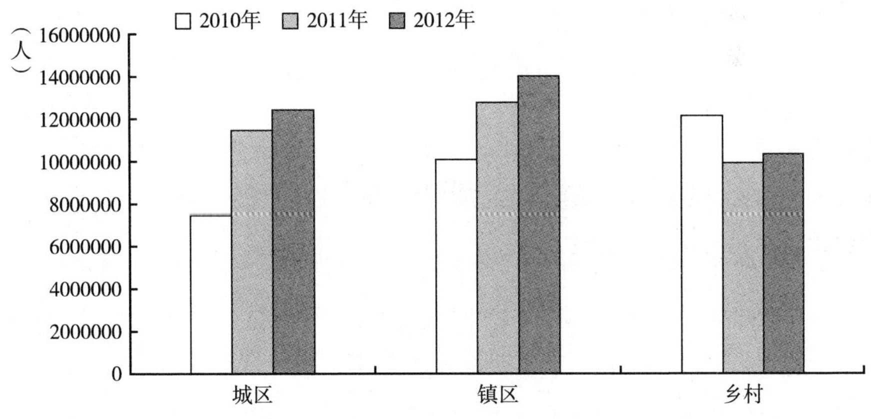

图3　各地区在园幼儿数量统计

（四）保障公平的学前教育制度逐步建设完善

学前教育的健康、持续发展，必须以制度的建立与完善为前提。在这三年中，在国家层面上，出台了一系列行政命令和纲领性文件促进幼儿园办园质量的提升。比如国家出台的《幼儿园收费管理暂行办法》、《3－6岁儿童学习与发展指南》，教育部组织修订的《幼儿园工作规程》、《幼儿园建设标准》、《幼儿园玩教具配备标准》。

在省级层面上，各地加强了幼儿园收费、安全、卫生、办园质量等方面的制度建设。比如江苏省在学前教育方面，在"管理制度"、"资源建设"、"财政投入"、"师资队伍"、"质量管理方面"均有相关的制度保障。以"管理制度"为例，规定"县级以上地方人民政府应当将学前教育纳入政府年度工作目标考核内容"。

二　在关注公平的同时，开始关注质量

三年行动计划实施以来，各类型幼儿园在各级政府加大投入的情况下，如雨后春笋般增长。但是，没有质量的数量增长是没有意义的。世界经合组织（OECD）发布的《强壮的起点III——幼儿教育与养护质量工具箱》指出，如果盲目扩张幼儿教育规模而不关注其质量，将不利于儿童的发展，也不会为社会带来长远的利益。三年行动计划在实施和执行过程中，也采取了各项措施来保证学前教育的质量。

（一）教师数量大幅增加，师资培养培训力度加大

第一，幼儿园教师队伍壮大。在三年行动计划中，国家和政府通过特岗计划、小学教师培训后转岗、接收免费师范生、公开招聘等多种途径、多渠道补充、充实幼儿园教师队伍。2013年全国幼儿园教职工达到283万人，比2010年增加98万人，增长了53%。其中专任教师数量从2010年的114万人，增长到2012年的148万人，两年时间增长了34万人。

第二，幼儿园教师学历提高。除了数量上有明显增长以外，幼儿园专任教师的学历水平也在逐年提高，比如2010年专任教师学历中，专、本科学历者占总教师的60%，而到了2012年，在专任教师学历中，专、本科学历占到了65%。而高中及高中以下学历者从2010年的40%，下降到了2012年的34.8%。具体学历情况统计见图4、图5、图6。

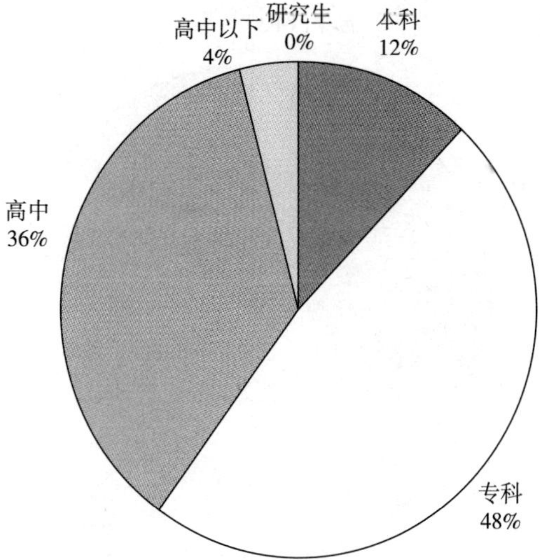

图4　2010年幼儿园专任教师学历

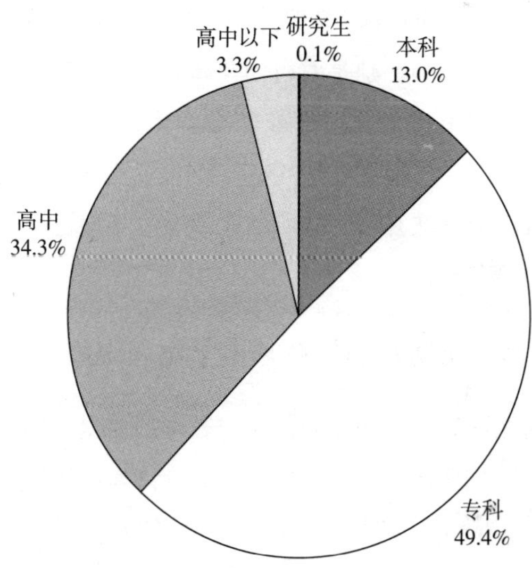

图5　2011年幼儿园专任教师学历

第三，各种师资培训加强。2011年9月5日，教育部、财政部联合发布了《关于实施幼儿教师国家级培训计划的通知》，决定在全国实施“幼儿教师国家级培训计划”。国家级培训计划投入11亿元，培训农村幼儿园教师29.6万

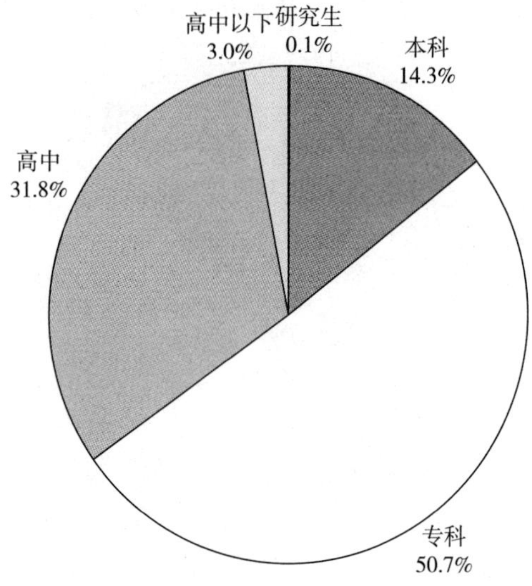

图 6　2012 年幼儿园专任教师学历

名。各地普遍制定了幼儿园教师培训计划，2015 年前将完成一轮全员培训。通过培训，很多幼儿园教师特别是农村幼儿园教师的教育水平得到了提升。

第四，师资培养规模扩大。2013 年，培养幼儿园教师的高等院校和中等师范学校已达 739 所，在校生规模达 53. 7 万人，比 2010 年增加了 25. 8 万人，增长了近 1 倍。教育部批准升格了 9 所幼儿师专，各地也根据事业发展需要积极扩大幼儿园教师培养规模。

（二）防止和纠正幼儿园教育“小学化”现象

采取各项措施保证和提高幼儿园保育与教育的质量，防止和纠正幼儿园教育“小学化”倾向。“国十条”明确提出“坚持科学保教，促进幼儿身心健康发展”。2011 年，教育部专门颁布了《关于规范幼儿园保育教育工作，防止和纠正“小学化”现象的通知》。该通知要求合理安排和组织幼儿的一日生活，纠正“小学化”的教育内容和方式；要创设适宜幼儿发展的良好条件，整治“小学化”教育环境；要严格执行义务教育招生政策，严禁一切形式的小学入学考试；加强业务指导和动态监管，建立长效机制；加强社会宣传，营造良好的社会氛围。

在相关政策的引导下，各地纷纷建立起学前教育督导评估机制。比如四川省甘孜藏族自治州提出由“州政府教育督导团负责学前教育督导评估工作，州教育主管部门要建立专项督导评估制度，加强对各县政及州级有关部门职责履行、项目推进、队伍建设、经费投入、安全管理、教师待遇等方面的督导检查。督导评估不合格的幼儿园要限期整改，整改不合格的幼儿园坚决取缔其办园资格，追究公办幼儿园有关责任人的责任”。

（三）《3－6岁儿童学习与发展指南》颁布

在学前教育加快发展的同时，科学保教逐渐提上议事日程，在这样的背景下，2012 年 10 月 15 日《3－6 岁儿童学习与发展指南》应运而生。世界经合组织（OECD）对发达国家学前教育政策的评估结果表明：由政府和教育主管部门研究制定学前儿童学习与发展指南，对于有效转变公众的教育观念，有针对性地指导教师、引导家长，提高学前教育机构的保教质量发挥了重要作用。因此，指南的下发，标志着我国学前教育管理制度的进一步健全与完善，为教师和家长了解幼儿的身心发展水平和特点提供了更加具体、可操作性的依据和指导，对于推进我国学前教育的科学发展具有重要的历史意义。

《3－6 岁儿童学习与发展指南》（以下简称《指南》）全面、系统地明确了 3～6 岁各个年龄段幼儿在各学习与发展领域的合理发展期望和目标，也对实现这些目标的具体方法和途径提出了具体、可操作性的建议。在教育部关于印发《指南》的通知中，明确要求“开展全员培训”。同时指出要特别重视《指南》在农村幼儿园的贯彻落实工作，通过专家巡回指导、城乡幼儿园帮扶结对等形式，加大对农村幼儿园的扶持力度。

三　挑战与第二期“三年行动计划”

回顾学前教育三年行动计划，在国家和政府的强力推动下，各地都在积极推进各项目标的落实，学前教育受到了前所未有的关注，也取得了很大的进展。第二期学前教育三年行动计划也已经开始。但由于学前教育历史欠债太多，长期处于边缘化的位置，如何在第二期行动计划中进一步保证公平、提高质量依然是正在热议的问题。

（一）优化资源配置，促进教育均衡发展

随着三年行动计划的开展和实施，学前教育投入实现了历史上的诸多突破，园所数量剧增。但是，在三年行动计划的实施过程中，也确实存在着资源配置不均的问题。比如省际差异、城乡差异较大，特别是一些经济发展水平较低的地区，由于自身经济条件限制，无法配套相应的资金。比如贵州省学前教育三年行动计划指出“国家和省确定的农村税费改革转移支付各项资金用于农村教育的比例不得低于50%”，但是到具体的县市，能落实的不多，导致学前教育的发展横向比较差异较大。贵阳市学前三年毛入园率为74.57%、遵义市达到79%，而黔南州则只为69.9%[①]。另外，幼儿园与幼儿园之间的差异也比较大，由于掌握着资源的分配权与话语权，较多的资源被优势幼儿园占有，导致财政投入幼儿生均比差异较大。比如，华中师大课题组在华中地区调研发现，2012年5月华中某县的学前教育拨款一共60万元，全部给了该县唯一一所公办幼儿园，该县在园幼儿共有8746人，这所公办园有786名幼儿，生均预算内拨款为763.36元，而其他幼儿园的孩子没有得到分文经费，也就是说该县8.99%的孩子享受着政府职能部门的所有幼儿教育经费[②]。这些都发生在三年行动计划实施的过程中，相信也是与三年行动计划的出发点和目标不相符合的。

教育是改变弱势群体儿童处境不利状况的根本途径。[③]《国家中长期教育改革和发展规划纲要（2010－2020年）》把“促进公平”作为“国家基本教育政策”。在三年行动计划中，也有意识地向农村欠发达地区和民族地区以及城市家庭经济困难儿童、进城务工人员随迁子女和留守儿童提供了专项资金。但是在实施过程中，学前教育投入保障机制尚未建立，教育经费负担结构不尽合理等原因，仍然导致学前教育发展严重不均衡。第二期学前教育三年行动计划中指出，坚持以扩大普惠性学前教育资源为主，同时加强体制机制建设，努

① 黄胜：《黔南州学前教育三年行动计划实施情况分析研究》，《黔南民族师范学院学报》2014年第2期。

② 蔡迎旗、何婷婷：《我国财政性学前教育经费投入的公平性分析》，《教育导刊》2013年第7期。

③ 田伟红：《教育：改变弱势群体状况的根本途径》，《经济师》2010年第4期。

力实现幼儿园布局结构与老百姓的入园需求相协调，希望通过第二期的努力，“公共服务”的目标能够实现。

（二）明确幼儿园教师资格标准，保障幼儿园教师各项基本权利

长期以来，大部分农村幼儿园、民办幼儿园缺乏编制、福利待遇比较低，收入也不稳定，导致很多优秀教师流失、师资人员不足，专任教师的缺口很大。比如西部某省市共有幼儿园教职员工 2193 人，在园人数共计 99539 人，师幼比高达 1∶45。其中专任教师仅 1314 人；大专以上学历的 894 人，高中以下学历的 420 人；其中代课教师 643 人。[①] 教师不达标，导致了幼儿园要么“重教轻保”，完全忽视幼儿的身心发展特点及规律，完全照搬“小学化”的教育；要么“只保不教”，采取“保姆式”的管理，忽视幼儿良好学习习惯和学习品质的培养，忽视幼儿教育的有效性，无法促进幼儿更好地发展；要不就是“不保不教”，缺乏教育意识，只是把幼儿“圈起来”，为了让幼儿“听话”，甚至采取各种过激策略，导致各种“虐童”事件此起彼伏。

教师是学前教育改革和发展的关键，解决好教师问题，才能保证幼儿园教育的质量。2012 年由教育部、中央编办、财政部、人社部共同颁布的《关于加强幼儿园教师队伍建设的意见》指出，到 2015 年，我国的幼儿园教师数量要基本满足办园需要，专任教师达到国家学历标准要求，取得职务（职称）的教师比例明显提高。到 2020 年，形成一支热爱儿童、师德高尚、业务精良、结构合理的幼儿园教师队伍。同时，2012 年颁布的《幼儿园教师专业标准》从专业理念与师德、专业知识、专业能力 3 个维度，14 个领域明确了合格的幼儿园教师应该具备的基本专业素养。在教育部对《关于实施第二期学前教育三年行动计划的意见》的解读中，也明确指出“要支持解决幼儿园教师工资待遇和运转保障等问题”。由上可见，国家不仅从政策层面规定了幼儿教师的专业地位，而且对幼儿教师的专业水平提出了明确、具体、可测量的要求。希望在第二期三年行动计划期间能出台更多保障幼儿园教师权利、规范幼儿园教师义务的法律法规，使幼儿园教师能真正恢复“教师”的地位。

---

① 李红霞、高雪春：《教育公平视野下我国西部贫困地区学前教育的发展困境》，《科教导刊》2013 年第 11 期。

（三）建立质量评估标准，让幼儿园质量监管有章可循

随着三年行动计划的开展，学前教育的重要性已经得到广泛认可，人们对高质量的学前教育呼声越来越高。但是随着国家和社会关注度的提高，人们发现幼儿园质量参差不齐，“入园难、入园贵”的问题更多其实是“入好园难、入好园贵”。尽管在幼儿园质量评价上一直有幼儿园等级评估制度、示范性评估制度等，各地也有相关的民办幼儿园考核管理办法，但目前这些体系多限于办园条件、财务管理等方面，条目较为粗糙，监管人员主观性比较大。各类型幼儿园在准入制度、办园标准上都不太一样，而且还有很多没有资质、无人监管的“黑园”，尽管这种类型的幼儿园没有获得相关部门的认可，但这些幼儿园大量存在，并且幼儿数量较多也是不争的事实。也正因为缺乏监管，在学前教育受到普遍关注的同时，幼儿园各类恶性事件还是屡见报端。

在推进学前教育事业发展、增加幼儿园数量的过程中，一定不能忽略对幼儿园质量的监管。《国务院关于当前发展学前教育的若干意见》就明确指出，要建立幼儿园保教质量评估监管体系。第二期学前教育三年行动计划中也提出“县级教育行政部门加强各类幼儿园办园条件、保教质量、教职工资质、工资待遇与社保、收费等方面的动态监管与年检”。希望各地教育部门在制定相应的行动计划时，能将建立常规性的、全覆盖的督导评估制度作为未来学前教育事业发展中重要的方面，并能把相应的评估制度细化为具体可操作性的标准，只有标准明确，才能减少实施过程中的主观性，也才能减少学前教育发展中的城乡差异、园际差异、地域差异。

（四）完善相关法律保障，推进学前教育机制体制长效化

三年行动计划的开展使得学前教育的规模和数量都有所增长，但是没有法律的保障，导致发展不均衡、保障机制尚未建立、教师社会地位和待遇无法保障、质量监控有待加强等一系列问题。加快学前教育立法是保证学前教育事业健康、稳定发展的必要途径。①

学前教育立法，要明确规定学前教育的性质与地位，明确政府主导学前教

① 虞永平:《以法保障学前教育的稳定发展》,《人民教育》2013 年第 11 期。

育发展的责任及相关部门的职责与分工协调机制，明确建立健全学前教育的管理体制与机制，明确政府政策投入、社会投入与家长合理分担相结合的投入体制和保障机制，确立以公办园为主、公办民办共同发展的办园体制，明确幼儿教师的身份地位、待遇和培训、职称等权利，建立学前教育的督导评估与问责制度。通过法律规范学前教育管理，提升学前教育质量，促进学前教育健康、可持续发展。只有以法律的名义明确了以上学前教育事业发展中的基本问题，困扰学前教育事业发展的各个问题才能获得解决。

B.12

高中“国际班”的现状、问题与走向分析

汪 明 张珊珊*

摘 要： 高中“国际班”的出现，在现阶段，满足了部分学生出国留学的需求。但从长远看，高中学校引进国际课程，举办“国际班”，需要有更加明确清晰的发展定位、更加规范的课程模式、更加严格的收费管理。也只有这样，高中“国际班”才能够健康有序地发展。

关键词： 国际班 高中

近年来，我国高中“国际班”在各地大量涌现，一方面满足了部分学生出国留学的需求；另一方面，通过“国际班”引进国际课程，对深化基础教育课程改革起到了一定的推动作用。因此，高中“国际班”的积极效应应当得到充分肯定。但同时应当承认，目前高中“国际班”办学水平参差不齐，在教学、管理、师资和收费等环节存在一些突出的问题，未来走向也还面临不确定性。如何透过高中“国际班”的现状与问题，认真分析研究高中“国际班”的未来走向，既是教育行政主管部门的责任，也是高中自身的职责所在。

一 高中“国际班”的现状

（一）高中“国际班”的产生动因

出国留学正在成为今天高中毕业生的一种新需求，而且这种需求呈不断增

---

* 汪明，教育部教育发展研究中心研究员；张珊珊，教育部基础教育课程教材发展中心评价处副处长。

加的趋势，这是高中“国际班”产生的直接动因。教育部统计数据显示，2013 年全国出国留学 41.39 万人，比上年增长 3.58%，硕士留学比例明显下降，本科及以下学历就读人数明显增长。据美国国际教育学会和美国国务院共同发布的《门户开放》报告显示，2012 ~2013 学年，大约 82 万名留学生在美国大学就读，其中我国留学生人数最多，占 28.8%，约 23.6 万人，比上学年增长 21%，其中本科生人数增长 26%。尽管当前各地高中毕业生出国留学的具体情况存在一定差异，但也呈现出一些共同的特点和趋势。

近年来，我国高中毕业生出国留学呈现“三个明显增长”：一是出国留学的总人数明显增长；二是优秀高中毕业生出国留学的人数明显增长；三是进入国外名校就读的人数明显增长。此外，出国留学的高中毕业生的家庭背景更趋多元，既包括一些富裕的家庭，也包括一些中等收入水平家庭，如国家公务员、各类专业技术人员、教师等群体。

家长选择送孩子出国留学的动因何在？概括而言，主要包括以下几个方面：一是希望孩子能够接受更高水平的高等教育。目前国内的高等教育与一些发达国家相比还存在较大差距，特别是国内优质高等教育资源明显不足，与国外名校的差距过大。在很多家长看来，选择送孩子出国留学能够让孩子接受更高水平的高等教育。二是希望孩子未来能够有更好的就业前景。目前国内高校毕业生的就业状况让很多家长心存忧虑，单凭国内的一张大学文凭，恐怕难有好的就业机会。很多家长希望通过送孩子出国留学，增强孩子未来的就业竞争力。三是希望孩子能够免受国内高考的竞争之苦。目前国内高考竞争异常激烈，要想进入一所名校所需要付出的辛苦不言而喻，与其让孩子承受过重的学习负担和过大的学习压力，不如直接送孩子出国留学。除此之外，也有一部分家长存在盲从心态，觉得送孩子出国留学是目前的一种时尚选择，因而盲目跟风效仿。

应当承认，除了教育自身的因素之外，高中毕业生出国留学人数的明显增长，与经济发展状况、居民收入水平和对外开放程度等因素密切相关。日本、韩国、马来西亚、新加坡、菲律宾等亚洲国家和地区随着经济发展水平的不断提高，都曾经历一个出国留学人数急剧增长的阶段，目前我国也正在经历这样一个阶段，高中“国际班”也正是在这样一个大背景下应运而生的。

（二）高中“国际班”数量

随着学生出国留学的需求越来越大，高中“国际班”开始在国内大量出现，“国际班”的数量和招生人数逐年增长。从地域上讲，高中“国际班”在一线城市发展迅速，而且高中“国际班”热有向二三线城市蔓延的趋势。

上海师大一项调查显示，上海市共有 21 所普通高中学校开设国际课程。其中，民办高中 8 所，公办高中 13 所。从各地情况看，引入的国际课程已达 20 多种，约 300 多所学校开设了各类“国际班”。①

中国教育在线发布的《2014 年出国留学趋势报告》显示：截至 2013 年，北京市共有 17 所公办高中，开设了 22 个“国际班”。2009 ~ 2013 年的五年间，北京市公办高中所开设的“国际班”增加了 16 个，其增幅超过了 250%。其增长速度也保持了非常高的水平。2009 年，在北京市的公办高中，设立高中“国际班”的数量只有 9 个。除了在 2012 年增长稍有减缓（当年新开设两个公办高中“国际班”）外，其他年份新开设公办高中“国际班”的数量维持在 4 ~ 5 个之间。

随着高中“国际班”开设数量的增加，其招生人数也在逐年增长。自 2009 ~ 2013 年，北京市公办高中“国际班”的计划招生总人数迅速上升。2009 年，北京市公办高中“国际班”的计划招生人数为 440 人，而 2013 年，其计划招生人数已经达到 1355 人，约为 2009 年计划招生人数的 3 倍。

在二三线城市，高中“国际班”的发展也相当迅速。2002 年，南京市开办第一个高中“国际班”项目，经过十余年的发展，2012 年南京市的高中“国际班”数量达到 18 个，招生人数在 2012 年也达到了 575 人。2011 年，郑州市共有 13 所高中开设了 24 个“国际班”项目。而在 2010 年只有 9 所高中设立 16 个“国际班”。另外，中西部一些经济欠发达城市也开始设立高中“国际班”项目，如贵阳、乌鲁木齐、银川等地。②

---

① 杨玉红：《全国 300 多学校开“国际班”　专家：学生学校应按需索取》，《新闻晚报》2012 年 11 月 11 日。

② 《2014 年出国留学趋势报告》，中国教育在线，2014 年 3 月 13 日。

（三）高中“国际班”类型

1. 国际课程班

随着高中毕业生出国留学的持续升温，高中学校的“国际班”日趋火爆，报名人数越来越多，录取标准越来越高便是一个例证。面向高中学生的“国际班”可谓种类繁多，主要包括以下类型。

第一种是替代式课程，就是用国际课程替代本土课程。包括美国 AP 课程、英国 A－level 课程、加拿大 BC 课程、PGA 课程、IB 课程等。

第二种是整合式课程，就是将国际课程和本土课程进行整合，将国际课程中的某些科目剔除，增加本土课程中的一些科目，实行学分制。

第三种是备考式课程，就是在本土的核心课程不变的情况下，开设一些国际考试课程。有的学校开设美国学士能力评估考试，学生的成绩可以作为申请美国大学的依据。

2. “双学历中外合作高中项目”

双学历中外合作高中项目，主要是由国内高中学校与国外学校直接开展合作。如：北京的首师大附中与美国捷门棠学校合作开设中美实验班，十一学校与美国万山赤中学合作开设中美高中实验课程项目，这些中外合作项目纳入高中学校统一招生计划，学生完成学业、考试合格后可同时获得两国高中毕业证书。

以北京三十五中为例，学校与美国凯沙通高中合作开发“中美双文凭国际高中课程”，进行课程融合与学分互认。中美双文凭国际高中课程内容涵盖四个单元：中国高中基础课程、美国高中特色课程、青年素质教育课程、中国国学文化与艺术课程。课程形式为必修与先修相结合。在整个课程体系中，中国高中基础课程为必修课程，包括所有高中会考科目，占课程总额的 81%。美国高中特色课程单元为选修课程。

二　高中“国际班”面临的主要问题

当前，对于公办高中该不该办“国际班”，公办高中所办“国际班”该不该收取高额费用，还存在一些不同认识和看法，各地的做法也不尽相同。2014

年北京等地陆续发布了停止审批高中“国际班”的通知，可以说，进一步加强对高中“国际班”的规范管理，已经摆上了各地教育行政部门的议事日程。面对出国留学的巨大市场需求和加强高中“国际班”规范管理的迫切要求，各地高中“国际班”主要面临哪些挑战？

（一）保障公平问题

公办高中举办的“国际班”数量不断增加，引发了公办高中该不该举办“国际班”的争议？从满足高中学生多样化发展的需求看，公办高中担负着自身的重要职责。事实上，学生出国留学的需求也是多样化需求的具体体现之一。况且目前一批优质高中学校，在举办“国际班”方面具有一定的优势和条件，发挥这些优质高中学校的积极性似乎也是顺理成章的事。当然也有观点认为，学生出国留学需求不过是一种选择性需求，而选择性需求主要应当由民办学校或民办培训机构承担，公办高中举办“国际班”，难免有挤占公共教育资源的嫌疑，有违教育公平。

公办高中举办“国际班”是否会造成新的教育不公平，这一问题确实值得关注。从一些公办高中学校的具体做法看，由于自身对“国际班”定位不够准确，在调配学校教学资源时过分向“国际班”倾斜，进而对学校的常规教学造成冲击，引发了社会和家长的质疑。当前，进一步明确高中“国际班”的办学定位，合理调配学校教学资源，防范对学校常规教学形成冲击，是保障公平的一个重要前提。此外，公办高中引进国际课程，举办“国际班”，需要向学生额外收取高额费用，这样的做法从表面看符合公平原则，但对规范高中收费造成较大困扰，这种收费方式不可持续。

从长远发展看，公办高中引进国际课程，不应只是满足和服务于个别学生出国留学的需求，简单做成“出国留学预备班”，而应当更好地满足和服务于所有学生的学习需求，致力于不断深化课程改革。在实现引进国际课程与深化课程改革之间的良性互动方面，一些高中学校进行了有益探索并取得了积极成效，应当对此进行及时的总结。

（二）课程管理问题

目前，公办高中“国际班”的课程设置，主要包括替代式课程、整合式课程和备考式课程三种模式。虽然三种课程模式各具特点，但也都面临一些突出问题。用国际课程替代本土课程，或对国内课程、国际课程进行整合，都在一定程度上面临着如何与我国高中课程方案和各学科课程标准对接的问题。保证高中课程开足开齐，是当前高中学校在举办“国际班”时需要认真思考和研究的问题。此外，单纯开设国际考试课程，从某种程度上讲，是将学生从“本土”应试转入“洋”应试。作为高中“国际班”的课程模式之一，引进国际考试课程的实际意义和价值是什么，对此同样需要认真分析研究。

（三）规范收费问题

目前，各地高中“国际班”学费并没有统一标准，大多价格不菲。中国教育在线发布的《2014年出国留学趋势报告》显示：北京公办高中“国际班”的学费定价大多数集中在8万~10万元/学年的区间，远远超过了北京市普通高中800元/学年的收费标准。只有10%的北京公办高中国际班的学费少于8万元/学年，35%的北京公办高中“国际班”的学费在8万~9万元/学年之间，40%的北京公办高中“国际班”的学费在9万~10万元/学年之间，另外有15%的北京公办高中“国际班”的学费为10万元/学年。90%的北京公办高中“国际班”的学费定价在8万~10万元/学年。①

从全国情况看，由于高中“国际班”的办学成本核定和收费标准确定缺乏依据，导致在收费上随意性较大。相对于高额的学费，一些高中“国际班”的教学和管理没有同步跟上，其“价高质次”问题频频引发社会质疑，这需要引起相关部门的重视。

三 高中“国际班”的未来走向

面对当前部分公办高中“国际班”在收费、教学、管理和师资等方面存在的一些突出问题，进一步加强高中“国际班”的规范管理，成为一项紧迫任务。

① 《2014年出国留学趋势报告》，中国教育在线，2014年3月13日。

（一）公办高中“国际班”的办学主体需要进一步明确

由公办高中举办的“国际班”，其办学主体自然应当是高中学校。而目前面临的问题是，很多公办高中由于受到课程资源有限、外籍教师审批难等条件限制，仅凭自身能力难以满足“国际班”的办学需求。与其他社会机构合作的方式，目前在各地比较普遍。从本质上看，这种办学方式既可视作学校与社会机构的合作，也可理解为学校向社会机构购买教育服务。但合作也好，购买服务也罢，毕竟只是学校与社会机构之间的协议约定，而在家长的心目中，高中学校才是“国际班”真正的办学主体。也正因如此，在一些高中“国际班”的实际运行中，由社会机构直接向学生家长收取费用的做法明显欠妥。学校之所以采取这种做法，实际想要规避违规收费的风险，但仍不免有乱收费之嫌。

（二）公办高中“国际班”的课程管理需要进一步完善

公办高中引进国际课程，既要满足部分学生出国留学的需求，更要满足高中课程改革的需求。因此，不论选择何种课程模式，都要竭力防范将高中“国际班”简单办成“出国留学预备班”。需要指出的是，如果公办高中“国际班”只是简单开设一些国际考试课程，对于借鉴国际课程经验、深化高中课程改革实际没有多大推动作用。况且类似托福、雅思、SAT的培训完全可以由社会培训机构承担，公办高中没有必要涉足其中。

高中学校举办“国际班”，应当根据国家和省市普通高中课程及学分规定，开齐开足必修课程。同时，可以采用学分互认方式，引入国际数理科目课程和部分选修课程。凡采用学分互认方式引入的国际课程，需经省级教育行政部门审核同意。当前，进一步加强对引进国际课程的规范管理，其主要目的是要使高中“国际班”的课程设置、课时安排和学分互认更加科学合理、规范有序。

（三）公办高中“国际班”的收费需要进一步规范

公办高中“国际班”的收费究竟如何规范？上海市在这方面先行一步，积累了有益经验。上海市本着深化课程改革的目的，鼓励公办学校开展国际课程探索，但在收费上予以严格限定。根据上海市的规定，公办高中举办的

“国际班”不再额外向学生收取费用，这一做法契合了公办高中“国际班”的办学定位，符合引进国际课程的目标追求和价值取向。

随着对高中“国际班”规范管理工作的推进，高中“国际班”收费也将会进一步得以规范。从今后的发展走向看，一部分符合条件的公办高中“国际班”，可以在逐步规范的基础上，向举办中外合作办学项目方式转型。但申请举办中外合作办学项目，需要履行相关的审批和备案手续，并严格按照《中外合作办学条例》的具体规定，依法办学、依法收费；一部分具备分离条件的公办高中“国际班”，可以与原公办学校脱钩，逐步向民办转型。但这些向民办转型的公办高中“国际班”，必须真正实现独立办学，并严格按照民办学校的办学规定和要求收费；大部分公办高中“国际班”，随着办学定位的变化，收费将被严格限定，公办高中“国际班”将不再额外向学生收取费用。

（四）公办高中“国际班”的自律意识需要进一步加强

从表面上看，家长对“国际班”的质疑，很多针对的是学校的合作方，而恰恰因为学校是“国际班”的办学主体，对此学校方面应当有所反思，是不是自身对“国际班”的管理有所疏漏。近年来，公办高中“国际班”收费高、师资水平低、教学质量差等问题比较突出，说明一些公办高中在举办“国际班”的过程中，自律意识还不强，管理还不到位。“国际班”办学行为不规范，既损害了家长和学生的利益，又影响了学校的声誉，应当防微杜渐。

B.13 户籍改革对随迁子女教育问题的影响

赵晗 周天*

摘　要：在中国的城市化进程中，数量庞大的农民工随迁子女的教育机会令人关注。随着新一轮户籍改革开启，“特大城市严控人口规模”的要求导致京沪等特大城市出现驱赶低端就业人口的现象，“教育控人”在北京被广泛实施。如何保障非户籍学龄儿童接受义务教育的权利，成为城市化进程之中亟待解决的严重问题。

关键词：户籍改革　随迁子女教育　特大城市人口控制

在中国的城市化大潮中，数以亿计的打工者涌入城市，寻求更好的工作机会和更高的生活质量，他们建造和支撑了社会现代化大厦。国家统计局抽样调查结果表明，2013 年全国农民工总量 26894 万人，其中外出农民工 16610 万人，本地农民工 10284 万人。在外出农民工中，一半以上人口在大中城市就业。但是，他们无缘平等地分享城市居民应有的公共服务，他们的后代被冠名为“流动儿童”、农民工随迁子女。

农民工随迁子女的教育问题成为当前最突出的教育公平问题。2001 年，国务院《关于基础教育改革与发展的决定》确定解决流动人口适龄儿童义务教育问题的“两为主”原则，即“以流入地政府为主，以全日制公办中小学为主”。近些年来，农民工随迁子女接受义务教育的情况得到很大的改善，目前矛盾比较突出的是北京、上海、深圳、广州等流动人口特别多的特大城市。

---

* 赵晗，财新传媒有限公司公共政策记者；周天，财新传媒有限公司公共政策记者。

2014年7月30日，《国务院关于进一步推进户籍制度改革的意见》（以下简称《意见》）正式出台。《意见》要求到2020年努力实现1亿左右农业转移人口和其他常住人口在城镇落户。《意见》要求保证农业转移人口及其他常住人口随迁子女平等享有受教育权利。在此背景下，北京和上海的流动儿童教育政策有何变化？《意见》透视出基础教育治理改革的哪些新背景和新趋势？在快速城镇化的过程中，流动儿童教育凸显哪些争议？

一　农民工随迁子女的教育难题

中国统计局2013年1月发布的数据显示，中国目前的城市化率是53.7%左右，而根据世界各国城市化率的规律，在达到百分之六七十的比率前，中国仍将处于高速城市化时期。这意味着，在将来较长一段时间内，流动人口进城速度依然不减。同时，中国的户籍人口仅为36%左右，这表明有17%的中国人口以非户籍的状态常居于城市，他们是非户籍的流动人口，其子女的教育状况堪忧。

（一）流动人口和随迁子女总数庞大

据2010年人口普查数据，全国17岁以下流动儿童的规模为3581万，每100个儿童中，就有13个是流动儿童。2013年，全国流动人口的总量是2.45亿，超过总人口的1/6。随迁子女的比例也在增加。6~15岁子女随同父母流动的比例，在2013年达到了62.5%，比2011年上升了5.2个百分点。据2013年全国教育事业统计报告，全国义务教育阶段在校生中流动儿童共1277.17万人，其中在小学就读930.85万人，在初中就读346.31万人。据教育部的数据，他们在城市公办学校就读的比例，2011年为79.2%，2013年达到了80.4%[①]，即仍然有两成的流动儿童未能进入公办学校，享受合格的教育，只能在审批或者未获审批的民办打工学校上学。2010年，北京有124所打工子

---

① 刘奕湛、徐博：《三部委解答政府如何为农民工解决后顾之忧》，《新华每日电讯》2014年2月21日。

弟学校[①]，在校生人数近 10 万；上海有 157 所主要招收农民工子女的民办学校，共计招收随迁子女近 14 万。

在北京、上海、广州等经济发达城市，进城务工人员随迁子女规模不断增大。北京常住人口共两千多万，其中非户籍的常住人口达到八百万左右，约占三分之一。非京籍小学生所占比重由 2001 年的 11.3% 提高到 2012 年的 39.65%，达到 32.4 万人；非京籍初中生所占比重由 3.4% 提高到 30.46%，达到 9.3 万人。2011 年北京市入小学人数约 9.5 万人，非京籍学生比例为 47.6%[②]。2011 年北京市小学毕业班学生人数为 102194 人，其中非京籍学生 34181 人，占毕业学生人数的 33.4%。目前，北京市义务教育阶段非户籍学生的占比已经高达 40% 以上。

上海的情况与北京类似。截至 2013 年末，全市常住人口总数为 2415.15 万人，其中户籍常住人口 1425.14 万人，外来常住人口 990.01 万人[③]。据估算，非户籍学生在义务教育阶段总入学人数中的占比达到 45% 左右。

（二）户籍制度改革和人口流动

中国的户籍制度改革主要分为两条线。首先是逐步从小城镇起放宽落户制度。早在 2001 年，中央就要求全面推进小城镇户改，符合条件的直系亲属可办理城镇常住户口。2008 年中等城市也被纳入。另外一条线，则是逐步将户籍与福利脱钩，推进基本公共服务均等化。在此政策设计中，居住证将成为非户籍人口获得公共服务的重要载体。2006 年，《国务院关于解决农民工问题的若干意见》（以下简称《意见》）提出要把农民工纳入城市公共服务体系。然而在全国推行居住证制度，阻力非常大。在已经实行居住证制度的一些地方，目前也还难以完全覆盖公共服务及福利。

调查显示，流动人口总的流向趋势没有改变，特别是北京、上海等特大城市人口聚集态势还在进一步增强。由国家卫计委编写的《中国流动人口发展报告》指出，目前中国的新生代流动人口已经超过流动人口的半数，与老一

① 公益组织新公民计划提供的数据。

② 北京市教委 2011 年公布的数据。

③ 数据来源于《2013 年上海市国民经济和社会发展统计公报》。

代相比，新一代流动人口更青睐大城市，其中，有意愿落户城市的新生代流动人口中超过七成希望落户大城市。这份报告称，新生代流动人口大多在流入地稳定生活和工作，已远离农村和农业生产，基本没有返乡意愿也难以再返回乡村生活。不同于上一代流动人口“城市挣钱、返乡消费”的模式，新生代的消费方式更接近城镇青年。而这些作为“80后”的新生代流动人口如今多处于婚恋生育的重要人生阶段，其对子女教育等基本公共服务的需求更加旺盛，这也成为摆在流入地政府面前的难题。

《意见》提到要全面放开建制镇和小城市（50万人口以下）落户限制，对50万人以上的城市则另有限制。国务院参事马力曾对媒体表示，现在东部的中小城市、小城镇放不开，西部能够落实政策的城镇，大家又不愿意去。

二 《意见》对大城市随迁子女教育的影响

（一）控制大城市人口之“达摩克利斯宝剑”

2013年12月14日中央城镇化工作会议在北京举行，确定就地城镇化的发展原则，制定了“全面放开建制镇和小城市落户限制，有序放开中等城市落户限制，合理确定大城市落户条件，严格控制特大城市人口规模”的发展策略。十八届三中全会的决定明确了“严格控制特大城市人口规模”的方针。这一思路进一步体现在《意见》中。《意见》明确表示：“严格控制特大城市人口规模。”2014年3月16日出台的《国家新型城镇化规划（2014－2020年）》也提出要“严格控制城区人口500万以上的特大城市人口规模”。

北京控制大城市人口增长的主要思路是以政管人、以业控人和以房管人。调整产业结构，将人力密集的批发市场等低端产业转移到河北；建立与人口调控挂钩的政府投资、公共资源分配机制，明确区县调控责任；继续治理群租房，推行居住证制度等。流动人口的教育政策也成为被调整的对象。在城市政府采取的多种方式中，新近衍生出“教育控人”的措施，即通过限制随迁子女进入小学，达到驱使农民工家庭离开城市的政策目标。

（二）特大城市非户籍儿童教育门槛提升

这一举措直接意味着全面收紧外来人口子女入学的政策。2014年北京教育部门要求，非户籍人口适龄儿童少年接受义务教育必须提供“五证”[①]，即适龄儿童父母或其他法定监护人本人在京务工就业证明、在京实际住所居住证明、全家户口簿、在京暂住证、户籍所在地街道办或乡镇政府出具的在当地无监护条件的证明等相关材料。这一文件出台于5月1日，离入学登记时间不到一个月，从某种程度上杜绝了补办上述证件的可能。

对此，北京市教委的解释是，“在教育资源相对紧张的前提下，结合首都功能定位和经济、资源特点，北京提出了2014年适龄进城务工人员随迁子女接受义务教育证明证件材料审核有关要求，并公开、规范工作程序，目的是更好地保障符合条件的进城务工人员随迁子女接受义务教育的权利。”

不仅如此，北京市各区、县在全市基本要求的基础上，纷纷出台细则。以通州区为例，其幼升小“五证”细则包括对家长缴纳社保的地点的明确要求，即必须“在我区”。这意味着，即使五证俱全，如果家长缴纳社保的地点不在通州，其子女依旧无法入学。而通州是众所周知的“睡城”，由于房租相对便宜、就业机会较少，大多数人在外区工作，真正在通州区居住并缴纳社保的家长比例很少。类似的是丰台区，要求父母一方在丰台务工；朝阳区则要求家长双方都在本区缴纳社保，东城区甚至要求父母双方都在东城务工并住在东城，昌平区则规定暂住证办理日期必须在2013年之前。

效果立竿见影。以“幼升小”为例，2013年北京招收非京籍儿童74890人，占招收总数的45%。然而，截止到2014年5月27日，学龄人口信息采集截止前夕，参加信息采集、获得入学资格的非京籍儿童仅有58274人[②]，不到总采集人数的38%，同比下降超过了7%。

与此同时，电子学籍制度的实施成为驱赶非户籍适龄学童的新手段。2013年8月教育部印发《中小学生学籍管理办法》，要建立全国联网的学生电子学籍信息管理系统，一人一号，终身不变，2014年9月1日开始全面应用。该系

① 参见《北京市教育委员会关于2014年义务教育阶段入学工作的意见》。

② 北京市教委提供的数据。

统赋予流入地教育部门是否对学籍进行登录的权力，从而使得流入地城市可以通过控制学籍发放来限制流动儿童的就学。原本一些在民办打工子弟学校的学生，即使没有取得流入地的学籍，依然可以就读，待到小学高年级或进入初中以后再回到户籍所在地参加中考、高考。但新的学籍管理办法要求转学必须通过学籍系统，如果这些学生没有学籍，将面临以后回到户籍地也无法转学的境况。

上海的入学门槛亦有提升。2008～2013 年上海的政策是："凡能提供父母的农民身份证明、在沪居住证明或就业证明的随迁子女均可在上海免费接受义务教育。"然而 2013 年 12 月 3 日出台的《关于 2014 年本市义务教育阶段学校招生入学工作的实施意见》，改为实行居住证政策，要求具有"父母一方在有效期内的《上海市居住证》或者父母一方满 2 年的《上海市临时居住证》"。主要门槛分别包括"参加本市职工社会保险满 6 个月"及"持证满 2 年，从首次发证日起截止到 2014 年 8 月 30 日"。

对于北京、上海的新近动向，上海市金融与法律研究院执行院长、研究员傅蔚冈并不看好。他认为，新出台的居住证制度构想很好，通过这一工具可以从制度上对非户籍人口实现部分基本公共服务的覆盖，其最重要的功能就是解决子女教育问题。但不应忽视的是，居住证制度使得外来人口子女上学的难度加大，因为他们办居住证本身就是很难的一件事。上海是最早实施居住证制度的城市之一，全市现有非户籍人口 1100.09 万人①，其中办理《上海市居住证》的 107.14 万人，办理临时居住证（即暂住证）456.02 万人，未办证者达到 536.93 万人。按照《上海市居住证管理办法》，申办居住证看起来并不难，只要在上海"合法稳定居住和合法稳定就业"就可以申领，但为何到目前为止有近九成非户籍人口没有申领居住证？傅蔚冈分析，"合法稳定居住"需要提交拟在本市居住 6 个月以上的住所证明，例如房屋租赁合同登记备案证明。看起来这个规定并不过分，但是在实际运作过程中，涉及缴税和合租等复杂情况，房东往往不愿配合租客进行房屋租赁登记备案。

再比如，北京的地下室容纳大量外来人口，但此类住所不符合颁证要求。办理居住证另一大要求是"合法稳定就业"。这一规定也难倒很多人。目前，

---

① 2014 年 8 月上海公安局公布的数据。

北京、上海城市的非正规部门容纳了大量就业人员，如摆路边摊者、个体户、餐饮服务员、医院护工、家政服务人员等群体基本拿不到工作和社保证明。对他们而言，即便是居住证也变得高不可攀。

多位户籍专家认为，“特大城市严控人口规模”的规定，处处体现了排斥低端就业人口的思维。无论是偏重学历的积分落户制，还是留学回国人员的快捷落户通道、应届生落户渠道乃至居住证制度，均将驱赶低端就业人口设定为人口调控的目标，而低端就业者往占外来人口的大多数。如广州市登记流动人口总量超过六百多万，多为高中以下学历，大专以上学历者仅占 1 成①。可以预见的是，如果这一思路不变，低端就业人群子女的教育权益仍然难以得到保障。在特大城市，农民工随迁子女受教育情况有恶化的可能。

（三）特大城市的教育规划和财政问题

特大城市限制非户籍学龄儿童入学的理由是城市拥挤、资源紧张，然而，形成鲜明对比的是特大城市持续削减的教育供给，其根源是对教育资源投入不足和失当的教育规划。以北京市为例，在严格的计划生育政策下，北京本地户籍小学生源逐年减少，部分核心区域公办学校生源困难，从 1995～2012 年，北京市的人口增长 65%，但小学入学人数从 16.8 万降至 14.2 万，而北京的小学数量则从 2867 所缩减至 1081 所，下降了 62%；专任小学教师数量从 6.2 万缩减至 4.7 万，下降了 24%。从有数据的 2003 年到 2012 年，北京市的初中数量从 434 所缩减至 341 所，下降了 21%；专任初中教师从 3.4 万人缩减至 2.0 万，下降了 41%。这一变化显然和非京籍常住人口快速增加的教育需求扩张逆行。此类情况还不仅仅在北京存在，广州市的公办小学 2001 年有 1640 所，到 2011 年只剩下 961 所，减少了 679 所，连并非特大城市的东莞，情况也是如此。地方政府在公共教育资源配置和公立学校布局发展规划上仍以户籍人口为依据，很少以包括流动人口在内的常住人口为基数，这使得削减教育供给和需求急剧扩张的矛盾局面并存，使得流动人口子女无法公平享受公立教育资源。

因此，人口问题专家黄文政、梁建章撰文指出，不是孩子太多，而是规划

---

① 数据来源于广东省人口学会副会长段华明 2013 年的调查。

和教育部门“缺乏预见”的行为，导致北京学校容量严重不足，“无法给增加的孩子提供最基本的义务教育”。

地方政府排斥非户籍学龄儿童，财政负担也是至关重要的原因。在当前义务教育经费的分担机制中，地方政府往往出大头，负担较重，而中央政府所出份额较小。笔者通过分析2004～2012年中央财政支出中教育投入占全国教育投入的比例等数据得知，全国教育支出占全国财政支出的比例每年约在15%～16.8%①，而中央教育支出占中央财政支出的比例在最高的年份（2012年）也才达到5.9%，也就是说，中央与全国平均相比，在支出责任的承担上，足足少了大约10个百分点。

在“两为主”的政策之下，保障随迁子女的教育责任被推给流入地政府，这使得许多地方政府不堪重负。“两为主”的思路在新一轮户籍改革中得到延续。河南是国务院户改文件《意见》出台后较早出台配套细则的省份之一，在《河南省人民政府关于深化户籍制度改革的实施意见》中规定，要保障农业转移人口及其他常住人口的随迁子女，在流入地享有受教育权利；并将随迁子女的义务教育，按照“以流入地政府为主、以公办学校为主”的原则，纳入当地公共教育体系和财政保障的范围。

对此，中国人民大学经济学院教授郑新业认为，在当前的机制下，地方政府既没有解决随迁子女就学问题的激励，也不会因解决不好而受到惩罚，自然也就不会把解决随迁子女教育问题放在优先解决的序列中。

实际上，即使由流入政府承担随迁子女就学的全部成本，对流入地政府来说，依然合算。因为由流入外来人口贡献的社保收入远超过其子女就学所需费用。上海2012年的义务教育经费支出合计249.20亿元。以非户籍学生人数占学生总数的45%来计算，用于非户籍人口的义务教育经费支出是112.14亿元。上海还加大了对非户籍人口子女学校的补贴，按每生5000元（不含租赁费）的标准给予基本成本补贴。不过，现在非户籍常住人口每年为上海贡献的养老保险金数量约为200亿元，增加的社保收入可覆盖教育经费支出。

① 国家统计局公开数据。

三　改革农民工随迁子女教育政策的展望

（一）强化中央政府和省级政府的财政责任

一般而言，人口越是频繁流动的国家，中央政府在教育经费支出上越是承担主要责任。在欧洲多数国家，中央政府负担基础教育经费的比例一般达50%以上。

针对当前财税体制下地方政府负担过重、缺乏激励的问题，民进中央副主席朱永新认为，应建立中央财政对非户籍常住人口子女义务教育的转移支付制度。建议国家设立专项经费，划拨给非户籍常住人口密集的省区，以帮助解决费用缺口问题。

实际上，中央当前并非完全没有承担责任。据财政部统计，2008～2012年中央财政共安排进城务工农民工随迁子女奖励性补助资金158.3亿元。从2014年起，中央财政在分配进城务工农民工随迁子女接受义务教育奖励资金时，比照农村义务教育阶段学校公用经费基准定额和中央与地方分担比例给予补助。不过，相比庞大的流动人口随迁子女群体，这笔转移支付的数额仍然太小。因此，郑新业认为当务之急是提高这笔补助的额度，中央政府必须承担起责任。

根据郑新业的构想，对教育经费支出可以进行“等额扣减”，即通过扣减流出地的教育投入来增加流入地的教育投入。“钱随人走”将降低流入地政府公共财政支出的压力，降低流入地城市对外来人口提供服务的抵触性。

近几年来，在均衡性转移支付中实质上已经考虑了农业转移人口市民化的因素。但从实际情况看，常住人口在转移支付核算中的权重依然过低。以外来人口最多的广东为例子，2011年中央财政对义务教育补助1265.1亿元，生均补助约为874元，而对广东省义务教育补助仅为26.25亿元①。按全省义务教育在校生1300万人算，生均仅为202元，还不到全国平均水平的1/4。因此，应进一步加大常住人口在核算一般性转移支付和教育转移支付中的权重。

---

① 广东省教育厅数据。

持有这种观点的还有世界银行，其报告也指出，为了协助户籍制度改革，有必要对接受大量外来人口的城市进行补贴，使其有能力负担公共服务。这部分补贴首先应该来自中央政府的转移支付，这将成为对地方政府的激励。

（二）强化对农民工子女教育权利的法律保障

在法律层面，2006 年修改的《义务教育法》第十二条提到，“父母或者其他法定监护人在非户籍所在地工作或者居住的适龄儿童、少年，在其父母或者其他法定监护人工作或者居住地接受义务教育的，当地人民政府应当为其提供平等接受义务教育的条件”。有学者认为，该条款决定了目前随迁子女入学问题还是跟户籍严格挂钩的，建议修改为：“少年在生活所在地学校就近入学。”

（三）强化地方政府公共服务体系建设

我们认为，形成教育鸿沟的根源不在于户籍制度本身，而在于计划体制下形成的依据户籍分配教育资源的做法。因此，改革户籍制度，意味着要改变只按户籍人口配置资源的弊病，建立按照常住人口提供公共服务的体系。

目前，地方政府的关注限于外来人口子女义务教育阶段的需求，而学前教育和高中阶段往往被忽视。但是，外来人口子女学前教育和初中后教育的需求也越来越大，亟待统筹解决。需要建立普惠性的学前教育体系，并实行“异地高考”的改革，保障外来人口子女在流入地接受初中后教育的权利。随着学龄人口的逐年减少，教育资源不断增加，地方政府开始具备条件在不影响户籍居民原有利益的基础上进行增量改革，改革的窗口期已经到来。

B.14

2014年中国在线教育发展全景扫描

马 晖*

摘 要：2014 年可视作中国在线教育的“建设年”，国内在线教育开始尝试进入教育核心领域开展探索，K12 教育、外语教育及职业教育表现尤为抢眼，部分体制内学校开展了小范围试点，教育主管部门官员也在尝试如何从政策层面推动在线教育与体制内教育的互动与融合。

关键词：K12 教育　外语教育　职业教育　O2O 学习模式　移动学习

相比 2013 年的“中国在线教育元年”，2014 年堪称中国在线教育的“建设年”，国内更多的在线教育企业开始尝试进入教育核心领域开展探索，并取得了一定成绩。其中，K12、外语培训及职业教育这三大板块的表现尤为抢眼。殊为难得的是，在线教育对国内传统教育已造成某种意义上的冲击，有识之士开始正视新技术所带来的挑战与契机，部分体制内学校开展了小范围试点，迈出了虽谨慎却意义重大的一步。

一　三大板块全景扫描

按照所涉领域不同，在线教育可分为外语教育、K12 教育、早期教育、IT 教育、出国留学、职业教育、平台类等。其中，K12、外语培训及职业教育这三大板块，在 2014 年表现得尤为抢眼。

---

* 马晖，《21 世纪经济报道》高级记者，主要关注教育公平、教育政策制定、教育经济学。

（一）K12领域，迎来爆发式增长

K12（Kindergarten Through Twelfth Grade）指美国、澳大利亚等国家从幼儿园（通常5～6岁）到十二年级（通常17～18岁）的整个阶段，相当于基础教育的通称。因为有着数以亿计的用户基数，K12领域被国内众多在线教育企业视作一座亟待发掘的富矿。从2014年的发展来看，K12领域主要呈现下列三大特点。

首先，新入局者纷纷涌现。一起作业网、快乐学、学霸君、梯子网等企业进入K12领域，它们此前大多没有教育领域从业背景，在创设之初就采用纯粹的在线教育产品形态切入K12。而以BAT三家为代表的传统互联网巨头也纷纷抢滩K12，百度发布在线教育产品“百度教育”，此后又推出了“作业帮”；阿里则对应推出了“淘宝同学”；以做产品见长的腾讯则推出了专业在线教育平台“腾讯课堂”，帮助线下机构入驻，共同摸索在线教育的模式。

其次，传统的线下培训机构向在线教育转型。面对新入局者的不断蚕食，此前K12领域的“老大哥”们在稳固线下基本盘的同时，纷纷向线上进军，力图实现“线上线下相结合”的新态势，重塑竞争优势。3月20日，在美上市的中小学培训企业学大教育发布了其首款个性化智能辅导系统“e学大”，开始了线上线下整合互补的O2O教学模式。此后，“e学大”又进行了升级，新增了iOS和Android平板电脑应用，实现PC、手机和Pad的全线覆盖，从1对1教学扩展至1对多的小组教学方式，增加了激励、趣味、社交等元素，并在平板电脑端支持离线使用。数据显示，e学大发布后每月新增2000个微视频，1万个教案，15万个题库。①

最后，题库类产品成为2014年K12领域的热门产品。如何让老师、学生和家长三方的需求能同时在一款产品中得到满足，这是K12领域的一个非常大的挑战。部分在线教育企业从课后作业和练习这个环节切入，尝试打通三方需求，一起作业网、魔方格、爱考拉、作业帮、学霸君、求解答等产品遵循了

① 新浪科技：《学大教育升级“e学大”：新增平板电脑应用》，http：//tech.sina.com.cn/i/2014-10-16/00039697196.shtml，2014年10月16日。

大致相似的产品思路。其中，一起作业网成为佼佼者。12 月 17 日，其创始人兼 CEO 刘畅在内部邮件中宣布，注册用户达到 1000 万。①

（二）外语培训领域，投资人重金押注

由于外语培训领域市场庞大、消费者支付意愿强，2014 年这个领域的在线教育企业成为资本宠儿。2 月 17 日，TutorGroup 宣布完成 B 轮融资，获得阿里巴巴集团等注资近 1 亿美元。TutorGroup 更为国人熟知的是其在线英语培训品牌 VIPABC，以姚明为代言的巨型户外广告一段时间内密集出现在国内一线城市的核心商务区。

相对于传统的线下培训方式，VIPABC 强调学生可一周七天、24 小时联系超过 2000 名高水平老师，其中大多数是生活在美国、拥有“对外英语教学（TESOL）”证书，以英语为母语的老师。② 10 月，另一家外语培训市场的有力竞争者 51Talk 无忧英语正式对外宣布，完成了 5500 万美元 C 轮融资，由红杉资本领投，顺为基金和 DCM 跟投。③ 51Talk 无忧英语的产品模式为一对一英语在线培训平台，定位于“轻模式”的平价英语培训，以二三线城市为主打市场，在教学中广泛采用菲律宾籍外教，每课时（25 分钟）15 元起，价格仅为线下培训机构的 1 成左右。从上述两个大额融资案例可以看出，外语培训领域真人外教在线一对一授课的模式已得到投资人初步认可，在资本助力下或将成为未来的主流方向。

（三）职业教育领域，竞争愈发激烈

受益于国家大力推进职业教育的宏观背景以及劳动力自身职业技能提升的现实需求，以掌握技能为主要目的的职业在线教育成为当下焦点。

4 月 3 日，达内科技集团成功登陆美国纳斯达克证券交易所，成为中国首家在美上市的 IT 职业教育公司。成立于 2002 年的达内科技，主要培训 IT 领域的软

---

① 刘畅：《千万用户背后的艰辛创业路》，http：//www. duozhi. com/company/20141219/2555. shtml，2014 年 12 月 19 日。

② 搜狐教育：《VIPABC 宣布获得阿里巴巴等 1 亿美金 B 轮投资》，http：//learning. sohu. com/20140217/n395122338. shtml，2014 年 2 月 17 日。

③ 赵娜：《51Talk 无忧英语完成 C 轮 5500 万美元融资》，《21 世纪经济报道》2014 年 10 月 23 日。

件技术初级人才，通过首创的 IT 培训 O2O 互动教学模式，在全国校区推广直播课程，兼顾了集中教研和规模化学习管理。9 月 28 日，达内科技宣布，成立达内会计培训学院（acc. tedu. cn），上线主办会计培训课程。这是继数字媒体和网络营销课程之后，达内再次将课程向非 IT 职业教育培训市场拓展。①

而另一家职业教育培训机构——尚德机构，在 8 月 27 日推出了在线直播子品牌“狐逻在线学院”，主营业务为会计证考试、汉语言的自考和采购的自考。其负责人表示，狐逻通过直播结合录播、面授的方式，线上结合线下，全国布局并渗透二三线城市，从会计考证扩展到自考领域。②

达内和尚德两家培训机构所拓展的会计考试培训的新产品条线，直接触及国内另一家职业教育培训巨头——正保教育（中华会计网校的母公司）的主营业务范畴，显然，职业教育领域的竞争愈发激烈。

（四）资本成为幕后推手，洗牌加剧

2014 年，在线教育依然成为资本高度关注的领域之一。统计显示，投融资主要涉及外语教育、K12 教育、早期教育、IT 教育、出国留学、职业教育、平台类等七类，合计投融资金额超过 44 亿元。截至 2014 年 11 月，外语教育类投融资案例为 11 例，投资总额超过 20. 48 亿元；职业教育类投融资案例为 7 例，投资总额超过 9. 26 亿元。③

与此同时，一些在近两年新创设的在线教育企业由于未能找到合适的商业发展模式，在融资耗尽后或倒闭或被收购，整个在线教育市场洗牌加剧。2014 年年末，有在线教育垂直类媒体总结了一份“2014 在线教育公司死亡地图”。地图显示，在近 600 家在线教育企业中，已有近 60 家从这场混战的“战国版图”中消失。其中早教类和 K12 类超过 10 家。另外，从地域上看，北京总计 31 家，远远超过其他城市。④

---

① 腾讯教育：《达内推出会计培训　向非 IT 职业培训市场拓展》，http：//edu. qq. com/a/20140928/019809. htm，2014 年 9 月 28 日。

② 程铭劼：《尚德借“狐逻在线学院”转型在线教育》，《北京商报》2014 年 9 月 1 日。

③ 搜狐教育：《2014 年中国教育行业白皮书》，http：//learning. sohu. com/20141202/n406594224. shtml，2014 年 12 月 2 日。

④ 芥末堆：《以死念生：2014 在线教育公司死亡地图》，http：//www. jmdedu. com/news/detail/1295，2014 年 12 月。

二 变革大潮冲击体制内教育

伴随着近两年国内在线教育突飞猛进的发展，传统体制内教育正在经历一场深刻的变革。教育主管部门的官员，也在思考如何从政策层面推动在线教育与体制内教育的互动与融合。4 月，教育部则依托清华大学成立了“教育部在线教育研究中心”。教育部部长助理林蕙青在出席中心成立仪式时明确肯定了大规模在线教育为深化教育改革、建设终生学习体系提供了新的途径。①

（一）体制内学校“尝鲜”

2014 年，中国的学校或深或浅涉足在线教育领域，微课程、翻转课堂、在线练习等名词一时间成为老师、校长口中的“热词”。其中，清华附中以及北京十一学校的尝试尤为引人注目。

清华附中，中国最顶尖的一所中学之一，在 2014 年开始试水在线教育，尝试高中物理等课程的翻转课堂教学。清华附中校长王殿军评价在线教育最大的一个好处，是给“因材施教”的“个别化教育”提供了某种可能。② 北京市十一学校在进行以“选课走班制”为核心的教育模式改革的同时，“嵌入”在线教育的尝试。以《文言文基础阅读》选修课为例，学生在开课前进行在线“起点监测”，教师再进行一对一的辅导。校长李希贵本人则在《人民教育》2015 年第 1 期的专题“2015 年，教育关注什么”中，提到了基于移动互联的用户观，线上、线下学习相融洽的 O2O 学习模式以及大数据可能给教育所带来的关联性思考。③

（二）政府助力在线教育发展

在体制内学校纷纷涉足在线教育领域时，各地教育主管部门也加大了政策

---

① 王冰冰：《教育部在线教育研究中心在清华大学成立》，http：//news. tsinghua. edu. cn/publish/news/4205/2014/20140430214432492900686/20140430214 432492900686_ . html，2014 年 4 月 30 日。

② 马晖：《体制内学校，未来在线教育主战场?》，《21 世纪经济报道》2014 年 7 月 4 日。

③ 李希贵：《2015 年，教育关注什么》，《人民教育》2015 年第 1 期。

推动力度。以北京市为例，早在2011年就颁布了《北京中长期教育改革和发展规划纲要（2010～2020年）》，其中专设“教育信息化”一章，明确提出“构建支撑终身教育和个性化学习的数字化教育服务体系，全面提升首都教育信息化水平”的发展要求。

在2014年暑期，北京市教委进行了“学习信息推送”、“在线作文辅导”和“名师在线”等“在线教育服务”试点，并计划逐步建立面向全体中小学生的完善的在线教育服务体系。根据计划，从2014年9月起，“学习信息推送”服务每两周制作一期数字化学习资源，通过北京数字学校网络平台、歌华有线电视平台、手机APP和微信平台等渠道，面向全市初一新生推送语文、数学、英语、物理四个学科的学习资料。“在线作文辅导”服务面向全市初三学生，提供写作辅导和作文批阅服务。“名师在线”项目面向全市所有初中学校初一、初三学生，提供数学、英语学业诊断和在线答疑服务。

2014年9月，北京市教委专门召开了在线教育服务工作会。在工作会上，北京市教委相关人士明确表示，“在线教育服务”项目是借助信息化手段促进基础教育优质均衡发展的一项创新举措。北京市教委李奕委员称，“在线教育服务”项目是一种创新的服务模式，本质上直接面向学生和用户，与传统教学方式相比，供给内容、方式、频度均有变化，并进一步提出“诊断比治疗更重要、服务比建设更重要、保护比开发更重要”的三个教育理念。①

三　在线教育个案梳理

为进一步了解在线教育的最新发展态势，笔者选取了京沪两家典型的在线教育企业做个案梳理，其中一家是位于北京的专注于K12阶段的一起作业网，另一家则是位于上海的沪江网。前者的产品逻辑深刻体现了互联网的思路；而后者则在移动端发力，试图尽快占领先机。

（一）一起作业网，专注题库模式

一起作业网于2011年10月正式上线，为全中国的老师、学生和家长提供

① 《市教委召开在线教育服务工作会》，http：//www.bjedu.gov.cn/publish/portal27/tab1723/info37781.htm，2014年9月17日。

基于互联网的在线作业和能力提升平台，设计并推出了数百种学习应用，目前涵盖小学英语和数学两大学科。这家在线教育企业，最初是从“写作业”这个不太起眼，但又是K12阶段学生每天必须面对的学习环节切入，非常符合互联网创业“小切口”、“刚性需求”、“高频次”的特征。

除了产品设计层面专注于题库模式外，资本的助推也使得一起作业网在2014年取得了爆发式的增长。7月16日，一起作业网宣布完成2000万美元C轮融资。[①] 而此前的两轮融资中，2012年A轮融资为500万美元，2013年B轮融资达到1000万美元。据称，一起作业网的市场估值将达到约1亿美元。12月17日，其创始人兼CEO刘畅在内部邮件中宣布，注册用户达到1000万。

刘畅表示，他们接下来将要思考这个平台的商业价值以及未来与第三方的合作模式。作为一起作业网的董事长、曾经的新东方三驾马车之一的王强，对网站的未来发展则有更多的期待，希望彻底改变学习的传统模式。[②]

（二）沪江网，发力移动互联

诞生于上海的沪江网，是在线教育领域中的一位老牌竞技者。2001年，时为上海理工大学大三学生的伏彩瑞创办了沪江语林论坛。此后，沪江网在成长过程中几乎借鉴了中国互联网产业发展至今的所有形式。

经过十余年的积累与滚动发展，沪江网现已成为有7000万注册用户的国内最大的互联网教育企业，是了解国内在线教育企业不可忽视的样本。这家已有13年历史的在线教育“老将”，近年来频频布局移动学习。自2012年起，已产生近5000万移动用户。

2014年8月，沪江网在安卓平台正式发布了移动直播课堂“CCTalk”，产品定位直播工具，服务于机构、老师、同学，支持实时公屏互动、即时课堂答题以及鲜花送名师等互动功能。目前，单课程听课人数已超过3000人。沪江网管理层认为，移动学习是大势所趋，如何改善移动直播的产品体验，获取新

---

① 王可心：《一起作业网完成C轮融资估值约1亿美元》，http：//edu. qq. com/a/20140716/051586. htm，2014年7月16日。

② 马晖：《一起作业网：WHO、WHAT、WHY》，《21世纪经济报道》2014年7月18日。

用户，将已有注册用户导入移动端，并转化为付费用户，将成为其接下来要面对的问题。①

沪江网创始人伏彩瑞在接受访谈时表示，移动战略是未来发展主轴，公司为此专门配置了100多人的团队，“不过我们没有把移动当成独立的团队，因为沪江今后所有的东西都是移动化的，移动端不是一个创新项目，移动就是我们的全部”。②

四 结语：展望2015年

在经历了2013年的狂飙突进、2014年的理性平静之后，2015年，中国在线教育的发展将呈现何种面貌？

首先，在线教育将成为更多民众的选择，其爆发性增长态势进一步延续。2015年1月，百度发布了《2014年中国教育行业大数据白皮书》，依托百度海量的用户搜索浏览数据分析2014年教育行业发展趋势。数据显示，教育行业网民需求持续上涨，总体增长15%，移动端更实现同比54%的大幅增长。有专家预判，这样的增长态势还将延续至2015年。

其次，基于智能手机的移动端在线教育将加速增长。知名券商机构国泰君安在其所发布的《2014年中国在线教育深度研究分析报告》中提出：在线教育尤其是移动端在线教育将加速增长。以语言类学习为例，直播互动可以实现直接有效的交流，能让外语回归到语言工具。而4G时代高达100M/秒的速度也让直播的模式不必受网速低的限制困扰，更好地提升在线教育的内容和服务质量。报告预测，在4G资费下降到一定程度后，再加上智能手机的进一步普及，移动端在线教育会突破拐点呈现爆发式增长。③

最后，在线教育将对传统体制内教育造成更大的冲击，新技术将得到普及，并深刻嵌入传统教育体系。世界知名的《地平线报告（2014年版）》中明

① 初骊禹：《把直播搬到手机，沪江发布移动直播课堂“CCTalk”》，http://www.duozhi.com/company/20140813/1871.shtml，2014年8月13日。

② 马晖：《专访沪江网创始人、董事长兼CEO阿诺：互联网让人们重新思考什么才是教育》，《21世纪经济报道》2014年8月15日。

③ 国泰君安证券：《2014年中国在线教育深度研究分析报告》，2014年8月。

确提出，未来一年，翻转课堂（Flipped Classroom）及学习分析技术（Learning Analytics）将对传统教育体系产生更为直接有力的影响。[①] 对于即将到来的变革，教育部科技发展中心主任李志民在一次公开场合中表示，互联网会改变传统行业的形态，今后学生不到教室上课，可能不是因为大学的排名不靠前、院士及学者不够多等因素，而仅仅是因为技术要促进人类文明迈向新台阶。“如果我们不能引领人类文明进步的脚步，我们至少应该跟上人类文明进步的步伐”，李志民称。[②]

---

① 新媒体联盟：《地平线报告（2014 年版）》，2014 年 2 月。

② 李志民：《李志民谈在线教育和信息技术发展对教育的影响》，http：//news. xinhuanet. com/info/2014 -07/30/c_ 133520245. htm，2014 年 7 月 30 日。

B.15

台湾的“十二年国教”及其评析

任怀鸣*

摘　要：作为台湾省近45年来最大的教育改革，“十二年国教”终于在2014年9月正式上路。然而，自政策宣布迄至实施后，争议始终不断。以第一年实施的结果看，四项较为核心的政策内涵，仅“自愿非强迫入学”透过立法完全落实，其余“普及”、“免学费”、“免试”皆呈现或多或少名不符实之现象。此一现象反映了执政者的矛盾思维与妥协性格。

关键词：台湾教育　“十二年国教”　教育改革　教育政策

一　前言

2014年8月15日，当2万多名参加第二次“高中职免试入学分发”的国中毕业生赴各录取高中职报到，“十二年国教”这个继1968年实行“九年国教”以来台湾最大的教育改革算是勉强完成着陆。8月初，当整个入学作业还没完全落定，执掌改革“兵符”的台湾“教育部部长”却遭阵前换将，但舆论的负面评价似乎已难挽回。台湾的第三大党“台湾团结联盟”在8月26日公布民调指“63.3%民众认为十二年国教实施失败”；尽管台湾“教育部”随后也发布民调指“逾八成高一新生及家长满意即将就读的学校”，但舆论似乎并不领情。

事实上，自马英九先生在2014年元旦文告中宣布“2014年全面实施十二年

---

* 任怀鸣，台湾省高雄市教师职业工会教育政策中心主任，高雄区2014学年度、2015学年度高级中等学校免试入学委员会委员。

国教”以来，此一改革方案即纷扰不断。知名学者投书台湾当局与“教育部”，质疑十二年国教之免试升学将葬送竞争力；继而引发后续一连串“菁英派”[①]人士“反十二年国教”的联署活动。此外，还包括地方官员反对“中央”请客、地方买单，要求“免学费排富”，以及后来针对入学技术的各种争议（例如：是否可以“先特后免”，是否可以“一试二用”，是否应该废除“志愿序”，以及对其他免试入学各种“超额比序”项目的质疑等等）。截至笔者完稿之际，即使台湾“教育部”早已宣布新年度的修正方案，这些质疑仍未完全消除。

究竟，台湾“十二年国教”实施第一年的实况如何？是否真如批评者指称为“一场骗局”？整个“十二年国教”政策的转折及未来的可能发展又将如何？此皆为本文探讨之重点。

二　第一年（2014学年）实施概况

2011 年 9 月 20 日，台湾当局核定《十二年国民基本教育实施计划》，描述了十二年国教的基本内涵。其中，后三年的高级中等教育才是此次“十二年国教”的政策重点；而其所指的七项“主要内涵”中，有四项较为核心：普及、自愿非强迫入学、免学费、免试为主。该计划对此四者的说明如下：

· 普及：针对 15 岁以上之学生，提供均等之教育机会。

· 自愿非强迫入学：本阶段将提供足够且多元就学机会，但尊重学生与家长的教育选择及参与权，不强迫入学。

· 免学费：本阶段将免纳学费，但仍须缴纳杂费、代收代付费及代办费。

· 免试为主：本阶段国中毕业生七成五以上将采免入学测验方式升入高级中等学校（高中、高职或五专[②]），但主管教育行政机关得保留招生区内少部分名额，以供学校采取特色招生方式，经考试分发入学（采取学科测验）或甄选入学（采取术科测验）。

然而，第一年的实际状况如何呢？分析如下。

---

① “菁英派”系主张“让升学率高的所谓‘明星高中’以考试成绩筛选学生入学”的人士。

② 五年制专科学校。五专生，是指应届初中毕业生直接考入高等学校，接受学制五年的大学专科教育。

（一）普及

2014年8月14日，台湾“教育部”发布之实时新闻《15个就学区已公告第二次免试入学学生录取结果》指出：“2014年各高级中等学校提供近31万招生名额，第二次免试入学办理完竣后，尚有5万962名缺额。”显示高中职之入学机会大幅供过于求；若对照今年的中学应届毕业生人数，也确实如此①。

然而，此是否即代表“就学机会之普及”实有讨论空间。例如，研究显示，台湾省各县市“境内高中职招生容量”能够满足“本县市内国中毕业生”的比率（就学机会率），仍存在巨大的城乡差距；以致许多学生必须跨县市就学。其实，即使同一县市，都会区与偏乡之就学机会也不平均。此外，公立学校与私立学校之收费（虽有“免学费”政策，但并非全面免费，详后）与质量亦普遍存在差距，而此前私立高中职之学生数仍占约四成五。虽然今年情况如何，仍有待官方数据呈现；但“城乡差距”与“公私立差距”的情况，相信并未消除。

（二）自愿非强迫入学

为因应“十二年国教”的实施，台湾省于2013年6月27日三读通过“高级中等教育法”（整合原有之“高级中学法”及“职业学校法”），将“自愿入学”之高级中等教育，与“强迫入学”的九年国民教育作一区分。换言之，“高级中等教育的入学”从此被定义为台湾省民众的权利，而非法定义务；而适用于九年国民教育的《强迫入学条例》，则因此得以排除高级中等教育阶段的适用。

（三）免学费

由台湾“教育部”今年初的对外说明可知，2014学年度实施的“免学费”政策，其实并非全面适用。其中，就读高职（含五专前三年）的一年级新生，不论公私立，一律免学费；而就读高中者（亦不论公私立），则必须是家庭年

① 台湾省官方尚未公布2014年的全台国中毕业生人数，但估计接近28万人。

所得在新台币148万元以下之学生，才得以免学费。至于家庭年所得在新台币148万元以上者，公立高中学生无补助，私立高中学生则提供每人每学期约新台币5000～6000元之定额补助。至于在学的高三、高二学生，则维持现行的规定：符合补助条件者，“就读高职免学费”及“就读私立高中学费比照公立”，但补助条件由家庭年所得114万元提高至148万元。

（四）免试为主

自2014学年度起，台湾省后期中等教育原有的多元入学方式将整合为“免试入学”及“特色招生”两种管道；其中，七成五以上国中毕业生以免试入学，但各招生区得保留小比率的入学名额采取特色招生（见图1）。因此，在新制定的“高级中等教育法”及修订后的“专科学校法”当中，皆有“以免试入学为主”的规定。

其实，“免试入学”又细分为三种管道，最大宗为“各就学区之申请分发”①，另二者为“校内直升”及“免试单独招生”，前者系针对高中附设国中部之应届毕业生，后者则针对少数技术型及单科型高中职有特殊招生需要者。

而免试入学的名额，“高级中等教育法”亦有规定，包括：①各就学区免试入学总名额应占核定招生总名额75%以上。②各校提供免试入学名额比率，不得低于该校核定招生总名额之25%。③各高中所开之“直升名额”比率，国立不得高于国中毕业生之35%，私立不得高于核定招生总名额之60%。

至于“特色招生”，则有“术科甄选入学”及“学科考试分发入学”两种形式。除了招生名额限制外，“高级中等教育法”对“特色招生”尚有其他限制：①学校须拟具计划报主管机关核定方得招生，而主管机关应逐校逐班审

---

① 依《高级中等学校多元入学招生办法》，就学区系指“直辖市、县（市）主管机关以该直辖市、县（市）个别或联合之行政辖区为范围所划定，并经中央主管机关核定，供该区域之国中学生选择免试入学，或核定该区域之学校办理特色招生”。其中，高中职共分为15个免试就学区：基北区（新北市、台北市、基隆市）、桃连区（桃园县、连江县）、竹苗区（新竹市、新竹县、苗栗县）、中投区（台中市、南投县）、嘉义区（嘉义市、嘉义县）、台南区（台南市）、高雄区（高雄市）、彰化区（彰化县）、云林区（云林县）、屏东区（屏东县）、台东区（台东县）、花莲区（花莲县）、宜兰区（宜兰县）、澎湖区（澎湖县）、金门区（金门县）。

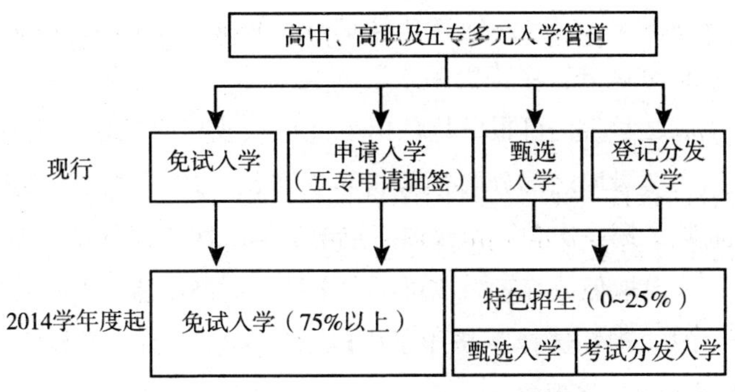

图1　后期中等教育入学管道改变情形示意

核，并公告核定理由。②学科考试分发之特色招生，须于免试入学后办理。③免试入学未招满之名额，不得移至特色招生。

此外，有两个关于免试入学之制度——“超额比序”及“二次免试分发”，也值得特别说明。

“超额比序”系指某校申请人数超过招生名额时所使用之一套录取规则。为此，“教育部”订有《高级中等学校免试入学作业要点订定及报备查原则》及《十二年国民基本教育免试入学超额比序“多元学习表现”采计原则》；根据规定，超额比序项目可包括“志愿序”、“就近入学”、“扶助弱势”、“学生毕（结）业资格”、“均衡学习”、“适性辅导”、“多元学习表现”、“技艺优良”以及“国中教育会考”等9个主项目；其中“多元学习表现”可包括“奖惩”、“品德”、“体适能”、“服务学习”、“干部”、“竞赛”、“社团”及“技职检定”等8个分项目，“国中教育会考”则采计“国文”、“英语”、“数学”、“自然”及“社会”共5个科目作为分项目。此外，对于各种比序项目之采计方式也都各有规定；对于“国中教育会考”，甚至规定不得列为唯一项目，且不得超过比序总分之三分之一。但由于“教育部”允许各就学区自订比序项目及比重；因此，实际上，此15个就学区之比序规则皆不相同。但此15个就学区却也都将“国中教育会考”纳入比序项目①；因此，“免试”之说完全名不符实。

① 台湾省“教育部”国民及学前教育署：《十二年国民基本教育倡导手册～PART2 入学篇》，http：//12basic. edu. tw/temp/brochure3. pdf，2011 年。

至于“二次免试分发”，则旨在处理特色招生所造成的“免试缺额”问题：由于“学科考试分发之特色招生”于免试入学后办理，而第一次免试入学分发后，录取之学生仍可报考特色招生（但须放弃原录取学校）；于是，原于第一次免试入学录取之部分名额势将再次出缺，遂有“二次免试分发”之制度设计。而除了第一次免试未录取者可申请第二次免试分发，那些参加特色招生未录取，或录取但放弃者，也可再次申请。此制度造成了一种非预期的后果：高分学生的“理性选择”挤压了中段学生录取“前段学校”的机会，造成所谓“高分低就”之现象。

最后，让我们看一下各种入学管道之实际招生状况。以目前所获得的资料看来，2014 学年“免试入学”提供之招生名额确实占了大多数。高中职各种免试入学之管道（各就学区免试分发 + 校内直升 + 免试独招 + 实用技能班 + 建教合作班），合计招生名额近 30 万（298838）；若再加计五专之免试入学名额（19980），总数高达约 32 万（318818）。而“特色招生”提供之招生名额则相对较少，高中职两种特色招生之管道（甄选入学 + 考试分发入学），合计招生名额不过 24840 人；即使加计五专之两种特色招生名额，亦仅 25377 人（见表 1）。

故以招生名额而言，免试入学的比率 92.3%（不含五专）或 92.6%（含五专），已远超过政策要求之 75%；而实际以“免试管道”入学的学生人数比率，目前虽无准确数据，但估计也约占全部入学人数的九成。

表 1　台湾“十二年国教”2014 学年主要招生管道招生状况一览

招生管道	招生名额 Q 录取人数 A 最终报到人数 E	入学方式
高中职免试入学 1 （各就学区免试分发）	Q:252846 A:第一次 211171（报名人数 227628，录取率 92.77%） 第二次 26045（报名人数 26442，录取率 98.51%） E:第一次 157148（报到率 74.42%） 第二次 24324（报到率 93.39%）	·全台分 15 个就学区，由就学区内之教育主管依规定组成免试入学招生委员会，进行统一分发作业 ·学生于就学区内之高中职填报志愿，学生报名人数未超过学校核定招生名额者，全额录取；超过者，依该就学区所订“超额比序项目”进行比序（各区比序项目数及各项比重不同），积分高者优先分发

续表

招生管道	招生名额 Q 录取人数 A 最终报到人数 E	入学方式
高中职免试入学 2 (校内直升 + 免试独招)	Q:18731 A:不明 E:不明	·“校内直升”及“免试独招”皆由个别学校自行办理 ·仍依该就学区所订“超额比序项目”进行比序,积分高者优先录取
高中职免试入学 3 (实用技能班)	Q:21839 A:不明 E:不明	·分别于全台 15 个就学区,成立 12 个辅导分发作业小组办理分发;未设辅导分发作业小组之地区(台东县、澎湖县、金门县),由设有实用技能学程之学校依规定自行办理招生 ·免试入学,采志愿序分发,相同志愿报名人数未超过招生名额时,全额录取;报名人数超过招生名额,以曾选习国中技艺教育者为优先分发对象
高中职免试入学 4 (建教合作班)	Q:5422 A:不明 E:不明	·“教育部”所辖国立及私立学校 31 校之建教合作班各自成立招生委员会,自行招生 ·招生对象不受免试就学区规定之限制 ·建教合作班招生以免试为之,但为实习职场之适应,得办理面谈、口试、实作或由学校订定评选方式,并不得采计国中在校成绩
高中职特色招生 1 (甄选入学)	Q:9876 A:不明 E:不明	·全台 15 个就学区中之 14 个就学区(金门区未办理)分区办理包括“艺术才能班”、“体育班”、“科学班”及“职业类科”等四类班、科(各区不等) ·四类班、科之招生范围不同,例如,“艺术才能班”分北中南三区招生,学生仅能选择一区申请,并接受该区分发;“体育班”之招生范围则不受免试就学区限制,各校可跨区招生 ·以术科测验、实作测验、书面资料、面试或参采国中会考成绩等不同方式进行甄选

续表

招生管道	招生名额 Q 录取人数 A 最终报到人数 E	入学方式
高中职特色招生 2 （考试分发入学）	Q:14964 A:14881（报名人数 21466，录取率 69.32%） E:12639（报到率 84.93%）	·全台 15 个就学区中之 8 个就学区（基北区、桃连区、竹苗区、中投区、彰化区、嘉义区、台南区、高雄区）分区办理 ·考生可以跨区考试，但仅能选择一区报考，并接受该区分发 ·除嘉义区自行命题，各就学区皆采用台湾师范大学心理与教育测验研究发展中心编制之“2014 学年度高级中等学校特色招生考试分发入学测验”（包括：国文一—阅读理解、国文二—语文表达、英语、数学、社会、自然等 5 科 6 个测验），并按招生学校班别订定之采计科目加权方式计算总成绩，再以各考生选填之志愿序分发
五专免试入学	Q:19980 A:不明 E:不明	·全台一区，并设北、中、南 3 个招生委员会，学生不限原就读国中地点，皆可向北、中、南区联合免试入学招生委员会报名，各区限择一所五专提出申请 ·各招生学校皆采“现场登记分发报到”录取，报名人数未超过招生名额，则可全额录取；若超过招生名额，则依“超额比序项目”进行比序，积分高者优先分发
五专“七年一贯制”甄选入学	Q:297 A:不明 E:不明	·由个别学校办理单独招生，并自行办理“专长术科测验”作为入学成绩依据
五专特色招生考试分发入学	Q:240 A:不明 E:不明	·全台一区，每位考生限择一所五专招生学校提出申请 ·各招生学校分别依报名考生之“2014 学年度高级中等学校特色招生考试分发入学测验”总成绩高低排定分发顺序，采取“考生现场登记分发报到”，成绩较高者优先分发

资料来源：台湾省“教育部”《2014 学年度高级中等学校适性入学制度报告》，2014 年 9 月 4 日。

三　未来展望

为了平息民怨，也为了压制争议，台湾省“教育部”在2014年8月30日，火速宣布新年度（2015学年）的十二年国教修正方案。其中较重要的修正项目为：第一，将“先一免，后特招，再二免”的流程改为“免试入学、特色招生考试分发入学一次分发到位”。第二，特色招生考试分发入学，由各校单独或联合办理考试，“教育部”不再统一办理。第三，国中会考成绩作为超额比序项目时，增设“十级量尺分数”的所谓“备用性质之计分基准”。第四，志愿序作为超额比序项目时，要求皆以“群组计分”为原则，且高低分积分差异不宜过大。第五，免试入学之总名额，应占核定招生总名额80%以上；各校提供免试入学名额占核定招生名额比率，以达50%以上为原则。

对于此一修正方案，较值得观察的回应有三：第一，绝大部分县市政府都宣布2015年不再办理特色招生考试分发入学。第二，台北市政府宣布，2015学年国中会考成绩将直接采计“十级量尺分数”，公开唱反调。第三，“菁英派”再度动员反对“十二年国教”，主张“痛快走回头路”；甚至利用这次的地方公职人员选举，要求候选人联署。

对于后续的可能发展，笔者的初步判断如下：第一，2016年，“特色招生考试分发”的比例应会大幅减少；因此，类似2015年“中段学生录取‘前段学校’机会遭挤压”的情况应可消除。第二，对于台北市采计“十级量尺分数”的决定，台湾“教育部”至今坚持台北市“违法”，表示将与选后的新市府沟通；但因“菁英派”团体在本次地方选举前后持续施压，倾向改革的新任市长柯文哲会作何决定，尚待观察。至于“菁英派”动员反对“十二年国教”，预估影响有限，除了因为“教育机会均等”的理念具备民意基础外，也因为新的修正方案将减少类似今年的反弹。例如笔者担任“免试入学委员会委员”的高雄区，已确定2015学年度不办理“特色招生考试分发”，所谓“明星高中”的名额将全部提供免试入学；造成学生恐慌的“单一志愿序”，也已确定改为“群组志愿序”。

四 结语

如果以“免试”（或“减轻考试压力”）及“就学机会均等”作为检验政策成败的标准，则实施第一年的“十二年国教”的确是失败了；但若以“高分群学生分散至社区高中（而非集中到传统明星高中）”看，则第一年的“十二年国教”倒是达到了一定效果。

事实上，第一年的“十二年国教”走到这步田地，反映出的是执政者的矛盾思维与妥协性格。例如，2012 年 4 月，举办“十二年国民基本教育入学方式说明暨各方案执行展示记者会”时，马英九先生还以“群星争辉”的譬喻来阐述“提升非明星高中”和“减轻升学竞争”的理念；但落实在政策规划上，执政者却仍屈从明星高中维护其“考试取才”特权的压力，包括“允许特招的高名额比例”，包括“划分就学区时，舍‘小型学区’而就‘大型学区’，以利明星高中收括顶尖学生”等。而该用于“提升社区高中质量”或“提高偏乡就近入学机会”的经费，也因考量“免学费政策”的“选举利多”，被一再拖延。

或许正如曾负责“十二年国教”项目的台大教授林万亿所言，马政府的高层多出身菁英高中，因此，政策规划便难以摆脱菁英教育的思维；但由此也可以反证，台湾地区的公民社会（虽然仍须再进步及强化）毕竟是一股影响政策走向的力量。

作为民间教改人士，笔者对台湾省“十二年国教”的政策演变，也有一些亲身的参与：1989 年，台湾当局曾宣布将实施“十二年国教”，而笔者则于隔年担任“国会”助理，目的就是为了阻挡此一不成熟的政策。而 2007 年，执政者宣布将实施“十二年国教”时，笔者已是“民间推动十二年国教连线”的参与者；2008 年 3 月 1 日，还曾与各民间团体代表联袂拜会“总统”候选人马英九，劝说其纳入“十二年国教”。之后，当发现新政府将前政府的“十二年国教”计划束之高阁时，笔者参与筹办 2009 年 7 月 12 日的“我要十二年国教”大游行。25 年后的今天，“十二年国教”终于上路，但其形貌竟残破至此，却是始料未及！

B.16

燕京学堂与大学治理

蔺亚琼*

摘 要：北京大学设立燕京学堂，成为2014年教育界的一个重要事件。燕京学堂项目的设置是我国大学的行政权力随着资本大量涌入而得到强化的产物。“国际化”是大学行政权力建设世界一流大学的重要动力和措辞，燕京学堂的国际化直接涉及人文学科，国际化的倾向同人文学科的知识特征存在张力，因而引发了相关学者的强烈质疑。此外，围绕燕京学堂“中国学硕士”的争论体现出中国学科与专业设置的制度性捆绑。由于教学专业或项目的设置常常对应着单一的学科，因而诸如“东亚研究”的多学科领域在美国的大学可以顺利扩张，这并不能简单用作“中国学”在中国顺利制度化的合法理由。

关键词：燕京学堂 行政权力 国际化 学科 教学项目

燕京学堂的设立，可谓2014年知识界和高等教育界的一个重要事件。5月5日，北大校方正式宣布设立燕京学堂，燕京学堂项目是“具有国际视野的开放、高端的学术研究和人才培养计划”，是“一项植根于北大深厚的历史文化，利用北大人文、社科领域学科完备的优势，为来自海内外一流大学的学生开设的一年制‘中国学’硕士学位项目”。学堂以“中国主体性为基础的国际

* 蔺亚琼，华中科技大学教育科学研究院讲师，博士，主要研究方向为高等教育社会学、质性研究方法。

领导力养成”为培养原则，下设“哲学与宗教”、“历史与考古”、“文学与文化”、“经济与管理”、“法律与社会”、“公共政策与国际关系”六个方向的课程体系。课程主要以英文讲授。首批学生预计在2015年秋季入学，计划招收100人，其中35%为中国籍学生，65%为外籍，北大向入学者提供丰厚奖学金。燕京学堂师资将聘用部分北大教师，其余向全球公开招聘。学堂采用住宿式学院制度，将把北京大学静园六院作为学生住宿、教师办公用房，并开挖静园草坪地下建设教室。

消息一经公布，立即在北大师生中引起轩然大波，进而也引发媒体的关注。北大师生就“燕京学堂计划的决策程序”、“选址静园”、“燕京学堂的培养目标与学制年限”、“特殊待遇与教育公平”、“中国学的范畴问题”、“国际化”、“燕京学堂的命名问题”、“经费来源”等问题对项目进行质疑并积极与校方展开沟通。北京大学也举行燕京学堂咨询会同师生就相关问题进行沟通。重要的学者撰文参与讨论，《读书》、《南风窗》、《南方周末》等报刊也对燕京学堂进行了报道与讨论。围绕燕京学堂的讨论成为近些年来颇受学界内外关注的事件之一。它之所以引人注目，不仅因其发生在北大，更因为这一项目本身折射出大学治理的诸多趋势与矛盾而令人省思。本文就其中涉及的“行政权力”、“国际化”与“学科—教学项目的设置”三个问题做一简要讨论，以推进对“燕京学堂”个案与大学治理的研究。

一 大学行政权力与燕京学堂

客观地讲，北大募集到巨资筹建燕京学堂，本可以避免激起师生如此强烈之反对。当今大学早已是发挥多种功能的巨型大学，学校希望培养未来世界的领袖亦可理解。不过，暂且不谈围绕燕京学堂的诸多价值之争，单从技术的层面来讲的话，北大校方一度陷入窘境，就在于“话说太满”，格调太高，以“中国学”、“国际化”、“高端学术”、“文明主体性”等时下最时尚的话语来宣传燕京学堂，并且还以“静园”这一最具北大人文传统象征性的空间作为燕京学堂选址，导致“群情激奋”，余波至今未消。对于北大校方的高端定位，有学者认为北大校方“好心办坏事”，不过无论出自“好心”还是出于其他考虑，校方没有考虑学校师生可能的价值倾向与情感，没有对相关的制度规定和程序作全盘考虑，直接在“五四”北大校庆日之后宣布燕京学堂项目，这对于广大师生来说可谓“晴天惊雷”。在反对者看来，燕京学堂既无程序正义，也无价值正义。

师生们的质疑主要集中在“选址静园”、“决策的程序正义”以及“中国学学科设置”三方面。师生们向校方询问燕京学堂何时何地征求了何人的意见与看法，经费从何而来又将如何使用，为什么一定要选址静园等，校方语焉不详，千呼万唤也不见答案分晓。其中“选址静园”是最受反对的一点。北大学生自发组成“静园小组”，利用网络问卷向全校师生和校友展开调查，以程序正义的方式了解师生对于燕京学堂的看法。调查最终回收3082份有效问卷，其中反对燕京学堂项目者近半，为46.5%。所有受访者中，反对静园选址者近九成，为88.55%，反对理由主要在于燕京学堂选址于此将损害静园的公共性。①

学校选址静园，将燕京学堂的利益相关群体拓展至几乎所有的师生。在空间日渐逼仄的燕园内，静园是供燕园人驻足停留、休闲散步、于平日的浮躁与焦虑中享受片刻安宁与美好的公共空间。在许多学生看来，静园象征着学术殿堂，是高深学问符号化而成的实体建筑，在某种意义上代表了北大悠久的人文学科传统。静园所承载的闲散、淡泊和厚重，就是活在当下的历史。静园所承载的神圣与美好，同许多学生心底最深处的美好相关。然而，在校方看来，这里不过是一方可以用作宣传亮点的绝妙空间，在学校领导者看来，没有什么不可以进入资本兑换的逻辑，传统也好，师生倾注的情感和价值也罢，在行政官员的利益计算中，它们的厚重价值早已被层层剥落，最终化约为制造噱头和资本兑换的价值。无怪乎有师生抱怨北大“不是教师的北大，不是学生的北大，而是校领导的学校”。

校方为何如此“高调”？高调又如何成为可能？有人认为这是与清华苏世民学堂竞争之下的举措，但说到底，此种解释不过是隔靴搔痒，未能切中问题所在。燕京学堂所代表的“创新”之举，既不空前，也不会绝后，不过是行政系统主导大学建设中的又一个举措罢了。自20世纪90年代以来，借助于“创建一流大学”、“985”工程、“211”项目、大学和教师评估等举措，资源

① 静园小组：《争议何在：“燕京学堂”项目调查报告》，2014年12月2日。

大量流入高校，行政权力在大学治理中的控制力和影响力进一步增强，相比之下，学术权力、学生权力在高校治理中的比重并无增强，甚至在大学和科层化的趋势中进一步弱化。具体到燕京学堂项目，它产生的动力并不源于学者的科研实践，也不源于社会对“世界精英”的需求，而是学校层级的行政领导争取资源与占据“制高点”的产物。

燕京学堂展示出随着资本大量涌入，大学的行政权力也随之膨胀和扩大。经济资本给了行政系统施展控制和引导的工具，强化了行政权力，行政权力又进一步被资本的逻辑所控制。行政权力在与资本的循环与转化中，“好大喜功”、“好洋喜功”就成为行政系统的行事风格，因为这样才能被资本提供者所识别，进而进一步获得资本。来自市场、政治的力量进一步深入大学治理之中。

行政权力的强化以及长期以来缺乏按程序决议的传统，为北大校方公开高调宣传燕京学堂提供了制度性土壤。他们的目光主要投注于竞争者的手笔，着眼于这个世界的“政商精英”的生产机制，揣度资本提供者的偏好，至于“中国学”学科在学理上的尴尬、静园作为北大人文传统的象征性意义以及公共空间的重要性，这些可能激起反对的措辞并没有真进入决策者的认知世界。民意民情在决策者那里并不非常重要。校方预见到此举会引发不满，因而学校在技术层面颇有操作，学堂项目公布之前，没有大面积大范围的公开调查，只是有选择地在学校中层领导和教授那里征求意见。① 他们没有料到民众反应会如此之激烈（也许因为师生多年来面对行政决策的“沉默”造成了决策者的“错觉”），决策者坚信此举可为北大带来更多的利益，只要强调收益利好，就能化解可能的冲突，其决策过程“程序非正义”不过是我国大学权力构成中行政权力较强的又一出故事罢了。

二 “国际化”之殇

如果说燕京学堂项目决策过程中的程序非正义、选址静园触犯的价值正义激起了绝大多数师生的激烈反对，那么它所提倡通过国际化以引领高端学术、

① 陈平原：《假如我办燕京学堂》，《读书》2014 年第 9 期。

创建一流大学则在许多师生观念中具备合法性。“国际化”是目前高校治理中最精细化、最深入人心的治理术之一，也是行政权力延伸至学者治学与评估中的“正当”理由之一。

按说国际化的初衷是通过西方元素的引进来增强本土大学的实力；遗憾的是，一波又一波的国际化政策却逐渐培育出了“国际”与“本土”在大学治理中的二重对立。在此二重对立中，“国际化”代表着未来、希望和竞争力，而本土元素则在一轮轮改革和人才措施中被建构为“落后”、“保守”与“陈旧”，成为大学提高效率、增强竞争力的改造对象。“外来讲英文的和尚会念经”这种笼统性质的看法已溢出行政系统，成为许多人的“常识”。静园小组的调查也显示，支持燕京学堂者略高于50%，支持理由中“提升北大国际化水平”、“提升北大人文社科科研水平”两项理由分列第一和第三。① 在此种观念下，国际化已成为当今中国大学提升实力的不二法门。2003年，张维迎在北大力推人事制度改革，高调开启了人事制度改革，期望将美国模式引入中国大学的聘任制度之中，直接触动了广大教职工的核心利益，最终因教师群体的强烈反对而罢手。人事聘用制度转入暗处，但国际化大势仍在继续，终于在燕京学堂又上演了一出变奏曲。

与主流的国际化政策略有不同的是，燕京学堂将国际化的触角直接伸进最具本土性的知识领地，试图直插保存中国文化主体性的核心地带。燕京学堂关于国际化的溢美之词中，处处矮化着北大既有的人文知识界，这遇到了北大人文学者最强烈的抵抗与质疑。这种抵抗不仅仅是国际化是否利于学者考核与评估的利益问题，更重要的是，它与知识内在特征与理路存有较强的张力。

在国际化与本土化所构成的连续系统中，自然科学最靠近国际化一端，而对本体意义有更多追求的人文学科最接近本土化一极，社科领域位居中间，这种位置划分从根本上讲取决于知识的标准化程度，知识标准化程度越高的领域，使用数学、模型等抽象化符号的程度越深，中外知识的差异性越小，越容易以同样的标准来衡量。对这些领域的知识孰优孰劣，容易达成共识，对谁为中心也容易有明确共享的标准。故而，相比自然科学和社会科学，人文领域追求国际化的动力不强。人文领域的知识标准化程度低，学者个体或群体的观

① 静园小组：《争议何在：“燕京学堂”项目调查报告》，2014年12月2日。

念、生活时空的传统、思维方式都会影响到学术研究，并且学术探究的对象和具体问题也多同具体的历史空间相关。人文领域的评价难以达成共识，要考虑到具体时空、国别的差异。基于此，我们不难理解人文领域在国际化趋势中的位置，理解它为何成为对抗燕京学堂国际化的重要力量。

按照燕京学堂的设想，学堂从北大现有教师中联合聘任30人，从国内外公开招聘20人，并要求有国际顶尖访问学者20人，并为这些人提供高薪。聘请教师的一条标准是英文能力，既能开设英语课程，还需要发表英文文章。在校方看来，借燕京学堂的项目为文史哲院系注入新的资源，尤其在人文学科冷门边缘的境遇下，学者们岂有不乐之理？但在反对者看来，这分明是糖衣炮弹，学堂裹挟着的资金、教职名额越充裕，对人文领域的威胁也将越大。燕京学堂裹挟着金钱、教职和评价标准，长此以往，院系一层在多大程度上享有人权、财权？借着燕京学堂的推进，文史领域既有的评价标准亦难免让位于国际化的评价标准，学者将被置于国际化标尺的度量之下，其研究惯习将面临前所未有的否定与挑战。

中文、历史等领域的知识创造多以汉语为重，同社会科学和自然科学移植自西方不同，中国人文学科乃以西方学科取径重新理解古代传统，尽管今日之学术已大不同于近代转型之前，然而中国文化的主体性更多保存在人文领域。学者多以中文为学术语言，科研发表并不追求外文刊物，在一些分支领域，学术脉络中的核心问题和重要成果皆来自中国本土学界，西方国家在此领域并不居于明确的核心地位。从学术创作的要义而言，国外活跃的汉学家也需掌握汉语，汉语为其重要的工具语言，是相关学术研究的必要条件。另外，在所谓的“中国学”研究领域，日本也是重镇之一，北大文史哲一些领域的第二外语多为日语，许多师生能够阅读日语文献甚至进行交流，而燕京学堂打一手英语牌，并不符合既有传统。英语娴熟固然对学术有益，然而在中国人文领域英语则既非充分也非必要，一流学者的重要著作和文章绝大多数以汉语发表。

自改革开放以来，中国学术界开启重建，关涉中国中古的研究分支取得长足进步。在许多分支，顶尖学者的研究不仅缩小了同重要竞争者——日本和中国台湾学界——的差距，甚至有赶超之势。在北大这样一所位居中国尖端的大学，一些分支的成果已经不能说和西方国家有明显差距，这已成为人文领域许多学者的共识。[①] 如果说中国学界需要与世界接轨，也更多应处于平等的地位，不是取经，而是交流。对于以学术为志业的学者而言，学问承载着他们的理念与情感，是学者关怀与学品的凝结，也凝聚着学术界追求超越与被超越的价值诉求。如此一来，评价学者学术是一流还是二流，不仅涉及可量化的各种指标，它也关乎情感与价值。

在许多学者看来，燕京学堂华丽的宣传语矮化了中国的人文学术，大张旗鼓地引入英文学者以及高举国际化大旗之举，想当然且强行地将本土近些年的学术进展“抹杀”，人为将学术界的旗鼓相当制造为西强我弱的不平等，从这点来看，燕京学堂不仅触动了人文领域学者安身立命的家园，也对本土学术三十年的追赶和进展视而不见，刺痛了不少学者的学术情感，也同他们的研究惯习大相抵触。

在燕京学堂关于国际化的种种争论中，我们可以看到，北大人文学者并不盲目反对实质意义上的国际化，他们赞成通过多元的学术交流和融合，真正激发中国本土学术的推进。他们真正反对的是燕京学堂所体现出来的形式国际化，不考虑知识具体的特点和中国学术界的地位，想当然地以西方学术界为上并以“英文”来体现中国“主体性”的国际化。[②] 此种形式上的国际化是让北大的学术从制度和具体内容上都“全面主动”地融入西方国家尤其是美国所建立起来的学问框架。

中国现阶段的国际化，主要由国家和高校行政部门以完成任务和指标的方式来推进，以必然附带的英语、学术期刊与聘任机制来衡量与评价中国学术界，这种国际化粗糙笼统，忽略了具体学科领域在世界范围内的格局差异，忽略了具体知识的特征，实际上强化了世界学术界的既有规则与格局，将中国学术界更深层次地纳入西方学术界确立的秩序之中，无怪乎有学者认为这是“自我殖民”。燕京学堂项目将“国际化”的大旗插到北大人文领域的领地——这里恰是中国学术界知识逻辑最为强劲之地，也是中国最有可能成为世界汉学中心之地，它引发学者的强烈质疑也就不足为奇了。从 2003 年北大人

---

① 甘阳、刘小枫：《北大的文明定位与自我背叛——“燕京项目”应该废弃》，http://www.21ccom.net/articles/zgyj/gmht/article_20140725110038.html，2014 年 12 月 13 日。

② 李零、唐小峰等：《我们需要什么样的“中国学”》，《北京青年报》2014 年 7 月 4 日。

事制度改革到2014年的燕京学堂，中国大学创建一流大学的趋势日益以西方为基准，评价制度日趋单一。[①] 国际化是否真的利大于弊？国际化，究竟是来自大学内部教学与研究实践中的实质问题与困境，还是源于一些有资本、有影响的组织机构超前但刻意散布的时尚？这些问题值得反思。无论如何，我们可以看到，中国政府和大学行政系统愈来愈主动地参与到国际化之中，并以相关的话语和词汇为大学注入资本和实行引导/控制。

三 “学科”与“教学项目”的设置

燕京学堂争论的另一个重要焦点为“中国学”。根据校方的描述和宣称，“中国学”是一个由燕京学堂首创的“学科”，下设一年制硕士学位，将围绕学科内涵建设成为教学、科研、智库三位一体的办学机构。中国学下面包括六大分支领域，分别是哲学与宗教、历史与考古、文学与文化、经济与管理、法律与社会、公共政策与国际关系，是北京大学在发展交叉学科教学与科研实践上的又一重大举措。

针对校方的定位，反对者纷纷质疑，集中在以下几点：第一，根据中华人民共和国学位条例和学科设置的规定，大学目前只拥有设置二级学科的自主权，中国学作为二级学科，其归属的一级学科是什么？要被放在哪个门类之中？第二，中国学硕士学制只有一年，违反国家有关硕士学习年限为二到三年的规定。第三，中国学作为学科，其在学理上的合法性何在？如何处理其同相关文学、史学、哲学、经济学、社会学的差异？作为学科，它是否提出了新的研究问题、研究方法和特有的研究成果？

在遭遇有关学科合法性的质疑之后，学堂主办方及支持者以西方为比照，指出国际上有很多大学开设“中国学”硕士学位项目，并设有“中国学”或相关的“东亚学”系所、研究中心等，针对中国和亚洲问题开展系统性学习和研究（在此可见国际化之影响，向西方学习已成为中国许多办学政策和措施的“合法性”源泉之一）。

学堂举办者和支持者以“中国研究”或“东亚研究”在西方尤其是美国

---

① 李零、唐小峰等：《我们需要什么样的“中国学”》，《北京青年报》2014年7月4日。

大学的制度化为理据；而反对者则以中国学科和人才培养的种种制度规定作为质疑的理由。校方以“中国学”来指称“中国研究”并且将其定位为一个“学科”，其中有以“学”装饰“研究”的浮夸色彩，有人指出这或许有便于今后教育部审批学科点的实际考虑。暂且不谈论争双方的策略和利益性考量，它引出一个更深层次的制度性问题，即燕京学堂提供一年制的硕士项目，将教授一整套课程，这些课程修习完毕即可认为拿到文凭，而这一文凭为何一定要对应到某种学科？再进一步，跨学科/多学科的研究领域是否要成为一个学科？从双方的种种辩论和各自持有的理据而言，要更恰切地理解这些问题，就会涉及规制我国大学人才培养和学科设置最重要的一个制度：即各大学根据《学位授予和人才培养学科目录》（以下简称《学科目录》）进行学位点建设和文凭授予。这套制度的运行使得教学项目/专业与学科之间形成了一种对应关系，专业的设置遵循着一种“学科本位”。在美国，学生修习何种课程没有严格和强烈的学科导向，学校可以根据市场需求或其学科群的考虑而较为灵活地设计课程体系，本文将此称为教学项目/专业的“课程本位”。在中国，学科与教学项目的这种对应逻辑典型地体现于燕京学堂的争论之中。

自20世纪80年代以来，我国制定《学科目录》并据此进行学位点建设和院系设置。本科专业、硕士和博士学位点、学术期刊、实体性院系的设置等许多方面都同《学科目录》挂钩，资源沿着目录所确定的类别和等级分割而层层流动。在此制度下，“学科—教学项目”与实体性的学术组织之间呈现一种对应逻辑。实体性的学术组织（教研室、系、所）若想在大学中获取稳定地位且实现大规模扩张，它所依托的知识必须在《学科目录》中占有一席之地；一个知识领域需要被《学科目录》识别为一门学科，其学术组织才能实现长期稳定的发展。另外，这种对应逻辑也体现在“学科”与“教学项目”之间的对应关系上。在教学项目/专业设置的论证过程中，存在着非常强的“学科逻辑”。专业是学科的衍生品，在知识生产与传播的链条中居于下游。专业对应于学科，学科又在大学中对应某一个院系，通常而言，大学的院系都包含一个或一个以上的学科与专业。这一观念也同制度上的资源分配相互强化。在这种体制下，着眼于人才培养的专业或项目的灵活程度较低，超越学科而包含诸多领域课程的教学项目/专业难以具备合法性和长期、大规模的操作性。“中国学”所遭受的质疑不独因为燕京学堂激起的反对，它是交叉学科在中国制度化困境的典型案例（例如近些年的国学的学科化呼吁），在一个学科归属和分类性很强的制度下，如何发展交叉学科是一个需要在制度上厘清的问题。

燕京学堂作为特殊政策的产物，本有不必遵循“学科—教学项目/专业”与实体组织对应逻辑的可能，然而校方高调的学科定位将其推入舆论旋涡。尽管支持者以东亚研究在美国的发展作为燕京学堂的类比以建构合法性，但他们都鲜有指出中国和美国大学在学科和教学专业治理上的制度差异，都没有说明美国的这种制度化形式只是在教学项目的层次上，美国同行将“东亚研究”建构为一个学科的诉求很弱。美国体制中，教学项目/专业的设置并无根深蒂固的“学科本位”思维，因而，“中国研究”或“东亚研究”在美国体制下的顺利制度化，并不能直接作为“中国学”在中国成为学科的充分理由。

我国学科治理的僵化性及其造成学科和教学项目/专业设置制度的灵活性和弹性较弱，常为学界诟病。燕京学堂事件却为学界观察并进一步丰富对大学治理这套制度的认识提供了另一种可能和视角。

四　结语

燕京学堂可以被简单视为一个升级版的 MBA 项目，但它更可以成为学界透视当前大学治理的一枚棱镜。相关的争论和质疑，映射出中国大学办学存在的几个结构性问题，暴露了自 20 世纪 90 年代以来大学治理过程中长期积累的矛盾，并牵引出行政权力、资本和市场、传统与价值、教育公平、国际化、本土化、治学理念、学科与专业设置等事关大学治理的重要问题。

大学治理的过程中，学术争论本也正常，价值冲突亦难避免，燕京学堂的论争始末，向我们展示了大学治理中行政权力与学术权力的矛盾、国际化与本土化的矛盾，以及学科与专业设置制度长期培育出来的观念如何影响着多学科/跨学科领域的制度化。整个过程中行政系统决策程序正义的缺席、对传统与情感的无视，都展示出一个强化的行政权力在引导一流世界大学建设中的行事风格。

在舆论的重压之下，北大校方迫于师生的强烈反对和舆论关注，最终决定燕京学堂放弃选址静园，这可谓大学民主精神的一种彰显（笔者希望，行政权力与师生治校权力的协商可以成为大学治理的常态)。不过，我们还需看到，燕京学堂项目的招生宣传依然出现在了世界上其他大学的网页上，计划照旧进行，这让我们看到资本和权力的拥有者如何在大学中施加影响。我们也看到国际化这一不可抗拒的潮流，如何更好地、更适当地回应国际化，是需要反思与实践的问题。

B.17

教师教育改革探索与新挑战

宋萑 张博 王敬英 周深几*

摘　要： 进入21世纪后，师范院校、综合院校和中职（含中师）共同参与的教师教育体系初步建立，并涵盖从中专到研究生的四层次培养。与此同时，各类教师教育机构在多学制的教育模式、实践导向的课程设置、创新实践活动系统等方面展开多种探索。但这些改革探索仍然背负着沉重的枷锁，理论与实践脱节、能力培养不足等老问题依然存在，教师资格考试改革政策倒逼压力加重，使得教师教育的价值定位遭到根本性冲击，去专业化挑战明显。

关键词： 师范教育　教师教育

一　从师范教育走向教师教育的转型基本完成

1977年全国教育工作会议明确提出，要大力发展高师、中师、幼师等各级师范学校，扩大招生，提高教育质量，以便为教育战线不断补充合格的教师。① 1978年10月12日，教育部《关于加强和发展教师教育的意见》，提出要恢复和建立三级师范教育体系，恢复独立的教师教育制度。1999年3月16

---

* 宋萑，北京师范大学教师教育研究所副所长、副教授，教育部普通高校人文社会科学重点研究基地北京师范大学教师教育研究中心专职研究员；张博、王敬英、周深几是北京师范大学教师教育研究所硕士研究生。

① 《刘西尧同志在全国教育工作会议上的报告和总结》，参见何东昌《中华人民共和国重要教育文献（1976～1990）》，海南出版社，2003。

日，教育部《关于师范院校布局结构调整的几点意见》，明确提出了建立开放教师教育体系的思路，并提出我国由三级师范向两级师范进军的目标及具体举措。为此，各级师范院校开始探寻提高办学能力、增强竞争力的路径。

（一）传统师范院校的综合化

传统的师范院校是指新中国成立以来一直独立的教师教育机构。自20世纪90年代以来，传统的师范院校逐步走上综合化的道路。主要表现在以下三个方面：一是部属师范大学向综合性大学转变。自20世纪90年代以来，以华东师范大学、北京师范大学为首的6所部属师范大学设置了大量的非师范专业，使得传统的师范院校成为名副其实的综合性大学。但教师教育仍是这类大学重要的办学职能，也是体现其办学特色的重要方面。二是省属师范大学开办大量非师范专业。省属师范大学虽未明确改制为综合性院校，但在办学目标、专业设置等方面都作了实质性的改革，综合化倾向明显。三是专科师范院校的升格与综合化。20世纪80年代初，为提升自身办学质量，已经出现高师升格合并为综合性院校，中师升格为专科师范的现象。90年代以后，专科层次的师范院校有两个改革方向，一是与综合性院校合并升格为综合性学院与大学，二是部分地方师范院校合并了一些同类院校（主要是地方教育学院和师专），升格为本科院校。由师专、教育学院合并升格的院校还保留着专科的培养层次，但本科专业已经是主流。学校的培养目标仍以中小学教师为主，但在原来师范专业的基础上扩充了不少非师范专业。

（二）其他类型院校参与教师教育

首先是综合性大学开始参与教师培养。一类是师范类院校与非师范类院校合并升格之后的综合性大学，保留了原师范类院校的教师教育的职能；一类是传统意义上的综合性大学，通过成立教育学院或教育科学学院、建立师范学院或开设培养学科教师的专业等形式参与教师教育；还有的院校附带提出了培养教学人才或在教育机构从教等的任务，但并无教师教育的课程设置。其次是职业技术院校参与教师培养。一方面部分中等师范学校被合并或者改制成高职院校，这些高职院校就保留了原有的教师培养的功能，另一方面部分艺术类职业院校也设立教师教育专业，培养艺术类的教师。还有就是体艺类专业院校参与到教师培养，由于原先师范院校艺术类院系培养规模小，难以满足需求，一些体艺类院校为了扩大就业面，纷纷设立培养师资的专业。

（三）职前职后一体化的逐步确立

新中国成立后，我国建立了独立的教师教育体系。在这个体系中，教师培养与教师培训，自成系统，教师职前培养在师范院校中进行，职后培训在教育学院、教师进修学校中完成，彼此是孤立的关系。自20世纪90年代以来，我国在教师教育综合化浪潮下，独立的职前培养与职后培训的教师体系逐步走向职前职后一体化。其中，教育学院与师范院校进行合并，实现了机构上的一体化；教师教育与继续教育进行承接，实现了职能上的一体化。总体而言，从20世纪70、80年代至今，我国逐步从“教师教育”向“师范教育”发展，形成了职前职后一体化的现代教师教育新观念。从师范教育向教师教育的转型已基本完成。

二　多元开放的教师教育体系初具雏形

20世纪90年代末，我国的教师教育体系逐渐走向开放，已初步形成由师范院校与非师范院校共同参与的教师教育体系，并进一步表现出高质量性、公平性、开放性、灵活性等现代教师教育体系的发展特征和趋向。

（一）教师教育体系的多元开放

第一，多类院校参与教师培养。师范大学、综合性大学、师范学院、综合性学院、师范专科、中职（含中师）等6类，从大类上可划分为师范院校和非师范院校两类。如果将中职层次的培养规模计算在内，那么非师范院校的培养规模要大于师范院校，在毕业生数、招生数和在校学生数等各项指标上均高出师范院校约10个百分点（见图1）。但是，单就本专科层次师范生培养规模而言，师范院校要高于非师范院校，师范院校依旧是本专科层次师范生培养的主体（见图2）。从以上的数据可以看出，至今已形成以师范院校为主体、综合院校参与的教师教育体系。

第二，四层次教师培养。按照培养层次划分，我国当前的教师教育主要分

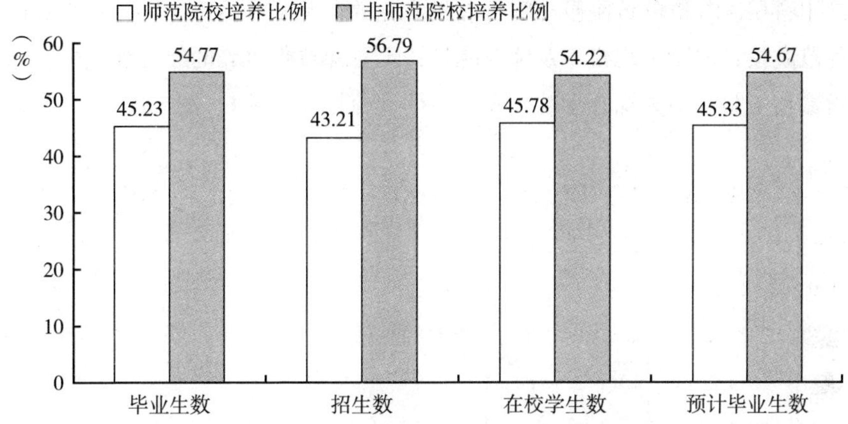

图 1 师范生培养比例情况（含中职）（2010 年）*

说明：本文中引用的数据主要来自教育部公布的统计数据，另有部分数据是引自朱旭东等主编《中国现代教师教育体系构建研究》，北京师范大学出版社，2014。

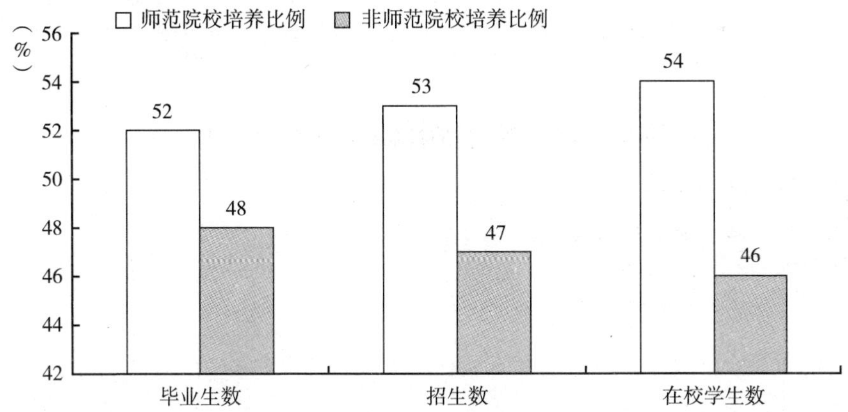

图 2 本专科层次师范生培养比例（2010 年）

为研究生（教育硕士和教育博士）、本科、专科和中职。从院校数量来看，参与研究生层次培养的开放的教师教育院校体系已经形成，其中师范大学的主体地位依旧突出。研究生层次的培养，“985”和“211”大学均占据一定比例；招生专业设置框架初步形成，但招生规模较小；院校区域分布不均衡，呈现出“东部集中、中西分散”的特征。

本科层次是以师范院校与综合院校为主的二元开放体系，综合院校数量超过师范院校，但学生规模不及师范院校；本科师范生培养的综合院校中，综合大学参与不足，地方综合学院是参与主体（见图3、图4、图5）。

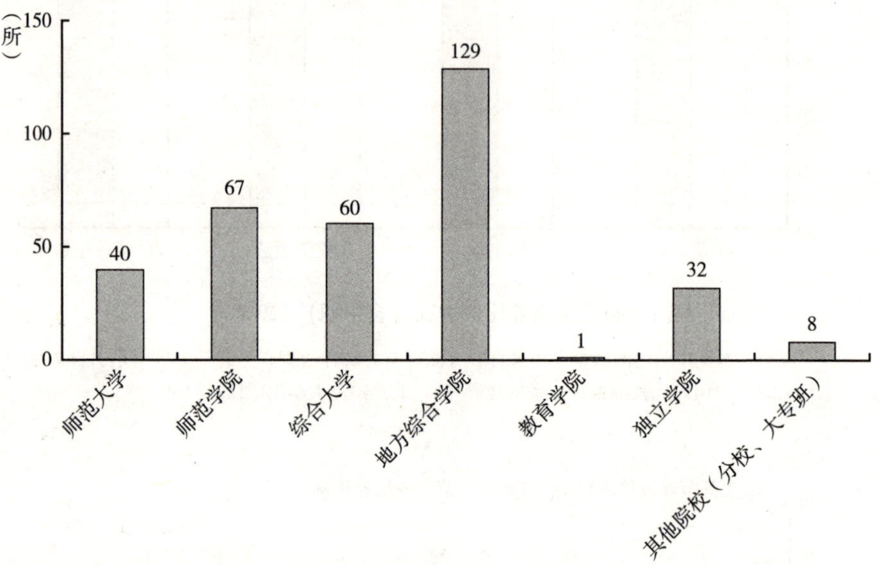

图3　培养本科层次师范生的教师教育院校数量（2010年）

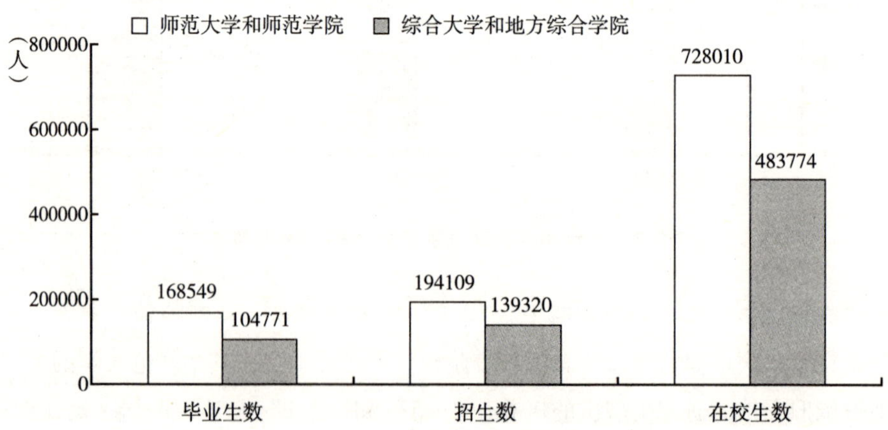

图4　师范类普通本科学生毕业生数、招生数和在校生数（2010年）

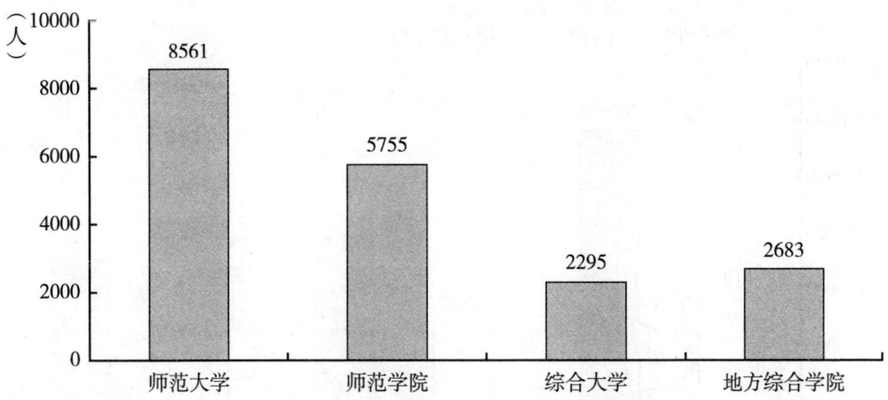

图 5　师范类普通本科学生在校生校均规模（2010 年）

专科层次是以师范院校、综合院校和职业院校为主体的三元开放体系。师范类普通专科学生的培养主体是师范专科学校、职业院校和师范学院，师范专科学校的主体地位更为突出；参与专科层次师范生培养的综合院校中，地方综合学院是主要组成部分（见图 6 和图 7）。

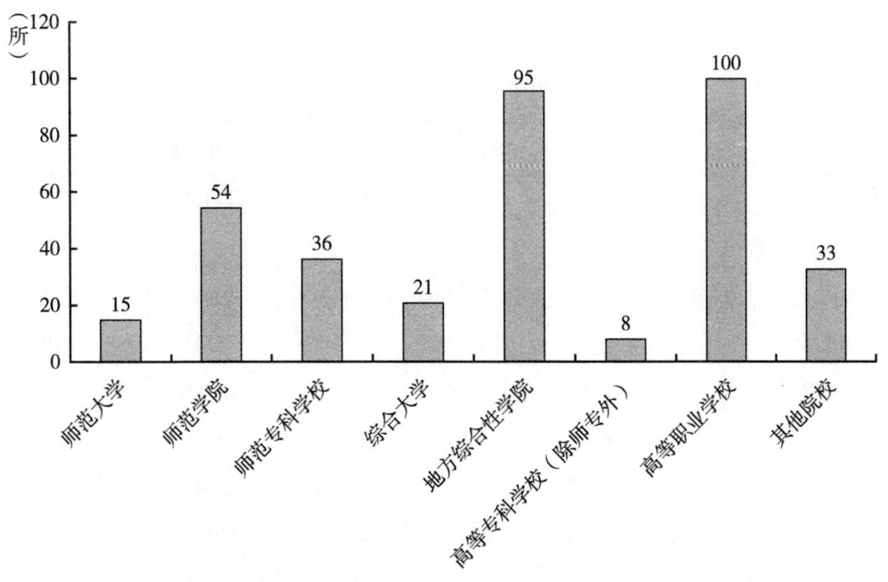

图 6　培养专科层次师范生的教师教育院校数量（2010 年）

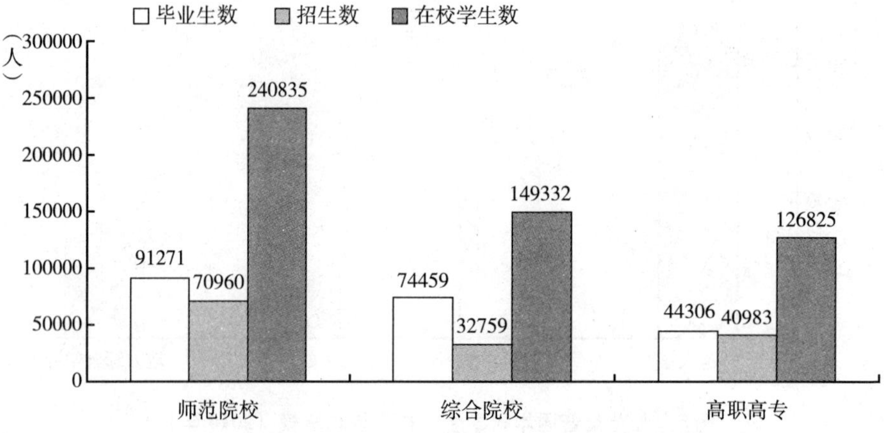

图 7　专科层次师范生毕业生数、招生数、在校学生数（2010 年）

中职层次的院校中，数量及其学生规模都比较大；中等师范学校比例偏低，非师范类的中职院校规模过大；职业高中和民办学校是中职层次师范生的培养主体（见表 1、图 8）。

表 1　2010 年师范类中职学生情况

学校类型	学校数量	毕业生数	招生数	在校学生数	预计毕业生数
中等师范学校	141	57371	87608	222413	58272
（其中：幼儿师范学校）	40	25401	35610	92411	26813
调整后中等职业学校	321	20666	39856	94214	23907
中等技术学校	223	16588	27855	67524	18710
成人中等专业学校	104	9557	10571	25865	8965
职业高中	876	51237	86369	211678	54128
其他机构（教学点）	269	36894	44812	124387	37562
民办学校	433	15684	28697	69354	18163
合　计	2367	207997	325768	815435	219707

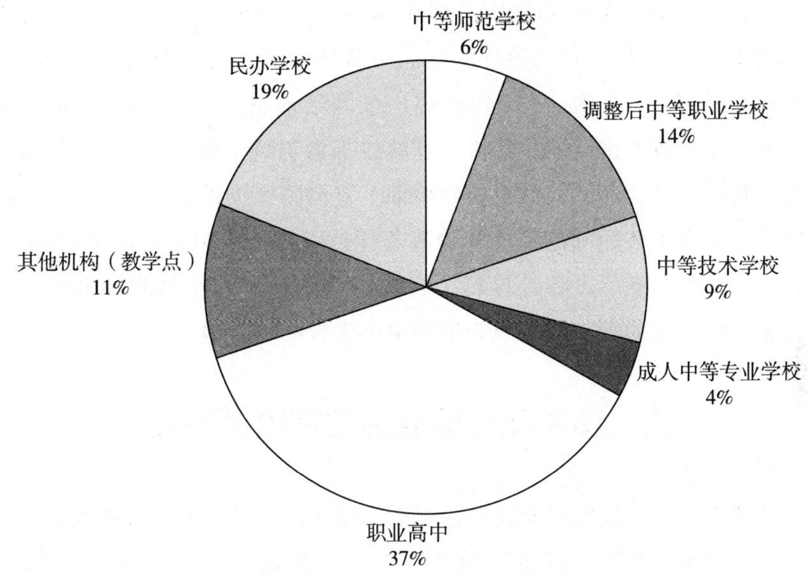

图 8　培养师范类中职学生的院校数量（2010 年）

（二）标准导向的教师教育管理

灵活开放的教师教育体系需要标准导向的教师教育管理体制，保障教师教育质量和层次，变过去的“包办把关”为“标准把关”。除了《教师法》、《教师资格条例》和《〈教师资格条例〉实施办法》等现行法律法规外，教师教育工作的法制化进程还体现在新出台《教师资格考试暂行办法》、《教师专业标准》、《教师教育课程标准》，以及着手研究和制定《教师教育条例》、《教师教育机构资质标准》、《教师教育质量标准》等新的规章。

（三）教师培训中师范院校主体地位凸显教师教育的一体化

自 20 世纪 90 年代中后期以来，我国开始致力于建立职前职后一体化的教师教育体系，要求因地制宜地推进市（地）教育学院与师范院校的合并，发挥师范院校的学科、师资、设备的优势，实现职前职后培养的有机结合，实现一体化的教师教育体系。

1999 年 1 月 13 日，教育部颁发《面向 21 世纪教育振兴行动计划》（以下

简称《计划》)，该计划明确提出巩固和完善中小学校长岗位培训和持证上岗制度。到2010年前后，具备条件的地区力争使小学和初中专任教师的学历分别提升到专科和本科层次。《计划》提出全国培训10万名中小学及职业学校骨干教师。在政策的推动下，各级师范院校都参与到了教师培训中。6所部属师范大学和一些综合性的大学承担着培训1万名国家级骨干教师的重任，而以省属师范大学为主体的师范院校和少数非师范院校，承担着培训10万名省级骨干教师的任务。随后，各地推行了自己的骨干教师和全员教师继续教育目标，省级和地市级的师范院校成为培训中小学教师的主力。

三　负重而行的教师教育改革探索

在教师教育参与院校多元化的情况下，院校的教师培养模式必须进行相应的改革。近年来，各级院校借鉴国外“大学+教育学院”的人才培养模式，吸纳国内部分大学率先开展教师教育模式改革试点，结合基础教育发展需求和院校实际，提出了不同层次的教师教育模式。

（一）教师教育模式的改革探索

第一，分段式的研究生层次教师教育模式改革。分段式教师教育培养模式的一般实施方式，是由师范院校各专业院系为准备成为教师的学生提供一般文化课程和专业课程，再由教育学院或教育系为其提供教育专业学科专业课程，考试合格的毕业生可获得教育硕士学位。我国一些重点师范大学，如北京师范大学等的“4+2”（4年本科+2年硕士）、上海师范大学的“3+3”（3年本科+3年硕士）、华东师范大学等的“4+1+2”（4年本科+1年中学实践+2年硕士），率先提出这种分段式、以培养研究型教师为目的的模式，引领了教师教育模式的改革。①

第二，继承中师传统的本专科层次教师教育模式改革。仅本科层次教师培养而言，学制并没有过多的变化，主要有“3+1”与“2+1+1”的方式。这两种方式主要是面向中学教师，而一些小学教师的培养模式则出现了一些有特

① 靳希斌：《教师教育模式研究》，北京师范大学出版社，2009。

色的变革。[①] 这些变革是对中师培养模式的继承。在许多地区，中等师范的教师培养机制依然得到较高的评价，一些地区小学教育的中坚力量大部分是中等师范出来的学生。因此，继承中师教师培养模式的本专科层次的培养模式是一种传承优点、结合实际的探索。例如，江苏南通师范的“五年一贯制”（五年制大学专科程度的小学教师培养）、广西壮族自治区的农村小学全科教师定向培养计划（高中毕业生学制为2年，初中毕业生学制为5年）、“5+2”模式（指在五年一贯制培养专科学历小学教师基础上，后两年由高师院校对师范生进行系统化学习和教学科研能力培养的培养模式，由苏州大学、徐州师范大学、江苏教育学院三所高校实施）。除了基于五年一贯制的教师培养模式外，有一些地区积极创新，提出如“七年一贯制”的初中起点、本科层次小学教师培养模式，例如烟台的“3+2+2”培养模式（3年学习高中年段课程+2年学习专业方向必修课程和部分教师教育理论课程+2年学习专业方向的先选课程、辅修课程）。

（二）教师教育课程的改革探索

第一，实践导向、突破“老三门”的教师教育课程设置改革探索。近年来，各师范院校不断提升教师教育课程模块的学分，丰富“老三门”——教育学、教育心理学、学科教材教法中的实践内容，开设“老三门”之外的其他必修课和选修课，使教师教育课程更加丰富、合理。例如，首都师范大学在“老三门”课程中加入一定比例的见习环节，学生可以通过中小学课堂观摩、基础教育课题研习、参加中小学名师讲座等形式获得学分。湖北师范学院开设众多特色课程和精品课程，有150个项目，以供学生选修，发展学生特长。[②] 总结起来，在教师教育理论课程设置上，师范院校已经开始注重师范生的技能培养，将师范生多样化、个性化的学习需求也逐步纳入课程设置的考虑范畴，并以实践为导向进行探索改革。

第二，在传统中完善创新的教师教育课程实践环节改革探索。近年来，各

① 管培俊、朱旭东：《中小学教师队伍质量建设研究》，北京师范大学出版社，2014。

② 齐建国、宋萑、张华军等：《农村教师培养与培训体系研究湖北调研报告》，北京师范大学，2014。

师范院校逐步完善传统的师范生实践模式。在全国范围内的不少地区，顶岗实习到目前为止仍是一种重要的实习模式。相较于传统的顶岗实习，现今一些师范院校开展的顶岗实习更具系统性。不仅传统的实践方式得到传承和改进，许多师范院校探索出一些实践新路子。师范生教学技能大赛是近年来各地方开展的一种师范生实践项目。

（三）教师教育政策的新动向

2014年习近平总书记同北京师范大学师生代表座谈时更是提出好老师的四个标准，并希望“找准教师教育中存在的主要问题，寻求深化教师教育改革的突破口和着力点，不断提高教师培养培训的质量”。为此，教育部全面启动实施卓越教师培养计划，并印发了《关于实施卓越教师培养计划的意见》（以下简称《意见》），旨在以实施卓越教师培养计划为抓手，推动师范院校深化教师培养的入口、课程、教学、实践、师资、质量评价等方面的综合改革。

《意见》颁布后，各地教师教育院校以申报改革项目为抓手，一方面总结提炼以往教师教育的优秀经验，一方面开展内部的教师教育改革探索，从而形成相应的卓越教师培养计划改革项目。教育部于2014年12月公布了80个卓越教师培养计划改革项目。事实上，从《意见》文本和各个教师教育院校所提交的改革项目来看，主要还是从教师教育内部入手，特别针对教师培养的课程。在当前高校（包括师范院校）中教师教育不断被边缘化的现实背景下，这些项目的作用可能比较有限。而对其他师资供过于求、区域性结构性师资短缺、中职与特殊教育师资培养缺乏、幼儿园教师培养中职化等问题，该《意见》很难做出回应。

（四）改革负重而行

第一，师范教育时代遗留问题与因改革而生的新问题并存。传统师范教育时代课程存在的问题依然没有得到解决，诸如课程结构趋同、课程内容较陈旧、课程分布失衡、缺乏主动适应基础教育的意识、教育专业课程有突出“能力”培养、学生主体地位缺失等问题依旧①。而在教育实践层面上，仍然

① 管培俊、朱旭东：《中小学教师队伍质量建设研究》，北京师范大学出版社，2014。

存在实践活动类型单一、教育实习经费不足、教育实习基地不稳定、组织管理松散等问题。与此同时，在教师教育的改革中也暴露出不少新问题：在教师教育模式探索上，不少院校的模式主要从学制来突破，如“4+2”与“4+1+2”两种模式，延长教育年限所多出的时间、精力和费用，是否能让学生广泛接受尚存疑问。并且，其中采取的“学科知识+教育知识”分段培养，容易导致这两种知识处于分离的平行状态①；而在实践课程方面，虽然不少院校都延长实践时间、丰富实践形式，但是由于没有处理好理论学习和中小学的实践体验间的关系②，容易造成理论课程的空心化、边缘化，甚至造成理论与实践的二元对立。

第二，政策驱动与政策角力的双重压力。从1993年《中国教育改革和发展纲要》的实施到1998年《中华人民共和国高等教育法》的颁布，包括教师教育在内的教育管理体制都逐步走向标准导向，办学自主权被进一步下放。但是中央和地方政府的政策对于教师教育机构仍然具有强大的导向作用，而政策之间的角力不可避免地给教师教育院校带来方向性疑问。而教育部近年所推动的教师资格考试改革，也对现在的教师教育院校产生了巨大影响。因为该政策要求师范生不再通过认定而自然获得教师资格，而是要通过考试才能获得资格证。为此，试点省份的不少教师教育院校都在调整培养课程，目标直指教师资格考试的内容，有的甚至连基本教育类、心理类的课程都不开设，专门为资格考试设课。其政策带有明显的考试导向和结果导向，虽然可能会倒逼教师教育院校改革，但也可能导致教师培养被进一步弱化，使得教师培养变成社会培训机构的任务。而2014年教育部所推动的卓越教师培养计划，又再次强调教师培养的重要性，对教师教育院校在课程、教学、实践和师资上提出新的要求，这一政策与教师资格考试改革政策之间的关系处理必然成为教师教育院校所面对的新问题。

四　结语

改革开放以来，我国教师教育经历了从恢复独立封闭师范教育体系，再走

① 管培俊、朱旭东：《中小学教师队伍质量建设研究》，北京师范大学出版社，2014。

② 王艳玲：《教师教育课程论》，华东师范大学出版社，2011。

向开放灵活的一体化教师教育体系的复杂历程。虽然历程波折，但对于教师教育体系存在的价值则没有动摇，无论从中央到地方，还是教师教育机构和广大中小学，都肯定和认可教师教育作为基础教育的“工作母机”的先决作用。

然而，进入21世纪之后，在教师教育体系走向开放灵活的过程中，出现一股对教师教育存在价值的质疑声音，一些学校校长认为来自“211”、“985”的综合性大学的毕业生比师范生更适合当老师，一些教育行政部门的管理者也认为只要有足够丰富的学科知识就能当好老师，教育专业的培养并不必要。细究其中，最大的危险在于对于教师专业性和教师教育专业性的无知。不同学者在对于“何为专业”的讨论中，都不约而同地提出：成为一门专业必须具有长期专业训练、专业伦理、专业知识和能力、资格准入等特征。资格准入只是其中一项，而且随着现代社会职业专门化程度提高，厨师、技师、美发师等都需要通过资格考试。因此，一旦将教师专业准入简单等同于资格考试，其结果就是教师的去专业化。

然而，教师的养成是需要长期的训练的，从法、德、美等发达国家的经验来看，长期的知识技能学习和实践课程都是教师培养的必需环节，而且也是申请参加正式教师资格考试的前提条件。习近平总书记在北京师范大学的讲话中提及好教师要有理想信念、道德情操、扎实学识和仁爱之心，其中只有扎实学识中部分内容是能够通过考试来检定的，而其他方面都是无法透过考试来考察的，而这些理想信念、道德情操、仁爱之心的养成正是需要通过长期的学习和实践才能得以实现。中国师范教育中一直有师范生养成教育的传统，很多师范院校也在教师培养中践行着，但是如若教师资格只需一张考卷、短时面试就能决定，那么这些传统将可能会慢慢被抛弃，而最终教师可能只是“经师”而非“人师”。

B.18
“超级中学”之辨

曾国华*

摘　要：以“规模超大、管理超严、训练超强、考试超频、尖子生超多、升学率超高、‘北清率’超高”为基本特征的“超级中学”在2014年再次成为焦点。本文对“超级中学”毁誉之争进行评述。从历史和现实的角度，分析“超级中学”形成的原因，并就改变传统的考试评价制度、纠正地方政府升学率至上的错误教育政绩观、规范“超级中学”办学行为、适当控制办学规模等提出针对性的治理策略。

关键词：超级中学　教育生态　教育政绩观　规范办学行为

近几年来，“超级中学”现象取代“县一中”现象，成为教育话题“新宠”。“规模超大、管理超严、训练超强、考试超频、尖子生超多、升学率超高、‘北清率’① 超高”，这样的基本特征让“超级中学”拥有天然的“吐槽点”，也有实然的拥趸。

2014年，关于“超级中学”的大规模讨论，肇始于《中国青年报》一篇被公众误认是新闻报道的评论文章。爬梳这些不同的声音，分析“超级中学”形成的机理，有助于我们拨开遮蔽于“超级中学”之上的迷雾，撕掉贴于其身上的种种标签，找到真正有效的治理之路。

* 曾国华，《中小学管理》编辑，主要关注教育公平、学校变革等。

① “北清率”，指北大、清华录取率。

一　争议“超级中学”

（一）批评者说：衡水中学破坏教育生态

在《中国青年报》这篇题为《衡水中学到底哪里不正常》的文章中，作者认为，“超级中学”的标杆——河北衡水中学用“胡萝卜”（“洗脑”般的“激情教育”）加“大棒”（违纪必罚）的方式，迫使绝大多数学生进入一种集体无意识状态，“万念归一”为高考“浴血奋战”，向学生和教育界传递一种有害的“成功学”：为了达到目的（高考大捷），可以不择手段，可以牺牲其他。①

此文引发很大反响。一些评论者从多方面对衡水中学这类“超级中学”展开批评，目标主要指向“超级中学”对外破坏教育生态和对内实行准军事化管理。“超级中学”违反规定跨地区、超计划招生，对尖子生的吸收近乎掠夺，在各地引发生源抢夺战。在内部管理方面，学校往往实行准军事化的“无死角管理”，如衡水中学从早上5点半到晚上10点10分，将学生的时间安排具体到分钟，成绩、德行、卫生全部纳入“量化管理”，“不能退步，不能生病，不能顶撞，不能心情不好，不能慢……”一位衡水中学毕业生回忆那段被量化的青春岁月的文字在网上广为流传。

其实早在“超级中学”兴起之时，就有学者质疑：学校巨型化，必然导致学校组织的科层化，弱化教育性特征。效率是学校管理的“元价值”，人成了效率的工具，学校的育人功能被行政功能、经济功能所淹没。巨型学校容易出现过度负债经营、组织形态臃肿等问题，同时导致新的学校发展不均衡，加剧了一般学校的生存危机。②

在这些批评声中，教育学者杨东平总结的“超级中学”五宗罪尤为引人瞩目。他认为，“超级中学”为人诟病，一是因为对基层的优秀教师、高分学生层层掐尖，导致区域教育“水土流失”，破坏区域教育生态；二是损害教育

---

① 李斌：《衡水中学到底哪里不正常》，《中国青年报》2014年10月23日。

② 张新平：《质疑巨型学校》，《中国教育报》2006年10月30日。

公平，降低农村学生获得优质教育资源的机会；三是助长应试教育和升学率评价；四是收取高额择校费；五是大班大校有教育隐患。[①]

中青舆情监测室通过监测的舆情信息分析认为，七成网友不认可衡水中学模式，认为其通过封闭管理和量化考核的手段，已经成为一座"高考工厂"。[②]

（二）支持者言：衡水中学做到了"平凡的极致"

尽管舆论对"超级中学"多持批判态度，但"超级中学"亦不缺为其叫屈者、"虔诚的拥趸"和追捧者。

数次考察衡水中学的江苏省教育学会副会长叶水涛曾撰长文，对批评衡水中学的观点一一作了回应。建校于1951年的衡水中学既非出身名门，也没有悠久历史和深厚底蕴。直到20世纪90年代，依然默默无闻。学校管理十分混乱，教学也是一团糟。[③]

但在20世纪90年代末，衡水中学异军突起，渐渐发展为"超级中学"。"它的脱颖而出，绝不是金钱的奇迹、政策的庇佑……衡中的腾飞，起码是一个由屌丝到土豪的励志故事，而不是灰姑娘遇到王子的童话故事。"叶水涛认为，衡水中学的高考奇迹，不完全靠"掐尖"，"当年名不见经传时怎么能掐到尖呢?"现在有能力"掐尖"，那么"其他能'掐尖'的学校何以没有创造出如此奇迹呢?"他认为学校的管理、教师的教育引导也在其中起了很大作用。对于衡水中学精确到分钟的时间表和准军事化管理，叶水涛认为，中学生自觉程度不高，自控能力不强，时间观念不明确，学校要帮助和指导学生安排好时间，培养学生的时间观念和自控能力，精细化管理时间并没有什么不妥。但他也坦陈，要研究"让衡水中学的时间管理变得更为有效，更为人性化"。[④]

也有人认为，舆论过于强调"育人功能"，而有意轻视或无视现实层面的"筛选功能"，其对学校单向度的责难并不公平。[⑤]"衡中模式是基层教育为了

---

① 杨东平：《"超级中学"的五宗罪》，《新京报》2012年3月24日。

② 李剑平：《七成网友不认可衡中模式》，《中国青年报》2015年1月5日。

③ 雷磊、藏瑾：《衡水中学的"封神"之路》，《南方周末》2013年10月10日。

④ 叶水涛：《平凡的极致：浪尖上的衡水中学》，《华夏教师》2014年第9期。

⑤ 李涛：《单向度责难"超级中学"有失公允》，《中国教育报》2014年10月30日。

应对高考挑战被迫采取的措施，正所谓楚王好细腰，宫中多饿死，不追责楚王的爱好，只批评宫女谄媚，有避重就轻的嫌疑。”①

（三）学生观点：比较认同衡水中学严苛的制度

在2014年的这场讨论中，除了一些倾向性较强的媒体的选择性报道外，学生的声音并不多见。北京大学2010级社会学系本科生智楠在郑也夫教授指导下写就的《学生眼中的“衡水模式”》一文，给我们提供了较为客观的学生观点。②

受访的衡水中学毕业生都表示，衡水中学的制度确实十分严格，甚至可以用严苛来形容，也确实类似于军事化管理。但是与外界报道不同的是，他们内心其实都比较认同这种制度，有的甚至可以说非常认同。有学生说：“其实衡中教给我们的东西不是具体的知识，而是一种抗压能力。所以现在我遇到一些事都觉得没什么，但是我舍友就会觉得好多事情都扛不下来，我觉得这也是衡中给我带来的最大的收获吧。”

在作者看来，衡水中学给学生带来的成就感是学生从心底认同严苛制度的基础。但是在没有得到一个明确的结果之前，可能每个学生都会对这种制度存疑——它是否真的可以帮助我实现自己的目标？我这样“虐待”自己是否真的有用？我为什么不能让自己的生活过得好一点？也有学生想过要去挑战它，但因代价太大，最终还是放弃了。她清楚地知道自己来衡水中学的目的，她并不想因为挑战权威一时的快感而失去学习的时间。这也是大多数衡水中学学生的选择。在抗争与认同面前，他们选择了认同。与其拿自己的前程开玩笑，倒不如认同“衡水模式”，至少它能给你一个还算不错的结果。也有学生对此持不同看法，他说：“我觉得教育应该是一种‘化’的过程，它需要教会你许多准则，也需要教给你不单一的价值判断，但是衡中没有做到这一点。”

人们普遍的想象是：在一种高压的环境下，老师都是高高在上、打压学生的，学生很不喜欢老师。但结果是：受访学生无一例外地表达了对老师的理解。有一个学生说：“老师管我们很严不是他们主观想管，而是因为学校的制

① 魏勇：《衡水中学模式是对拔尖人才的伤害》，《大时代》2015年1月。

② 郑也夫：《科场现形记》，中信出版社，2013。

度很严，而且他们不是高高在上管着我们、压迫着我们，他们跟我们一样。我们每天早上5点半起，他们要比我们起得更早，他们要去操场上等着我们。我们晚上睡觉了，他们还不能睡，因为要查寝，然后每天批改作业，也要批改到很晚。其实他们比我们付出得更多。可以说，他们与我们是同甘共苦的，而且比我们付出得更多，所以师生关系反而是很融洽的。”①

作者认为，我们在褒贬“衡水模式”的时候，不能忽略学生对于这种制度的认同，不能忽视当下中国高考成绩对于学生的重要性。

（四）第三种声音：“衡中模式”利于中等生、后进生，不利于拔尖人才成长

显然，“超级中学”是一个复杂的复合体，不能只抽出一点，得出一个或只是正面或只是反面的简单结论。“世上的许多问题并没有唯一的正确答案，而是取决于一定的条件。我可以有我的答案、我的梦想、我的乌托邦和我关于‘大象’的经验，别人也可以有别人的答案、别人的梦想、别人的乌托邦和别人关于‘大象’的经验。”②

一名在应试教育中摸爬滚打了18年的一线教师认为，“衡中模式”对于一些缺乏克制力和毅力的中等生、后进生有较大的正面作用，这些孩子需要压力、需要标准、需要严格。这个正面作用不仅体现在分数的提高上，还体现在学生人格和个性的发展上。高度控制和精细化管理的“衡中模式”，是地方上大多数家长的共同向往。但高度统一、高度集体主义、要求全面发展的“衡中模式”会对拔尖人才造成伤害。③

那么，“衡中模式”是好的教育方式吗？对于这个问题，我们难以给出一个标准答案。“对于那些智力水平较低、好奇心较弱的孩子，这确实是一种好的教育方式。对于那些智力水平较高、好奇心较强的孩子，他们或许更适合于北京十一学校那种充分尊重学生个性、学生高度自治、宽松自由的教育方式。”④

---

① 郑也夫：《科场现形记》，中信出版社，2013。

② 谢小庆：《如何看待衡中模式》，《中国青年报》2014年12月4日。

③ 魏勇：《衡水中学模式是对拔尖人才的伤害》，《大时代》2015年1月。

④ 谢小庆：《如何看待衡中模式》，《中国青年报》2014年12月4日。

二 “超级中学”形成考

真理越辩越明。但关于衡水中学的讨论，争议双方对立情绪激烈，无论是隔空喊话还是面对面争辩，始终无法达成共识。支持衡水中学的一方，对批评、质疑有些恼羞成怒，甚至称要“打人耳光”。在现实中，地方上只有两类学校，一类是做成了“衡中模式”的学校，另一类是想做衡中而不得的学校。① 在多数地方，衡水中学是效仿的榜样，而非批评的对象，经济越落后的地方，“衡中模式”越有市场。云南衡水实验中学呈贡校区 2014 年底在昆明成立就是力证。“超级中学”问题多多，却依然受到追捧，这引发了舆论的担忧。

“超级中学”为何成为多地的主动选择，在全国遍地开花？探讨此问题，我们有必要将其放在中国教育现实的情境中，考察“超级中学”的生长路径。“超级中学”现象是多因素共谋的结果。有研究者认为，“主谋”就是地方政府和名校。学校巨型化问题日趋严重，“首因在于政府推动，次因在于名校逐利。”②

（一）政策要求

21 世纪初，为满足群众对优质教育资源的需求，我国开始大力发展普通高中。2001 年国务院《关于基础教育改革与发展的决定》提出了“十五”期间我国高中阶段的入学率达到 60% 的目标，“支持已经普及九年义务教育的中西部农村地区发展高中阶段教育”，要求“有步骤地在大中城市和经济发达地区普及高中阶段教育”。那些年，教育部的年度工作安排也将扩大普通高中规模作为重点工作之一。

教育部的这种工作取向促使不少地方纷纷将学校“做大做强”列入工作日程，推动规模办学。“以县为主”的教育投入体制确立后，一些地方政府尤其是县级政府借助教育布局调整来提高办学效益。“超级中学”的前身多是当

---

① 魏勇：《衡水中学模式是对拔尖人才的伤害》，《大时代》2015 年 1 月。

② 张新平：《巨型学校的成因、问题及治理》，《教育发展研究》2007 年第 1 期。

地的示范高中或"高升学率"学校，这些学校也就很自然地成为扩大规模的主要对象。①

但是，规模办学真是满足社会优质教育需求的有效措施吗？有学者认为，巨型学校和规模办学既不是满足优质教育需求的唯一方式，更不是最佳方式。②

（二）政府推动

对于一些地方政府而言，"超级中学"是一个窗口，其高升学率是一种政绩。因此，政府往往极力支持"超级中学"的发展。如衡水中学虽是薄弱校出身，但在声名鹊起后，当地政府对其多方支持，在衡水中学扩建时，市政府要求"在全市各级的共同努力下，把衡水中学的建设推上一个新台阶，把衡水中学打造成衡水对外开放的亮丽窗口"。③ 中国（海南）改革发展研究院院长迟福林认为，地方政府是"超级中学"现象的始作俑者。④

"超级中学"不仅关涉政府政绩，也有助于政府打造教育经济。"超级中学"对于地方财政、就业、房地产等方面的拉动效应明显。如在安徽六安市毛坦厂中学所在的毛坦厂镇，陪读的家长和学生超过两万人。这拉动了小镇交通、餐饮、商品流通等方面的发展。毛坦厂镇房租价格比相邻乡镇高出四五倍，仅学校方圆500米范围内，每年居民的房租收入就超过1000万元。⑤ 在江西抚州市临川区上顿渡镇，两所"超级中学"周边的房价直逼抚州市中心城区的房价，万余名外地学生和家长的到来也使得当地餐饮、住宿、交通和教辅等行业一路蹿红。但是，这一派红火的背后，是就学学生家庭的负担在成倍增加，有些学生家长甚至是负债让孩子在这里读书。⑥

---

① 汪明：《普通高中"超大规模"如何治理?》，《中国教育报》2014年3月25日。

② 张新平：《巨型学校的成因、问题及治理》，《教育发展研究》2007年第1期。

③ 杨柳：《记者采访河北衡水中学：学生称其如人间炼狱》，《人民日报》2013年7月18日。

④ 秦亚洲、傅永涛、朱薇、周蕊：《"超级中学"背后是扭曲的政绩观——代表委员热议教育资源分配严重失衡现象》，新华社2012年3月11日。

⑤ 柯进：《巨型高中成地方优质教育"寡头"？——中西部巨型中学发展现状调查报告》，《中国教育报》2014年1月2日。

⑥ 沈洋、凌军辉、秦亚洲：《谁是"超级中学"的幕后推手》，《科技日报》2013年9月10日。

（三）名校逐利

名校的逐利行为，在一定程度上加速了“超级中学”的形成和发展。不少地方名校对规模办学积极性很高，一个重要的驱力就是由此可以收取数额巨大的择校费、捐资助学费、赞助费等各种费用。一些“超级中学”的非“招生范围”的学生，不仅入学时要交数万甚至十万元左右的“入门费”，每年还要交数千元的高昂学费。因此有人称：“超级中学”的背后是“超级利益”。迟福林认为，一些“超级中学”正在变身为“超级企业”。很多“超级中学”一年的择校费已经超过大学四年的学费了。①

三　治理“超级中学”

针对不少地方存在的“超级中学”，教育部有关负责人曾明确表态，我国基础教育已进入促进公平、内涵发展、提高质量的新阶段，必须更加重视按教育规律办事，必须合理控制学校办学规模，必须尽快消除“超级学校”、“超大班额”现象。② 由此可见，相对于21世纪初扩大高中教育规模的要求，国家政策已然转向。但治理“超级中学”是一项系统工程，我们还要针对其形成的诸多因素，从制度、观念、政策和执行等多层面入手。

（一）改变传统的考试评价制度，探索新的扩大优质教育资源的方式

随着社会的发展和高考制度的改革，以分数为主导的应试教育方式将日益式微。《关于深化考试招生制度改革的实施意见》及配套方案相继发布，这为从根本上扭转唯考试成绩、唯升学率的考试评价方式创造了有利条件。教育行政部门应该改变教育绩效评价方式，摒弃以升学率为重要指标的学校评价方式，从根本上弱化政府对“超级中学”的推动力。

从根本上治理“超级中学”，需要重视老百姓对优质教育资源的需求，扩

---

① 沈洋、凌军辉、秦亚洲：《谁是“超级中学”的幕后推手》，《科技日报》2013年9月10日。

② 吴晶：《教育部：必须尽快消除“超级中学”》，《新华每日电讯》2013年9月7日。

大优质教育资源的供给与覆盖面，实现优质教育资源的开放与共享。一方面，要科学规划普通高中的规模布局。对于供给明显不足地区，需要改扩建、新建一批普通高中学校。另一方面，要积极探索扩大优质教育资源的多种方式。单纯依靠优质学校的规模扩张等，负面效应非常突出。①

北京市 2014 年的做法值得关注：用“增量推进，存量盘活”的方式，做大优质教育资源“蛋糕”；改变政府部门之间的封闭思维，放弃部门内部自上而下的单向改革，穿越多种边界，实现跨部门、跨领域之间的协同创新，解决服务方式的供给深度问题；大力推行基于移动互联的基本公共教育服务，通过平台、网络、终端等，把相应的教育资源和教育服务免费直接推到学生的手里；使用基于移动互联获得的大数据，把资源的流动方向和流动量记录下来，实施“精确打击”，以最少的资源，为学校和学生提供最佳的服务。

（二）规范“超级中学”办学行为，适当控制办学规模

规范“超级中学”的办学行为，必须进一步明确办学规模标准并严格执行，规范招生行为并严格执行招生计划，强化收费监督，斩断学校大规模扩张背后的经济利益链条。②

适当控制办学规模，用“校中校”的方式为“超级中学”消肿。学校规模过大，必然导致教育的异化。马晓强认为，将普通高中在校学生数平均控制在 1400 人左右较为合适。③ 教育部发布的《关于“十二五”期间加强学校基本建设规划的意见》要求，合理规划学校的服务半径和办学规模，普通高中原则上不超过 3000 人。这应当是高中学校办学规模的上限。

对于已经存在的“超级中学”，即使只考虑安全这一个因素，各地政府和教育主管部门也应尽快拿出一个控制“超级中学”规模的时间表和实施办法，有计划有步骤地、积极稳妥地解决学校规模超大的问题。在规范招生的基础上，我们可尝试运用美国学者古得莱得在《一个称作学校的地方》中所说的

① 汪明：《普通高中“超大规模”如何治理?》，《中国教育报》2014 年 3 月 25 日。

② 同上。

③ 马晓强：《关于我国普通高中教育办学规模的几个问题》，《教育与经济》2003 年第 3 期。

“校中校”形式，将“超级中学”分离为若干个类似于“家”的小学校，有效缩减学校规模。①

（三）重新认识高中教育，“超级中学”需主动转型

“超级中学”向人们提出了一系列教育学意义上的亟待深思的问题，其中最迫切的莫过于何谓学校这个问题——因为“超级中学”似乎越来越不像“学校”，而像从事批量生产的现代工厂。《国家中长期教育改革和发展规划纲要（2010－2020年）》指出：高中阶段教育应当注重培养学生自主学习、自强自立和适应社会的能力，克服“应试教育”倾向；推动普通高中多样化发展，推进培养模式多样化，满足不同潜质学生的发展需要。显然，“超级中学”的存在虽有一定的现实合理性，但不符合国家关于高中教育的要求，也不符合公众对于好学校的想象。“超级中学”需要主动转型，实现自我超越。

衡水中学等“超级中学”要主动变革，不仅存在现实利益的阻拦，还可能面临高考升学率突然下滑带来的压力，因此，“超级中学”转型需要“壮士断腕”的勇气和社会舆论的宽容。在当前情势下，“超级中学”起码可以在依法规范办学、师生时间管理更为弹性等方面做出改变，让学校更像学校，逐步从高考“牛校”，转型为真正令家长、同行尊敬的学校。

① 张新平：《巨型学校的成因、问题及治理》，《教育发展研究》2007年第1期。

教育调查与评价

Investigations and Comments

测量、研究、改革

——PISA 带给我们的思考

周 玲*

摘 要: PISA 是一项由 OECD 统筹的学生能力国际评估计划，主要针对 15 岁学生围绕阅读、数学、科学、创造性问题解决、财经等领域的能力素养进行评估。然而，对于 PISA 的关注和讨论需要从直接的能力测量、内在的教育研究和深化的教育改革等视角综合性地进行思考，以期辩证地认识 PISA 的积极作用和消极影响。

关键词: 测量 研究 改革 PISA

* 周玲，管理学博士，北京理工大学教育研究院副教授，主要研究领域为教育经济与管理、大学教师发展。

随着我国上海2009年、2012年连续两年在国际学生评估项目PISA测试中获得第一名，PISA热，以及由此所带来的围绕学生课业时间、素养能力、教育测量与评价、基础教育改革等热点话题所展开的讨论与研究，在不断地升温与发酵。而近来上海数学教辅书走出国门，更是直接起因于上海在PISA数学评估中的高分值。那么对于即将来临的PISA2015，我们又有哪些期盼与思索呢？

一 PISA基本情况

PISA（Programme for International Student Assessment）是国际学生评估项目的英文缩写，主要针对接近完成基础教育的15岁学生，围绕阅读、数学、科学、创造性问题解决、财经等领域的社会所需要的知识与技能素养进行评估。

PISA是由经济合作与发展组织（OECD）统筹的，由澳大利亚教育研究委员会、荷兰全国教育测量学会、美国教育测评服务机构、日本全国教育政策研究学会等机构共同组织运作[①]的国际学生评估项目。PISA每3年举行一次，第一次PISA评估于2000年举办。

PISA测试主要包括认知评估、能力评估和背景调查。其中认知评估和能力评估主要集中在3类素养：阅读、数学及科学。在每次评估中，有2/3的时间会对其中一类素养进行深入评估，对其他两类则进行综合评测。从2000～2006年，三次评估的重点依次是阅读素养、数学素养、科学素养，2009年开始第二个顺序循环。以这三类素养为基础，PISA也在不断调整测试评估的领域，例如在2003年的测试中，新增设了创造性问题解决能力（Creative Problem Solving）的测试项目，以评估学生综合解决现实生活问题的水平。2012年，新增设了财经素养（Financial Literacy）的评估。

我国教育部考试中心2006年引进并小范围启动了PISA测试研究项目，目的在于促进考试内容和形式的改革，特别是对命题环节的改进。我国香港和澳门地区参加了2003年PISA的测试。2009年，上海作为内地唯一代表单独申

① 赖小琴：《PISA评价：为成人生活做准备的素养指示器》，《比较教育研究》2006年第5期。

请参加 PISA 测试。从 2015 年开始，这项测试在国内的实施已经明确由我国教育部负责①。

二 基于测量的 PISA：测量领域的确立与拓展

PISA 的测量目标具有现实生活指向性，考查学生运用知识技能处理现实生活的挑战的能力，即学生运用在学校所学知识能够做什么，而不仅仅考察对学校课程的掌握程度。这也正是 PISA 不同于其他国际评价研究（如 TIMSS，国际科学与数学评测）之处。

PISA 的主要测量领域是阅读素养、数学素养和科学素养，之后又新增了创造性问题解决能力和财经素养。PISA 将“素养”定义为：学生运用所学知识和技能，有效进行分析、推理、交流，在各种情境中解决和解释问题的能力。每一个素养领域包含内容、过程、应用三个维度。② 阅读素养主要指理解、运用和反思文章的能力；数学素养指能识别、理解和从事数学工作，能对数学的角色作出充分判断；科学素养主要指运用科学知识、发现问题、得出有根据的结论，以便理解和帮助决策③；“创造性问题解决能力”指学生综合运用阅读、数学、科学领域所获得的知识，以解决生活中遇到的真实问题的能力④；财经素养主要指关于财经概念和风险的知识和理解力，以及运用这些知识和理解力的技能、动机和信心等。⑤

为什么 PISA 测试要集中在以上这些领域呢？这与 PISA 测试的“终身学习”动态模型有关。终身学习是由学习态度、学习时间、学习空间、学习能力、学习资源等不同层次的要素所构成的整体学习模式，其中终身学习能力是核心驱动力。应从小培养学生具有终身学习的能力，应能组织和规范自己

① 王蔚：《上海或将退出下次 PISA 测试》，《新民晚报》2014 年 3 月 7 日。

② 陈慧：《PISA 问题解决能力测评的研究》，上海师范大学硕士论文，2007。

③ 周琴：《PISA2003 对学生学业成绩的测评、分析及其启示》，《上海教育科研》2006 年第 9 期。

④ 王晞：《PISA：解决问题技能的界定与测评》，《上海教育科研》2006 年第 9 期。

⑤ 杨玉东、陆璟：《PISA2012 测试新领域：“财经素养”的动向和启示》，《上海教育科研》2012 年第 10 期。

的学习[①]。阅读、数学、科学是现代社会对公民素养的基本要求，学校教育开设了专门的课程进行这些领域的知识传授和技能培养。创造性问题解决能力是对前三个领域知识的综合，解决真实情境中的问题，重组学校教育中因学科分割造成的知识碎片。财经素养则是一个近年来越来越受到各国政府重视的领域。美国早在20世纪90年代就将财经素养教育视为公民教育的重要内容[②]，他们认为人们需要在一个越来越复杂的国内和国际经济环境下做出明智的经济决策，才可能规避金融风险，减少经济损失，获得经济幸福。而个人以及家庭所做的经济决策还会从根本上影响市场经济的健康运行。

可见，在终身学习理念和国家社会经济发展的引导下，随着现代科学技术水平的不断提高，各个国家和地区的公民为了生存所需具备的知识和技能正在不断地拓展。从基本的阅读、数学、科学，到问题解决能力和财经素养，也许不久的将来还会出现“合作能力”、“道德素养”，PISA测量领域的选择与拓展标示着国家对公民素养和劳动力竞争力的要求，也将学校教育与国家发展、社会进步更加紧密地联系起来。

三　基于研究的PISA：教育生产函数的视角

教育生产函数，就是把整个教育活动看作一个投入产出的过程，选定教育投入和教育产出，分析投入产出之间的关系。PISA除了对各类素养的评估测试外，还通过参加测试学生和学生所在学校校长的问卷调查收集与学生学习有关的背景信息。从对背景信息调查问卷的数据信息分析来看，这实际上是一项教育生产函数研究的调查问卷，其中考察阅读、数学、科学、问题解决能力、财经素养的是产出指标，而从社会、文化、经济以及教育因素等方面考查学生和学校的特征是投入指标[③]。这份调查问卷呈现出来的信息绝不比前面对素养能力的考察所获得的信息的重要性低。

---

① 周琴：《PISA2003对学生学业成绩的测评、分析及其启示》，《上海教育科研》2006年第9期。

② 阴祖宝、倪胜利：《PISA财经素养教育的美国实践及启示》，《上海教育科研》2013年第6期。

③ 王蕾、焦丽亚：《学生能力国际评价项目（PISA）简介》，《中国考试》2006年第9期。

从投入要素来看，PISA 主要从学生个体、家庭社会经济地位和学校投入三个层次来着手。在个体层面，PISA 历年的学生问卷都包含了有关学生学习时间的问题。2012 年 PISA 测试结果显示，虽然上海学生的平均校内课程时间与 OECD 各成员方的平均水平差距不大，但是上海学生的平均作业时间却远高于其他国家和地区。但超过合理的课业负担再追加更多的学习投入，对提高学生的学习成绩收效甚微。此外，研究还发现，接受私人家教的学生比不接受的学生成绩反而要差。①

再看家庭社会经济地位。PISA 认为父母教育程度、职业地位和家庭财富是决定家庭社会经济地位的重要因素。鉴于数据的可获得性，PISA 用“经济社会文化地位指数”作为家庭社会经济地位的测量指标。② 2009 年的测评显示，学生成绩与其家庭经济社会文化地位的平均相关程度为 14%。

同时，学校层面的投入要素不仅能够在一定程度上解释产出得分，还有助于维系教育公平。根据 PISA 的研究，教师的工资水平与学生成绩呈显著正相关，而班级规模的大小与学生成绩无明显相关关系。③ PISA 专员吉尔勒莫·蒙特认为，将财政投入运用于提高教师质量、增加教师数量方面带来的效益将大于对班级规模的投资。④

实际上，任何一项关于教育投入产出的研究结论都难逃样本、指标等技术瓶颈的制约，所获得的结论都很难具有普适性。这一点对于 PISA 也同样适用，上述提到的研究结论不能推广应用到所有 15 周岁学生群体中，甚至在中国范围内未必全合适。但值得注意的是，PISA 通过背景调查为教育成果与影响因素的相关研究提供了一个全面的分析框架，在全球几十个国家的取样也增强了此项研究的代表性，因此就其研究结论而言，其中一些有代表性的观点为政府教育政策调整和学校教学改革提供了有意义的参考。如关于学校投入与学生成绩之间的关系，硬件建设应适可而止，软件投入才是根本。

① 沈学珺：《基于 PISA 数据探究上海中学生学习时间的合理性》，《教育发展研究》2014 年第 4 期。

② 占盛丽：《从个人和学校视角看家庭社会经济地位对学生学业成绩的影响》，《上海教育科研》2009 年第 12 期。

③ 吴佳妮：《成功学校的关键特征及启示——PISA2009 报告〈什么造就了学校的成功〉述评》，《外国教育研究》2013 年第 1 期。

④ 潘雅：《国际测评项目与教育发展——访经合组织 PISA 专员吉尔勒莫·蒙特》，《世界教育信息》2014 年第 17 期。

四　基于改革的 PISA：用数据说话

PISA 的功能绝不局限于能力测试、教育研究，其倡导者的最终目的是通过测试和研究以期引领参与国家或地区的教育改革。PISA 主要从竞争力、终身学习、教育公平、效益等几个导向为政府提供决策支持，其对基础教育政策的影响尤其深远。对于 PISA 参加国或地区来说，政策调整类型包括深化型、变革型、调适型和效仿型①。因 PISA 测试成绩下滑引起的教育改革在参加 PISA 测试的国家和地区不乏少数。

自 21 世纪以来，澳大利亚政府关注每轮 PISA 的测试结果，自从 PISA2003 的测试结果出现下滑后，澳大利亚政府实施了一系列改革，更加注重教育公平。2008 年以来，澳大利亚政府逐渐在课程大纲、成绩测试等领域开展统一化的行动，并将测试结果公开发布，以期通过比较、问责制提高教育质量。为加强教师职前教育的培养和培训，2009 年设立的“为澳大利亚而教”项目（Teach for Australia）与美国的“为美国而教”一样成为国家最具有威望和选拔性的项目。②

德国在首次 PISA 测试中的成绩未能超过 OECD 均值，政府于 2004 年设立教育体系质量发展研究院（IQB）。以 PISA、TIMSS 和 PIRLS 为代表的国际大规模教育评估被纳入德国 2006 年出台的《教育监测全局战略》。③

鉴于 2006 年 PISA 测试国际排名的大幅度下滑，2007 年英国政府出台《儿童计划：构建更加美好的未来》，提出了“每个儿童 11 岁前做好上中学的准备，至少 90% 的儿童英语和数学达到或超过预期水平”等目标。2009 年 PISA 测试排名再度下跌，英国政府颁布了《教学的重要性：学校白皮书 2010》，这次改革的重点从学生转向教师。目前，英国新一轮课程改革已经启动，2014 年 9 月正式实施新的“国家课程”。④

---

① 李伟涛：《基于 PISA 测试结果的教育政策调整分析》，《教育发展研究》2012 年第 4 期。

② 徐晓红：《21 世纪澳大利亚基础教育改革政策评析：基于 PISA 测试的结果》，《外国中小学教育》2014 年第 3 期。

③ 熊建辉、俞可：《国际大规模教育评估的影响力——以 PISA，TIMSS 和 PIRLS 为例》，《人民教育》2014 年第 2 期。

④ 郭婧：《基于 PISA 测试结果的英国基础教育改革政策评析》，《外国中小学教育》2014 年第 2 期。

教育改革早已成为一种常态，但由一项评估测试引发的多国基础教育改革却是不常见的。正如前文提到的，PISA 并非唯一的国际学生评估项目，但其获得的重视程度及对教育政策的影响力却是少见的。这还是与 PISA 测试领域反映出未来劳动力素养具有重要的关联，恐怕没有一个国家当看到本国未来劳动力能力素养水平落后于其他国家时还会无动于衷，对 PISA 只是“一笑而过”吧！

与此同时，关于改革，我们也应保持清醒的认识。要注意区分 PISA 测试中哪些反映了本国基础教育普遍存在的问题，哪些只是反映出了样本群体的特有问题，可将前者纳入全面的改革计划中，对于后者则应考虑局部改革。

五　基于辨析的 PISA：颂扬与批判

参加 PISA 测试，究竟有何意义？PISA 由 OECD 发起，无论是测试内容的确定、测试方式的选择，还是最终测试结果的解释，其背后都有主导组织自身的价值引领。关键在于这种价值引领是否切合了参加国家或地区的发展路径，是否代表了规律性的发展方向。对 PISA 的积极作用不可否定，对 PISA 的消极影响也要谨慎对待。

（一）积极作用①

PISA 提供了在国际视野下改进教育政策的实践，对中国教育质量标准特别是基础教育阶段的学生学业质量标准，具有很大的借鉴作用。PISA 测试强调学生在学校所学知识能够做什么，学校所学的知识对于将来会成为一名合格的劳动力和公民的学生有什么实际意义和价值呢？长期以来我国的基础教育比较重视按照学科知识体系向学生传授知识，而与实际生活应用形成了一定的距离，PISA 有助于拉近这种距离，真正做到“活学活用”。

PISA 的证据文化有利于提高教育决策科学化水平，量化数据为公共管理和决策提供了更好的支撑。参加 PISA 测试的各个国家都在努力通过测试结果

① 王蕾、景安磊：《我们从 PISA 学到了什么——基于 PISA 中国试测的研究》，《北京大学教育评论》2013 年第 1 期。

和调查结果反思各自的基础教育政策，用数据说话。作为公共政策的重要组成部分，教育政策的制定、实施与评价也需讲究证据，需做到“循证”，这是走向科学化决策的重要一步。

PISA 为破解当前教育评价领域存在的诸多问题提供了可能路径，PISA 的评价取向对于克服我国教育考试评价领域中“以考试代替评价”等片面理念有重要的启示。PISA 测试领域的拓展反映出教育评价对象的延伸，包括评价目的、评价方式在内的关于教育评价的各个视角都需要我们不断地反思。

（二）消极影响

PISA 这枚硬币，同样有其两面性。关于 PISA 的批评，自 PISA 问世以来便随之而来，但最为激烈的，莫过于 2014 年 5 月 6 日，英国《卫报》（*The Guardian*）刊登了一篇题为“OECD and PISA Tests are Damaging Education Worldwide - Academics（OECD 与 PISA 正在破坏全球教育）”的信。在这封给经合组织 PISA 项目主任安德烈亚斯·施莱克尔（Andreas Schleicher）博士的信中，来自世界各地的 80 位学者表达了对 PISA 所产生的影响的深切关注，并呼吁停止实施 PISA 测试。他们列出了 PISA 的“七宗罪”。①

其一，许多国家已经采用了几十年标准化考试制度，人们对这些考试制度的效度和信度多有微词。PISA 对标准化考试制度起了推波助澜的作用，它使我们更加依赖量化技术。

其二，三年一度的 PISA 测试使得相关国家的教育政策更加关注教育的短期效应，希望借助这一测试迅速提升本国在项目中的排名。但研究显示，真正的教育改革需要经历几十年的时间才能结出硕果。

其三，PISA 只关注可以测量的教学内容，忽视了难以测量的教育目标（如体育、德育、公民素养、艺术素养等）。这样的测试制约了我们对于“教育是什么”、“教育为了什么”的集体想象力。

其四，经合组织是一个经济发展部门，自然对公立学校的经济功能“情

---

① 侯定凯编译《OECD 与 PISA 正在破坏全球教育——全球 80 位专家学者给 OECD 的公开信》，《世界教育信息》2014 年第 17 期。

有独钟”。但是，培养年轻人的就业能力不是公共教育的唯一（甚至不是主要）目的。公共教育的主要目的是为学生跨入未来民主自治社会、实现全面发展和提升个人福祉作准备。

其五，联合国教科文组织（UNESCO）和联合国儿童基金会（UNICEF）具有明确宗旨：改善全球教育质量和儿童的生存状况。目前，经合组织并没有这样的宗旨，也没有有效、民主的教育决策机制。

其六，在实施 PISA 测试、提供后续相关服务的过程中，经合组织建立了公共部门与私营部门的合作关系，并与一些跨国营利性公司建立了联盟。这些公司从 PISA 的流弊中获益，通过向美国的一些学校和学区提供教育服务来攫取巨额利益，并计划在非洲开设营利性小学。目前，经合组织正准备向非洲输入 PISA。

其七，周期性举办的 PISA 测试导致我们大量开展多项选择测试，接受由出版商提供的课程。这些措施让课堂教学变得更加脆弱，影响了孩子，也使教师失去了自主性。如此一来，PISA 给原先已不堪重负的学校教育雪上加霜，最终会损及师生利益。

PISA 绝不仅仅是一项学生评估项目，透过 PISA，我们看到了世界基础教育领域的发展与动向；透过 PISA，我们更希望看到中国基础教育的革新、进步和价值！

B.20

未成年人违法犯罪中的家庭影响因素分析

张良驯　赵慧杰*

摘　要：根据中国青少年研究中心的调查，未成年人违法犯罪表现出一些新的特点。其中，家庭因素与未成年人违法犯罪之间存在紧密联系。不良的家庭结构、不当的家庭教养方式、不完善的家庭经济文化环境是引发未成年人违法犯罪的重要因素。从家庭因素源头上探究未成年人违法犯罪的预防机制是十分必要的。科学的家庭教养方式、良好的家庭教育环境、和谐的家庭结构，能够有助于构建起未成年人违法犯罪的预防机制。

关键词：未成年人　违法犯罪　家庭结构　家庭教养　家庭经济文化

为深入了解未成年人违法犯罪的基本情况，科学分析未成年人违法犯罪的治理机制，中国青少年研究中心2014年在12个省（区、市）进行了为期一年的调查研究。本调查对象分为管教所中的未成年犯、社区服刑未成年人、专门学校学生和普通学校学生等四类。从调查情况看，家庭是影响未成年人违法犯罪的重要因素。本文基于调查情况，对未成年人违法犯罪的家庭影响因素进行分析。

---

* 张良驯，中国青少年研究中心副主任；赵慧杰，北京工商大学教师，博士。本文为中国青少年研究中心“未成年人违法犯罪治理机制研究”课题的阶段性成果。

一　目前我国未成年人犯罪的特点

随着经济社会的快速发展，我国未成年人所处的社会和家庭条件发生巨大变化。从调查情况看，目前未成年人违法犯罪出现新的特点。

（一）未成年人违法犯罪现象仍然较严重

经过多年的努力，未成年人犯罪得到一定程度的控制，未成年人犯罪人数稳中有降，但仍然是一个严重的社会问题。数据显示，认为该趋势“严重”的管理人员占所调查人员的48.1%，认为该趋势“弱化”的占45.9%。引发未成年人违法犯罪的因素复杂，既与社会宏观条件有联系，同时与家庭、学校等微观因素有关。

（二）未成年人违法犯罪心理不够成熟

未成年犯管理人员的数据中，选择未成年犯的犯罪心理主要是“逞强好胜心理”的，所占比例为26.7%；选择“从众心理”的所占比例为19.8%；选择“浮躁心理”的所占比例为17.9%。未成年人心理发育不健全，容易被不利因素所诱导，走上违法犯罪的道路。

（三）未成年人犯罪的年龄趋于低龄化

对未成年犯管教所的调查数据显示，现阶段未成年人犯罪的年龄趋于低龄化。对14～18岁的未成年人犯罪调查结果显示，约35.0%是16岁犯罪，31.2%是15岁犯罪，14周岁未成年人犯罪所占的比例有所增加。中国青少年研究中心2001年调查数据显示，14周岁的未成年人犯罪的占12.3%；2014年调查数据显示，14周岁的未成年人犯罪的占20.11%。这一趋势出现是多种因素相互作用的结果。而未成年人犯罪低龄化，引发多方负面影响。首先，低龄化的未成年人犯罪可能增加未来社会中惯犯和累犯的可能性。其次，未成年人犯罪低龄化是我国未成年人犯罪形势严峻的重要指标。因此，认真加以研究分析将有助于完善未成年人违法犯罪的治理机制建设。

（四）家庭因素是影响未成年人违法犯罪的主要因素之一

对于未成年人违法犯罪的原因，管理人员认为“家庭教育不当”、“不良交友”、“法制观念淡薄”、“学校教育的缺陷”是主要原因，所占比例分别为16.9%、15.4%、14.4%、11.4%。这说明家庭因素是未成年人违法犯罪治理机制中要重点考虑的因素。

二 未成年人违法犯罪中的家庭影响因素

我国正处于社会转型期，诱发未成年人违法犯罪的消极因素众多，其中，家庭因素较为突出。本次调查发现，在普通中学学生中，94.8%的从不“夜不归宿”，经常“夜不归宿”的只占0.3%；91%的从不“打架斗殴”，经常“打架斗殴”的只占0.3%；97.3%的从不“吸烟”，经常“吸烟”的只占0.5%；94.6%的从不“酗酒”，经常“酗酒”的只占0.4%。在未成年犯中，88.3%的有过“夜不归宿”行为，其中经常“夜不归宿”的占39.6%，“夜不归宿”行为开始出现的时间集中在13～15岁；82.7%的有过“打架斗殴”行为，其中经常“打架斗殴”的占24.8%；90.2%的有过“吸烟”行为，其中经常“吸烟”的占70%；73.9%的有过“酗酒”行为，其中经常“酗酒”的占26.2%。从数据对比看，未成年犯的不良行为比普通中学学生严重得多。可以说，家庭没能承担监护、教育的责任，这导致未成年犯在违法犯罪前已经存在多种不良行为。

从家庭因素角度研究未成年人违法犯罪行为，是十分必要的，也非常关键。首先，家庭是未成年人最为重要的生活、成长环境。未成年人大部分时间在家庭中度过。良好的家庭环境有利于塑造出健康、合格的未成年人。家庭在未成年人生活学习等方面发挥不可替代的作用。其次，家庭是社会组成的基本单位，是未成年人社会化的起点。依据个人社会化理论，未成年人能否健康成长取决于社会化的成功与否。社会化是指个体在社会中接受，并适应群体生活的准则。通过社会化，未成年人可以实现从一个自然人到适应社会的社会人的转变。家庭结构、家庭教养方式以及家庭经济文化状况等对未成年人的身心发育起着关键性作用，直接或间接影响未成年人的社会化进程。良好的家庭因素有助于未成年人的健康成长。相反，不良的家庭因素能够导致未成年人人格发育出现缺陷与偏差，破坏未成年人的正常成长。

做好未成年人违法犯罪问题的家庭预防工作，关系到未成年人的健康成长，也是未成年人保护中一项重要的基础性工作。未成年人违法犯罪最初起因于家庭。基于家庭因素对未成年人成长的重要作用，在未成年人违法犯罪预防机制研究过程中，应更加注重对家庭因素的研究，避免家庭的负面因素给孩子带来伤害。

三　不良家庭因素对未成年人违法犯罪的负面影响

依据调查数据，家庭因素主要包括家庭结构、家庭教养方式以及家庭经济文化环境，以下聚焦在家庭因素与未成年人违法犯罪之间的关系的探讨上，从源头上探究未成年人违法犯罪的家庭预防机制。

（一）不良的家庭结构

家庭结构受经济、社会发展等多方面的影响，现阶段我国家庭结构出现了新的问题。以调查数据内容为依据，将不良家庭结构分为松散型的家庭、流动式的家庭、残缺的家庭三种形式。统计结果显示，在不良家庭结构中成长的未成年人更容易发生犯罪冲动、实施越轨行为，进而实施违法犯罪行为。

1. 松散型家庭结构

随着经济、社会的迅猛发展，我国大量农村劳动力涌入城市。父母到城市里打工成为当前很多农村中的普遍现象。父母离开孩子与老人到城市打工，一方面可以减轻家庭的经济负担，另一方面还能够为下一代创造更好的生活条件。父母到城市打工后，孩子与老人成为留守人员。在此情形下，孩子与父母之间的沟通减少了，缺乏父母的关爱使这些留守孩子们变得更加敏感，容易产生一系列问题。首先，松散家庭中未成年人与父母沟通的途径减少，未成年人遇到问题不能得到父母的及时关爱和指导。其次，父母在未成年人社会化过程中，没有教会孩子交流等技能，使未成年人可能遇到与人交往难等难题。再次，缺少父母的必要管理，未成年人的自由散漫会有所增加，增加了违法乱纪的可能性。

基于以上松散型家庭可能带来的后果，本次调查做了详细的统计。我国未成年人违法犯罪的主体所占比例由高到低为："既不上学也不工作的未成年人"，比例为36.7%；"留守未成年"，比例为27.3%；"流动未成年人"，比例为26.9%。对未成年犯管教所的调查显示，未成年人犯罪情形所占比例较多的是"父母在外打工，自己留在农村老家"，比例是9.1%。另外通过调查还发现，一些未成年人出于家庭对教育不重视或者受教育的条件差等原因，放弃了求学的机会。

松散型家庭结构的影响还表现为未成年人离家到城市打拼，期望借此改变自己的命运。当这些未成年人心里过高的预期的实现受限于户籍、经济等客观条件时，被剥夺感将取代原有对城市生活的美好向往。为此，这些未成年人容易冲动，可能走上违法犯罪的道路。对管教所的调查数据显示，未成年人大多是"自己单独在城市打工"、"离家出走，在外流浪"，占比分别为19.4%、15.3%。由此可见，松散型家庭结构不利于未成年人的成长，给未成年人违法犯罪提供了一定的土壤。

2. 流动性家庭结构

人口的流动是现代国家和城市发展中突出的现象。未成年人跟随打工父母到城市生活的方式，增强了家庭的流动性。家庭流动性的加强，会产生一些负面影响。如增加了未成年人违法犯罪机会，这值得我们关注。对未成年犯管教所的调查显示，未成年人犯罪情形中所占比例较多的是"跟随外出打工父母在城市生活"，比例为9.0%。探究其中的缘由，有以下几个方面。首先，不能较好地融入新的生活环境。未成年人随着打工父母到城市生活，需要尽快融入城市生活的环境与节奏当中。然而，一些未成年人年纪小，其父母打工较为辛苦，疏于对这些未成年人加以关心与指导，容易造成未成年人在城市生活的盲目性。其次，城市发展的融合度还不够高。城市发展过程中还存在一些不够健全的地方，不能为外来打工人员提供较为完善的硬件和软件条件，致使这些未成年人得不到周到的服务。这些未成人容易出现情感不健全、厌恶周围环境的情绪。

3. 残缺型家庭结构

本次调查中，残缺型家庭结构主要指父母一方或双方去世或在监狱服刑的家庭。残缺型家庭结构的首要受害者是未成年子女。对这种家庭中成长的未成年人来说，一方面无法得到健全家庭应给予的关爱与呵护，另一方面还要承受与此相关的负面影响。首先，残缺家庭中，未成年人在成长与发育过程中享受不到来自父亲或者母亲的关爱，容易在心理与性格发展上产生扭曲变异。其次，这些未成年人还要受到社会上一些冷漠的伤害。这些未成年人转而向社会寻找解脱的方式，以致打架斗殴甚至违法犯罪的发生几率增加。对管教所的未成年人的调查显示，其“父母在监狱服刑”的，占1.2%，“父母都已去世”的，占1.3%。尽管所占比例较小，但是残缺家庭对未成年人的负面影响仍旧不能忽视。

（二）不当的家庭教养方式

家庭教养方式是指父母对子女抚养和教育的过程中显现出来的相对稳定的行为系统，主要包括父母养育子女过程中采取的态度、方法和手段。父母教养方式对未成年人的人格特征、心理健康以及行为等具有重要影响。调查结果显示，父母教养方式不当是未成年人走上犯罪道路的一个重要原因。家庭具有双重作用，既可以养育有用的人才，也可能制造出危害社会的罪犯。本次调查中，不良的家庭教养方式主要包括粗暴型和放任型。下文采用与家庭教养有关的一系列指标，对比几类调查对象数据，旨在了解未成人犯罪与父母教养方式之间的关系，探讨违法犯罪的未成年人父母的教养方式的特点，促进未成年人违法犯罪问题的治理。

1. 粗暴型教养方式

粗暴型教养方式是一种极端的方式，对未成年人健康成长会产生较大的负面影响。很多家长缺乏正确的教养理念，在日常管教孩子时容易采取简单粗暴的方式，不考虑未成年人的感受。在未成年人犯错时，家长不仅打骂孩子还体罚孩子。在此情形下，家长与未成年人之间的关系变得疏远了，未成年人容易产生孤独感和叛逆性。暴力型的家庭教养方式造成的严重后果是，未成年人学习、模仿父母的暴力行为，变成冷酷和好打斗的人。调查数据显示，管教所中的未成年人选择“父母经常打我”的所占比例最高，达到了15.2%，而在普通学校学生中，这个数据只有2.6%。社区服刑人员和专门学校学生选择该选项的占比分别为10.7%和8.4%。

2. 放任型教养方式

放任型教养方式中，家长对未成年人采取松散的教养办法，忽略了对未成年人应有的教育责任。调查数据显示，选择“父母不关心我交什么朋友”所占比例最高的是管教所中的未成年人，达到 20. 2%；选择比例最低的是在校学生，占到 6. 4%；社区服刑人员和专门学校未成年人选择该选项的占比分别为 18. 0% 和 12. 6%。“父母不关心我的学习成绩”调查显示，选择比例最高的是管教所中的未成年人，达到了 18%；在校学生所占比例最小，为 3. 3%。家庭道德教育起着统率和指引方向的作用，管教所未成年人、社区服刑人员、专门学校学生父母对未成年人品德养成的关注都不够。

对比四种调查对象关于“父母关心较多”项目的选择，管教所中的未成年人父母关心最多的前三位分别是健康、不违法犯罪和交友，所占比例分别为 19. 7%、17. 2% 和 16. 5%。而在校学生父母所关心的前三位是健康 18. 1%、学习成绩 18. 3% 和品德 15. 2%。管教所未成年人、社区服刑人员、专门学校学生父母对未成年人品德养成的关注都不够。放任型教养方式还表现在父母对未成年人的付出上。“为了培养我，父母付出了大量的精力”，选择该项的比例最高的是在校学生，达到了 90. 8%；比例最低的是管教所中的未成年人，比例为 71. 8%。并且，选择“父母总是帮助和鼓励我”所占比例最高的是在校学生，达到 87. 9%；比例最低的是管教所中的未成年人，占 65. 9%。未成年人选择“经常与父母一起看电视、出去玩”所占比例最高的是在校学生，达到 62. 6%，只有 37. 4% 在校生表示不符合该情况；选择比例最低的是管教所的未成年人，比例为 23. 9%；社区服刑人员和工读学校的学生选择该项的分别占 34. 4% 和 43. 9%。

（三）不完善家庭的经济文化环境

家庭经济条件是否优越对于未成年人违法犯罪有一定的影响。一方面，经济条件优越的家庭中，家长由于忙于工作，疏于对未成年人的管教。取而代之的是，家长以物质方式来满足孩子。另一方面，贫困的家庭经济拮据，因家长没有帮助孩子树立起正确的金钱观，当未成年人面对金钱、物质的诱惑时，会心理失衡。未成年人为了满足物质需求，易走上犯罪的道路。

本次调查研究发现，在校学生家庭经济情况要优于管教所未成年人、社区服刑人员、专门学校学生家庭。对比不同调查对象的家庭经济状况数据可以看到，管教所未成年人中有66.8%的人家庭经济状况“一般”，只有5.2%的未成年人选择“好”。社区服刑人员中，有74.1%的认为家庭经济状况“一般”，认为“好”的仅占6.6%。专门学校学生的家庭经济数据调查显示，有78.6%的认为“一般”，10.4的人认为“好”。对于在校学生的调查显示，家庭经济情况“一般”的有82.6%，11.4%的认为“好”。由此可见，普通在校学生的家庭经济状况要明显优于管教所未成年犯、社区服刑人员、专门学校学生的家庭。家庭经济条件还会影响未成年人对金钱的看法。对于管教所的调查显示，同意“人为财死，鸟为食亡”的未成年人超过半数，达到50.8%。未成年人的生活来源与家庭经济条件关系紧密。社区服刑人员调查数据显示，有超过一半的人“依靠父母的收入”，占到了50.2%，而“依靠自己目前的工作收入”的占有44.1%。

家庭文化环境给未成年人带来的影响同样重要。父母的文化水平和职业也是影响未成年人违法犯罪的重要因素。调查数据显示，对比四类调查对象的父母职业因素发现，在校学生父母职业要整体优于其他三类调查对象，并且父亲与母亲的职业分布情况基本相同。其中，管教所少年犯中父亲职业中所占比例最多的是“在外打工”，占42.8%，“个体经营”的占20.8%，“无职业”的占13.5%；母亲“无职业”所占比例最高，达到32.2%，其次是“在外打工”，占到30.6%，“在机关事业单位”工作的比例最小，为2.3%。社区服刑人员调查数据显示，父亲职业所占比例最高的是“在外打工”（29.3%），其次是“个体经营”（22.9%），占最小比例的是“在机关事业单位工作”（6.3%）。

四类调查对象的父母的文化水平存在一定差异。父亲与母亲的数据类似，其中父亲文化水平数据显示，管教所少年犯、社区服刑人员和专门学校学生的父亲文化水平主要集中在“小学及以下”、“初中”。而在校学生的父亲文化水平主要集中在“初中”、“高中”。同时，在校学生具有“本科”和“研究生”学历的父亲所占比例要明显高于其他三类调查对象。在校学生的父亲具有“本科”学历的占15.5%，而管教所未成年人、社区服刑人员、专门学校学生该比例加起来总共为9.6%。在校学生的父亲具有“研究生”学历的占4%，而管教所未成年人、社区服刑人员、专门学校学生该比例加起来总共为

1.5%。

父母文化、职业水平较低可能诱发多种不利于未成年人成长的因素。首先，家长受自身文化、职业水平的限制，面对社会压力、家庭不和等状况时，容易将负面信息传递给未成年人，有的甚至对未成年人态度恶劣。其次，家长容易混淆培养目标。一些家长的文化水平不高、社会地位较低，因此将希望寄托在未成年人身上。一旦未成年人没有达到家长的期望，家长则难以接受这样的结果。因此，在家庭因素影响未成年人违法犯罪研究中，不可忽视对家庭经济、文化环境的关注。

四　家庭预防未成年人违法犯罪的优势与启示

（一）家庭预防的优势

家庭在预防未成年人违法犯罪中，具有社会和学校不可比拟的优势。首先，家庭预防更加具备针对性。家庭是父母与未成年人共同生活的场所。日常生活过程中，父母能够近距离、长时间地与未成年人接触，未成年人的性格、品德等都为家长所熟悉。基于父母与未成年人之间的高接触频率来看，父母能够减少盲目性，有的放矢地管理未成年人的生活与学习。其次，家庭预防更加具备灵活性。日常家庭生活中，家长能够通过细小的事情影响未成年人的世界观、人生观和价值观。通过言传身教，父母一方面可以向未成年人灌输规范、法制理念，提高未成年人自身素质，另一方面还能够帮助未成年人提高辨别是非的能力。再次，家庭预防更加具备长期性。未成年人的大部分时间都是在家庭中度过的，家长在未成年人成长过程中担负着重要的角色。从时间上看，家庭也具有学校和社会不可比拟的优势。

（二）家庭预防未成年人违法犯罪的启示

预防未成年人违法犯罪，需要充分发挥家庭的作用。家庭在预防未成年人违法犯罪活动中，应从以下三个方面进行考虑。

第一，创建科学的家庭教养方式。未成年人成长中，家庭的教养方式必须是科学、合理的。家长需要改变传统的教育观念，摒弃原有僵化的教养方式，积极用科学的教养方式促使未成年人健康成长。首先，家长要给未成年人适当的关爱。家长既不能一味地溺爱未成年人，也不能对未成年人采取放任不管的教养方式。面对与未成年人的分歧时，应耐心进行沟通，争取化解与未成年人之间矛盾。其次，在物质方面，家长要积极教育孩子养成良好的经济习惯。面对未成年人合理的物质需求，应给予满足。如果未成年人提出不合理的物质要求，要引导未成年人改变不良习惯，不能让未成年人因恶劣的经济习惯而走上犯罪道路。再次，家长多带领未成年人一起参加活动，例如，保护环境、关爱残疾人等社会公益活动。这些活动不仅能锻炼未成年人的社会活动能力，还能增加与家长之间的沟通。最后，科学地培养未成年人的兴趣爱好。良好的兴趣爱好有助于未成年人的身心发展。同时要注意的是，家长不能盲目地强迫未成年人学习各种特长，这样将适得其反。

第二，创设良好的家庭教育环境。良好的经济文化家庭环境是未成年人成长的重要基础。家庭经济文化环境不仅影响未成年人的发展方向，还会影响未成年人的一生。一方面，家长要努力提高自身的素质。现代社会发展速度加快，未成年人成长过程中会遇到更多的问题，因此，家长必须加强科学文化知识、法律法规和社会道德等方面的学习，严格自律，用正面的知识去教育孩子，用正确的思想熏陶、感染孩子，做孩子的良师益友。只有这样，家长才能逐步了解未成年人的成长特点，帮助未成年人面对社会化过程中的各种难题。另一方面，用自身的勤劳帮助未成年人树立正确的经济价值观。家长自身要有勤劳致富的观念，并用该理念影响未成年人，使之受到感染，摆脱不劳而获等不良观念。

第三，完善和谐的家庭结构。调查数据显示，健全的家庭结构是进行未成年人违法犯罪预防工作的重要基础。松散型、流动型、残缺型家庭结构对未成年人正常的社会化阻碍很大。未成年人目睹父母从吵架、打架到无情的相互攻击等，心灵会受到严重的伤害。这些现象甚至是未成年人违法犯罪的直接原因。因此，家长应给未成年人提供一个和谐的家庭结构。一方面，要提高家庭婚姻质量。父母在家庭婚姻生活过程中，要彼此理解，相互体谅，多做沟通。另一方面，政府、社会还要给予家庭一定的支持与引导。

未成年人是国家的未来和民族的希望。重视并积极实践未成年人违法犯罪预防机制，不仅关系到社会的和谐稳定，还影响国家的长远发展。在依法治国的新形势下，在未来的法治社会中，家庭需要更加重视对未成年子女的教育和监护，使得孩子从未成年时期起学法、懂法、守法，成为遵纪守法的公民。

B.21

贫困地区学龄儿童发展现状调查

秦红宇*

摘　要：贫困地区学龄儿童发展现状调查从学生身体健康、教师对学生心理健康的评价、学生在校生活条件保障、学校教育资源配置四个方面，进行省会城市小学与贫困县小学（乡镇中心小学、村小、教学点）两者之间，以及省会城市小学、贫困县乡镇中心小学和村小、教学点三者间的综合对比，发现卫生习惯不良和营养搭配不合理仍是影响贫困地区学龄儿童身体健康的两大因素，乡镇中心小学学龄儿童的心理健康问题最为突出，贫困地区村小、教学点学龄儿童的基本在校生活条件保障不足，其教育资源分配与乡镇中心校相比差距极大。

关键词：贫困地区　学龄儿童　教育　健康

联合国儿童基金会发布的《中国儿童发展指标图集（2014）》最新数据显示：中国已提前完成贫困人口减半、普及初等教育、降低儿童死亡率等千年发展目标。尽管中国取得显著的发展成就，但在城乡之间及东部、中部、西部地区之间仍旧存在巨大的差异和不平等。① 我国儿童事业发展的不平衡，特别表现为集中连片特殊困难地区的4000万儿童在健康和教育等方面的发展水平明

---

* 秦红宇，21世纪教育研究院副研究员。

① 联合国儿童基金会：《联合国儿童基金会发布中国儿童发展指标图集（2014）》，http：//www. unicef. org/chinese/media/media_ 78426. html2015年1月12日。

显低于全国平均水平。[①] 对贫困地区儿童开展健康保障和教育帮扶，是帮助贫困地区真正斩断“穷根”的根本途径。这是政府提供基本公共服务的重要内容，也有越来越多的社会组织关注和支持贫困地区儿童发展。

关注和了解农村贫困地区乡镇及以下儿童的发展现状、提高这些处于农村教育最底层的弱势群体的能见度，以便对其发展实施有效干预，缩小其与发达地区儿童间发展的差距，是推进教育公平的必要之举。2014 年，21 世纪教育研究院对贫困地区学龄儿童的发展现状进行调查。[②] 本文主要从日常作息、在校学习状况、身体健康状况、心理健康评价、受教育条件实现状况五个大维度，通过城乡对比（省会城市小学和贫困县小学），贫困县乡镇中心小学和村小、教学点的对比，综合比较和评价贫困地区学龄儿童的发展现状。

一　样本说明

本次调查覆盖中西部以及东北等地 20 个省份（山西、河南、湖南、湖北、安徽、江西、贵州、广西、重庆、四川、甘肃、青海、宁夏、内蒙古、黑龙江、吉林、陕西、云南、西藏、新疆），抽样为每个省（区/市）省会城市小学 1 ~2 所，每个省（区/市）1 ~2 个贫困县，每个贫困县至少 1 所乡镇中心小学、村小或教学点，共调研 88 所小学，对这 88 所小学校长、560 名教师进行问卷调查及访谈，学龄儿童调查对象是在校 6 ~14 岁的小学生。

二　调查发现

（一）卫生习惯不良和营养搭配不合理仍是影响贫困地区学龄儿童身体健康的两大因素

学龄期是儿童生长发育的加速期和学习科学知识的关键期，通过此次调查可以发现，卫生习惯不良和营养搭配不合理依旧是影响贫困地区学龄儿童健康

---

① 国务院办公厅：《国家贫困地区儿童发展规划（2014 -2020 年）》，2014 年 12 月 25 日。

② 本次调查受中国扶贫基金会支持。

发展的两大因素。

在饮食卫生方面，贫困地区学龄儿童在无洗手习惯、饮食不干净而致病，以及在饮用生水上，都占到了一半以上的比例，有两成以上的儿童会出现饮水中毒情况。有很大一部分学生（48.5%）没有养成每次饭前便后洗手的习惯。而调查中发现部分学校没有自来水等供学生洗漱的条件也是学校卫生隐患的重要体现。在饮食不干净导致生病、饮用生水的调查中，统计表明贫困地区和省城小学生存在显著性差异（见表1）。

表1 饮食不干净导致生病、饮用生水从未发生过的比例

单位：%

	省城	贫困县
食物不净导致生病	45.8	52
饮用生水	30.9	58

核心营养应从肉食里摄取，适时适量地在饮食中添加鸡、鱼、肉、蛋等富含营养物质的食物是非常必要的。但是从调查来看，贫困地区有近两成的小学生每周只能吃一次肉，还有一成的学生很长时间才能吃一次肉，且学生们能吃到的食物结构单一，对于贫困地区的儿童来说，这是其生长发育要比大城市儿童迟缓的重要原因。

（二）教师评价乡镇中心小学学龄儿童的心理健康问题最为突出

本次调查显示，贫困县农村学校的学生数量远远低于城市学校，但是寄宿生比例远远高于城市小学；超过60%的农村学校寄宿生人数在50~300之间，其中留守儿童的比例占56.3%。这些学生群体的心理健康问题尤其值得关注。

为了更客观地评价贫困地区学龄儿童的心理健康状况，结合教师问卷调查中教师对学生性格问题、情绪问题、行为问题、人际关系、学习适应的评价，对省城小学生和贫困县（乡镇中心小学和村小、教学点）小学生在性格问题、情绪问题、行为问题、人际关系、学习适应方面进行对比分析。

由图1可知，整体来看，学生普遍反映出的性格问题是依赖性过强；其次为固执任性。在三种类型学校学生的对比中，可以看出乡镇中心校的学生在依赖、嫉妒、自卑、孤僻等多种性格问题中所占比例均明显高于其他两个类型的学校，这可能缘于其留守儿童的比例更高。村小/教学点学生的孤僻、自卑比例高于城市学校而低于乡镇中心小学。

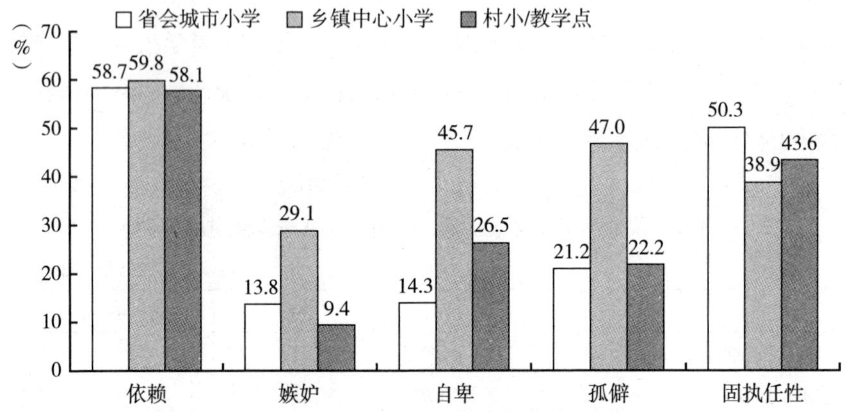

图 1　三类学校学生性格问题对比

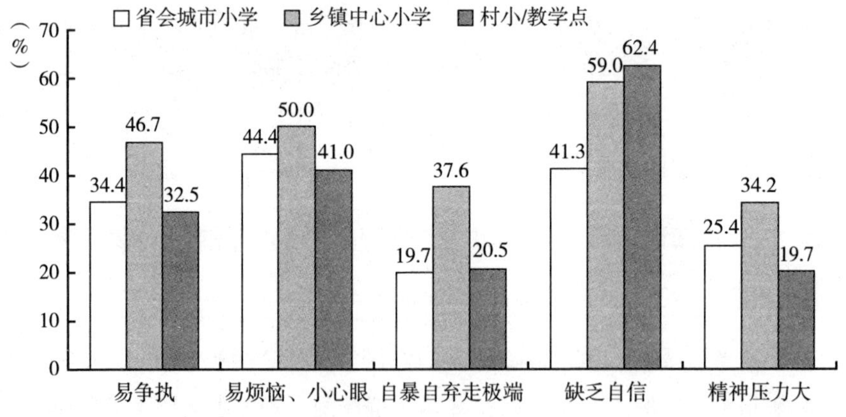

图 2　三类学校学生情绪问题对比

由图 2 可知，学生最容易产生的情绪问题是缺乏自信，其次为“易烦恼、小心眼”。三类学校比较而言，村小/教学点的学生“缺乏自信”的比例（62.4%）明显高于乡镇中心校（59.0%）和城市学校（41.3%）的学生；而他们的精神压力明显小于其他两类学校的学生。

由图3可见村小/教学点的学生“注意力不集中”比例最高（88.9%），其次为城市学校的学生，相对较低的是乡镇中心校的学生；但是在离家出走、逃学、偷窃、说谎等不良行为方面，乡镇中心校学生所占的比例却远远高于其他两种类型学校的学生。

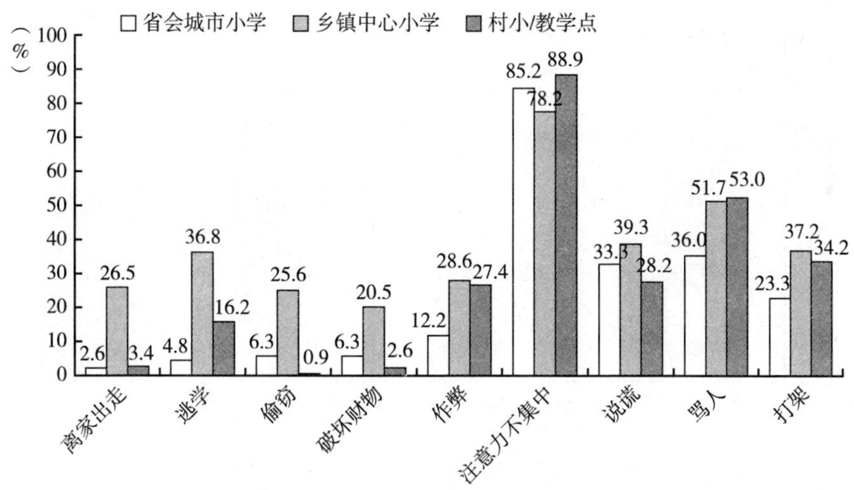

图3　三类学校学生行为问题对比

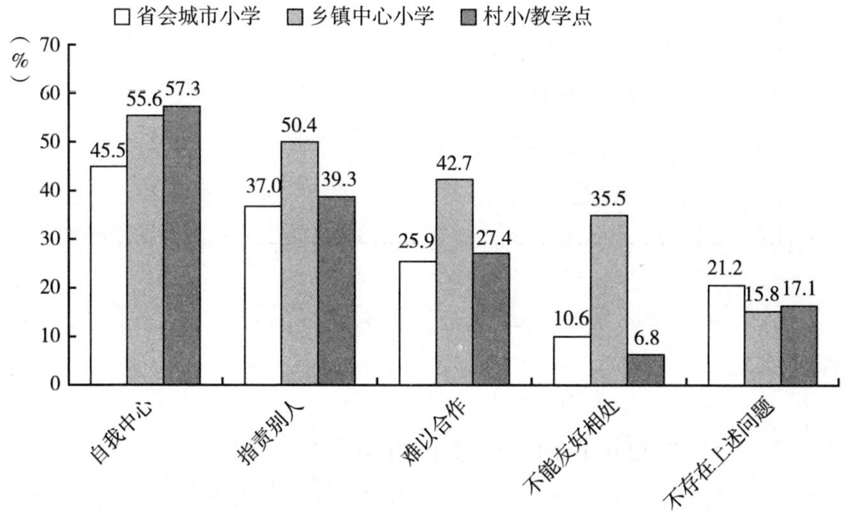

图4　三类学校学生人际关系问题对比

图4显示，村小/教学点中存在“自我中心”问题的学生比例最高，其次为乡镇中心校，最后为城市学校的学生；而在“指责别人”、“难以合作”“不能友好相处”等问题上，乡镇中心校学生的问题尤为明显，远远高过其他两种类型学校的学生。

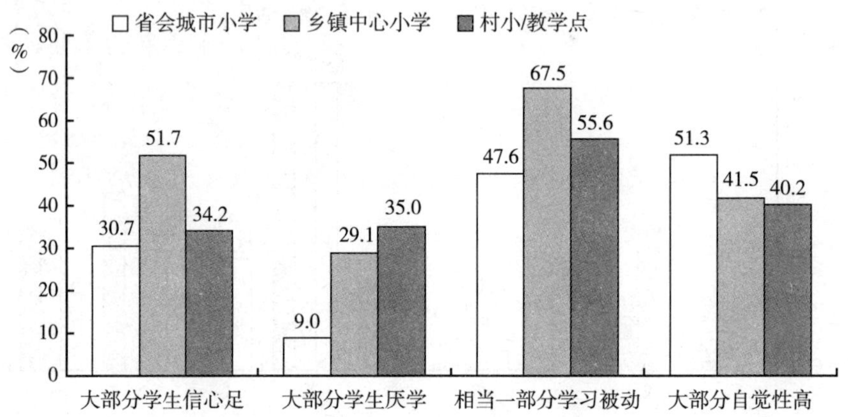

图5　三类学校学生“学习适应性”问题对比

图5显示，在学习适应方面，大多数老师眼中“相当一部分学生学习是被动的”。通过对比发现，村小/教学点中厌学者的比例高达35%，远比其他两类学校高；而学习被动的比例，乡镇中心小学学生的比例最高（67.5%）。可见农村学生的学习适应性问题比较突出。

综上所述，可以很明显地看到，贫困地区学龄儿童（含乡镇中心校和村小、教学点）的心理健康问题远比省会城市学龄儿童严重得多。尤其是乡镇中心校的学龄儿童，在大多数调查项目上都表现出更多的心理健康问题。

（三）贫困地区村小、教学点的学龄儿童群体的基本在校生活条件保障不足

本次调查了省会城市小学与贫困县小学学校硬件条件配置状况，主要了解与学生生活密切相关的食宿、医疗、安全等的硬件设施配备情况，除了进行省城小学与贫困县小学的整体对比分析外，还将乡镇中心小学与村小、教学点的基本硬件配备进行对比分析。

贫困县村小、教学点能为学生提供的食宿、医疗、卫生、安全等硬件设施相当匮乏，这些设施的服务质量与省城小学相比非常低下。

1. 学校医疗保障极其匮乏

贫困县乡镇中心小学及以下学校的医务室和专职校医极度匮乏，与省城小学差距甚大，数据反映有3/4的省会城市小学设有医务室，能够为学生提供医疗安全保障；贫困县乡镇中心小学设有医务室的比例也接近学校数量的一半（46.9%）；最让人担忧的情况是，贫困县村小/教学点中，有95%以上的学校没有医务室。省会城市小学校医中有超过一半的医生为专职医生，兼职比例超过四成；贫困县乡镇中心小学方面，四成学校的校医为兼职，专职比例为8%；贫困县村小/教学点校医任职情况依然堪忧——专职校医比例为零，兼职校医的比例也仅为20%（见图6和图7）。

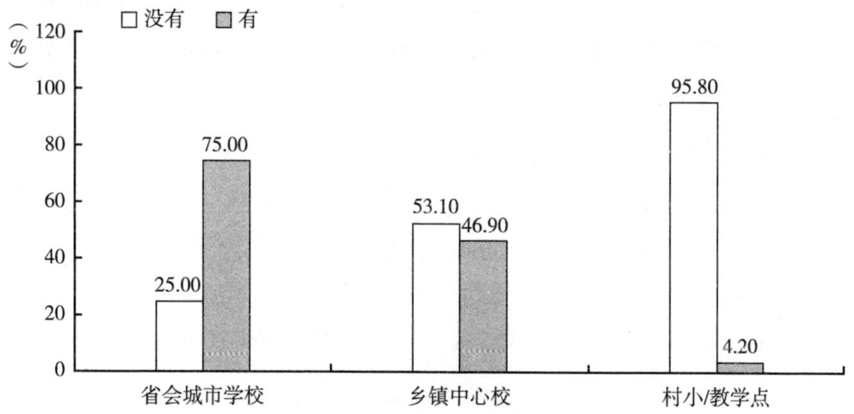

图6　医务室配备情况对比

2. 卫生状况亟待改善

有超过八成的贫困县中心小学设有食堂，但其中的一半急缺食堂清洁、卫生设备；有超过六成的贫困县村小、教学点设有食堂，其中超过两成的学校也急缺食堂清洁、卫生设备；被调查的贫困县小学的厕所卫生条件亟待改善，其中反映“厕所卫生条件差”最多的也是村小、教学点。

3. 安全隐患亟须排除

从问卷反馈的调查数据得知，贫困县村小、教学点有接近30%的校长报

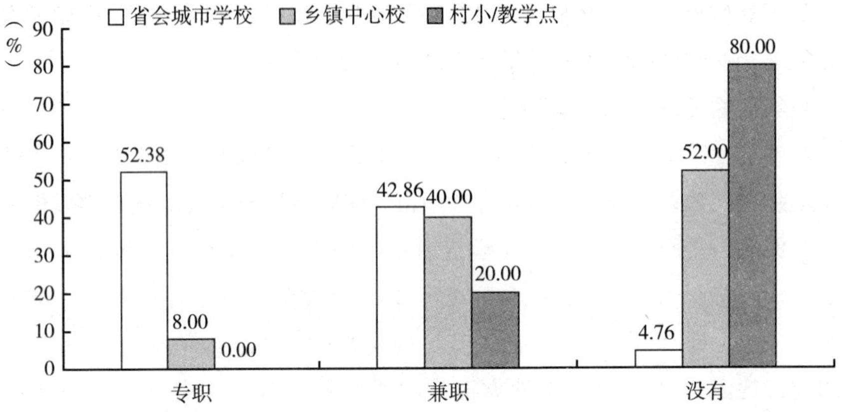

图7　校医任职情况对比

告学校有危房，这会严重威胁学生在校学习生活时的人身安全，这说明贫困县村小、教学点危房亟待改造或重建；而90%左右的省会城市小学以及贫困县乡镇中心小学没有危房。

4. 低龄寄宿儿童的基本食宿条件得不到保障

省会城市小学有超过七成的学校拥有直接饮水设备，而贫困县乡镇中心小学和贫困县村小/教学点拥有直接饮用水设备的比例刚刚超出50%。村小、教学点中有七成没有开水供应，这将会影响学生的饮水安全与身体健康；相比之下，省会城市小学和贫困县乡镇中心小学都有80%左右的学校能够提供开水。

贫困县乡镇中心校及以下小学寄宿生规模远远超出省城小学，但其学生寄宿环境堪忧。数据统计表明，仍然存在一间宿舍最多40人、一张床睡3人以上的情况，这也与近年来进行的类似调查的结论比较一致。

表2　贫困县乡镇中心小学与村小/教学点低龄寄宿学生比例

单位：%

学校类型	有低龄寄宿生的学校比例
乡镇中心小学	86.67
村小和教学点	33.33

经调查数据统计，乡镇中心校八成以上（86.67%）的学校有低龄寄宿生；而村小和教学点中，有1/3的学校有低龄寄宿生①。

乡镇中心小学有超过八成的低龄寄宿生，但乡镇中心校中只有四成（43.50%）的学校有浴室，而其中有浴室的学校不到六成（57.14%）可以为学生们供应热水；最令人担忧的是，村小/教学点全部没有浴室，难以保障住宿学生的身体健康和卫生状况。

（四）贫困地区村小/教学点的学龄儿童享有的教育资源，与乡镇中心校相比差距极大

调查还从学校为学生提供的教学硬件资源和软性教学资源（师资、课程等）方面，进一步了解教育资源在各类学校的配置情况。

1. 教学硬件资源配置对比

贫困县村小、教学点的教室条件（采光、照明、消防、桌椅更新等）不如乡镇中心小学，贫困县村小/教学点学生的教室学习条件远不如省城小学；村小/教学点在“图书室、计算机室、多媒体教室、美术教室、音乐教室、科学实验室、校园网建立等方面”的情况不如乡镇中心小学，与省城小学相比显得极其缺乏（见图8和图9）。

2. 软性教学资源配置的比较

软性教育教学资源的好坏直接影响受教育者的教育质量。学校教育教学活动中“师资”、“课程资源”、“课堂教学”、“素质教育实施”等与教育质量密切相关。本次调查涉及与学生学习相关的师资、课程与教学资源等方面。

（1）贫困地区农村小学教师队伍结构性缺编现象依然严重。从“是否有该学科专业的教师任教”的教师配备来看，贫困县农村小学教师队伍结构性缺编现象严重：总体来看，与省会城市小学相比，非常缺乏音乐、体育、美术、信息技术等学科的教师，村小和教学点奇缺。贫困地区农村小学音、体、美、科学课程专职教师的数量不如省城小学配备充分，这些担任（专职或兼

① 梳理相关研究后，本调查将农村寄宿制学校1～3年级的寄宿生称为“低龄寄宿生”。经统计，所调查的贫困县寄宿制小学中有接近八成（77.78%）的学校有低龄寄宿生（1～3年级），1～3年级全部覆盖的学校占46.7%，2～3年级学生寄宿的学校占比33.3%，仅有3年级的学校占比20%。

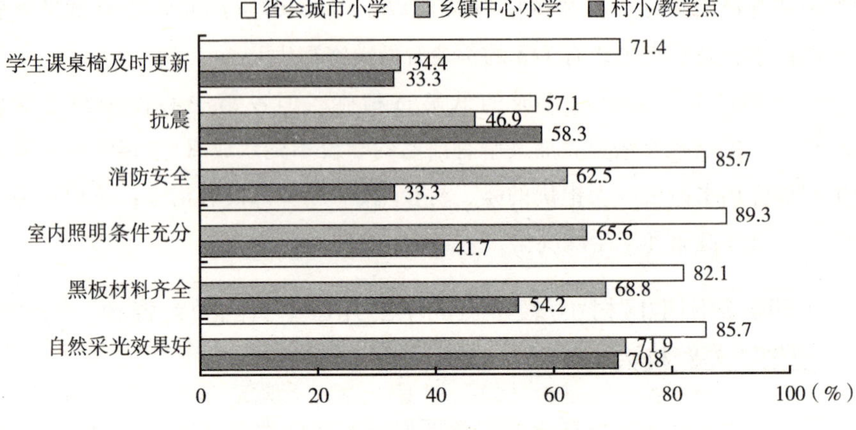

图 8　三类学校的教室条件配置对比

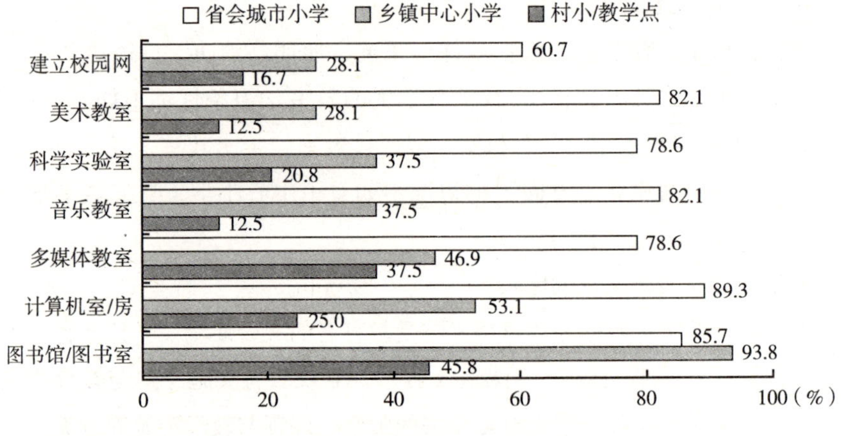

图 9　三类学校副科教学教室配置情况对比

职）音、体、美、科学课程的老师接受学科专业培训的机会远低于省城小学教师，这在相当程度上制约了贫困县农村义务教育教学质量的提高，也阻碍了素质教育的推进。在信息技术课配备专职教师的数量上，省会学校与贫困县学校差异巨大，省会城市学校拥有专任信息技术教师的比例（84.38%）是贫困县（40%）的两倍多。

（2）贫困县农村小学教师的教学专业化水平远低于省城小学教师的水平。贫困县农村小学教师教学中最为突出的是“教育教学观念陈旧、与新课标的要求有差距”和“缺乏专家引领，提高教学水平的探索较盲目”，有超过一半的教师认为自己教学中存在这样的问题，除了在“缺乏专家引领，提高教学水平的探索较盲目”方面的省城小学教师比例（58.75%）要高于贫困县农村小学教师（51.2%）外，在其他方面（“与学生沟通方法和能力欠佳”、“知识面狭窄，知识结构有缺陷”、“心理健康教育知识和技能欠缺”等），贫困县农村小学教师的人数占比要高于省城小学教师。

（3）素质培养类课程的实施情况比较。在学校，音乐、体育、美术、科学、品德和社会、综合实践等旨在促进学生德智体美劳全面发展的素质类培养课程会直接影响学生的受教育质量和身心发展。本次调查通过校长问卷来整体了解在“素质培养类课程是否开设”、“影响学校素质培养类课程实施效果的因素”方面，省城与贫困县小学（乡镇中心小学和村小/教学点）之间素质教育课程实施的对比情况，从中了解学生接受素质教育的基本情况。

如表3所示，整体来看，省城小学素质培养类课程的开设情况好于乡镇中心小学，而村小/教学点的开课情况最不乐观，约1/3的村小/教学点未能开设音体美课程，以及综合实践和地方课程；科学、信息技术课的开设率只达到一半左右。

表3　素质培养类课程开设情况

单位：%

课程名称	城市学校	乡镇中心小学	村小/教学点
音　　乐	96.4	96.9	66.7
体　　育	100.0	96.9	62.5
美　　术	96.4	90.6	62.5
科　　学	92.9	87.5	54.2
信息技术	78.6	40.6	45.8
品德和社会	85.7	43.8	79.2
心理健康	53.6	50.0	16.7
安全教育	32.1	6.3	12.5
生理卫生	96.4	90.6	62.5
综合实践	78.6	59.4	33.3
地方课程	78.6	62.5	37.5

关于影响素质类培养课程效果的主要因素，超过九成的农村校长反映“缺乏专业教师”；超过七成的校长表示“教学设施不齐全”，超过半数的村小、教学点校长认为“被主课占用，为应付升学和考试”；反映“学生缺乏学

习兴趣和动力”的村小、教学点的校长的比例（25%）高于省城小学（10.7%）和乡镇中心小学（15.6%）（见图10）。

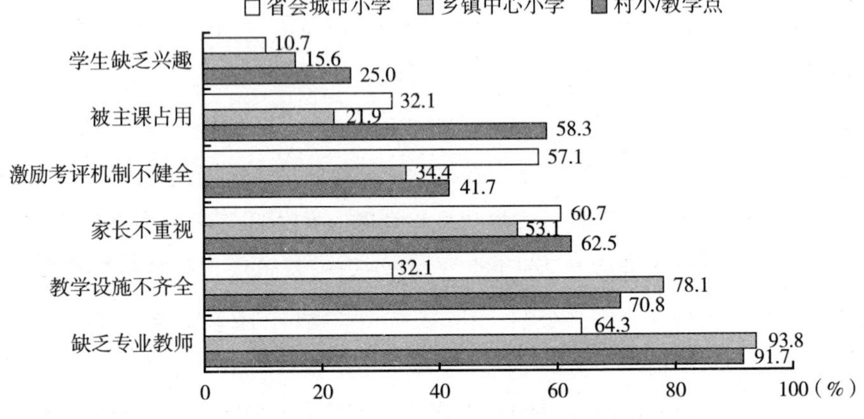

图10　三类学校素质类培养课程实施效果影响因素对比

贫困地区农村小学教师在上这些课时能使用的教学用具和器材非常有限，不便于教师课程教学的展开和学生学习兴趣的调动，尤其是在对这些课程教学器材购买的经费投入上，贫困地区农村小学与省城小学差距极大，贫困地区农村小学一半左右的学校每学期经费投入在100元以下或100～200元间，而省城小学通常会有近两成的学校经费投入在5000元以上或10000元以上。由此可以看出，贫困地区农村学龄儿童在音体美、科学、信息技术的素质培养上能享有的教学资源远远落后于省城学龄儿童。

三　讨论与建议

（一）改善贫困地区低龄寄宿儿童的在校生活条件是保障其生存和发展的当务之急

对于乡镇中心校及以下小学的低龄寄宿生而言，学校在食堂卫生、饮水供应、校医护理、厕所条件方面能为其提供的资源和服务匮乏，很难保障他们健康和安全地成长。

这些乡镇中心校及以下小学的寄宿生中都存在一定比例的留守儿童，他们在家很少能得到父母的养育照顾。农村中的年轻劳动力出于生存和发展需要，大量地进城务工，他们的孩子被动地成为城乡二元体制的“副产品”，成为“低龄寄宿”的被动接受者。应以其健康和安全为重心，使其在校基本生活条件得以改善。

（二）急需建立贫困地区学龄儿童的心理健康教育的综合保障体系

此次调查表明，贫困地区学龄儿童心理健康状况非常不容乐观，在性格、情绪、行为、人际关系、学习适应等方面都表现出比大城市学龄儿童更多的心理问题，尤其是离家出走、逃学、偷窃、破坏财务、作弊等严重行为问题方面的发生比例几乎是大城市学龄儿童的两倍甚至好几倍，乡镇中心校学龄儿童的心理健康状况尤其差。究其原因，寄宿制生活的封闭单调、留守儿童的养育者照料缺位、低龄“被动”寄宿等问题，很容易导致贫困地区（尤其是乡镇中心小学）学龄儿童一系列心理健康问题。需要在贫困地区建立健全儿童心理健康教育制度，重点加强对留守儿童的心理辅导。加强学校班主任和专业教师心理健康教育能力建设，力争使每一所学校都有专职或兼职的心理健康教育教师，同时，鼓励社会组织或社区为学校心理健康辅导提供专业支持，并且把这种支持与合作形成常规机制。

（三）促进向规模较小的村小/教学点倾斜的经费保障机制真正落实和发挥效用

2013 年底教育部发文《教育部关于进一步做好村小学和教学点经费保障工作的通知》，要求各地按照农村义务教育经费保障机制的要求，加强省级统筹，努力改善村小学和教学点办学条件。要逐步提高校舍维修改造长效机制资金用于校舍日常维修的比例，并优先满足村小学和教学点的需求。从此次调查数据来看，新政实施一年来，贫困县村小、教学点学生在食宿、医疗、卫生健康方面所需的基本硬件支持条件仍然匮乏，适度向规模较小的村小/教学点倾斜的经费保障机制并未真正全面形成和发挥效用。

主要原因之一是用于学校硬件改善的经费投入偏低，之前由县级统筹义务教育经费，但贫困县的县级财政力量非常薄弱，在农村义务教育学校布局调整过程中，乡镇中心小学形成了一定规模效应，而那些地处偏远、交通不便、教育资源难以到达的村小、教学点再次由于缺乏规模效应，难以享受“薄改计划”的惠泽。另外，虽然西部农村生均公用经费比以前有了很大提高，但贫困地区农村生均公用经费横向上与其他地区相比，仍然沉陷在谷底，处于全国最低水平。

（四）只有提升软性教育资源的均衡配置水平，才能真正实现贫困地区学龄儿童平等地享有优质的教育资源

素质类培养课程资源依然难以满足贫困地区村小/教学点学龄儿童公平享有优质教育的诉求。从调查结果来看，在师资水平、课程教学资源（包含素质类教育课程）方面，贫困地区的村小/教学点更是劣势学校中的弱势群体。从受教育过程公平性和教育质量内涵的角度来看，只有提升软性教育资源的均衡配置水平才能真正实现贫困地区学龄儿童平等地享有优质的教育资源。

B.22

农村小规模学校师资状况调查

张 旭*

摘 要： 农村小规模学校作为学校系统的最为薄弱处，它的建设与发展关乎教育公平的实现与社会正义的推进。推动农村小规模学校发展，加强农村小规模学校师资队伍建设是关键。切实化解农村小规模学校师资队伍建设方面存在的诸多困境，并因地制宜、力所能及地重构农村小规模学校师资队伍，成为重塑农村小规模学校自信、改善农村小规模学校教育生态的关键。

关键词： 农村 小规模学校 师资队伍

2012年国务院办公厅颁布《关于规范农村义务教育学校布局调整的意见》（以下简称《意见》），叫停了实施十年的“撤点并校”政策，此举标志着我国正式进入“后撤点并校时代”。在“后撤点并校时代”，主要以村小与教学点为主体构成的农村小规模学校继续存在。为清晰界定农村小规模学校，笔者尝试着将每年级学生人数不多于40人的农村学校定义为农村小规模学校，即把在农村地区的学生规模不多于240人的学校定义为农村小规模学校。据2012年官方数据统计，我国农村地区学生少于240人的小学（含教学点）有16万余所（个），占当时全国小学总数（228585所）的70%左右；学生人数少于120人的小学（含教学点）有11万余所（个），占当时全国小学总数的48%左右。①

* 张旭，21世纪教育研究院副研究员。

① 季秀君：《农村生源减少，师生比例失调，部分农村学校教师总量富余但专业师资缺乏——求解农村教师结构性缺编难题》，《中国教育报》2014年11月19日。

农村小规模学校既是我国教育的重点也是我国教育的难点，该类群体是整个学校系统的最为薄弱处，它的建设与发展关乎教育公平的实现与社会正义的推进。促进农村小规模学校发展的关键在为农村小规模学校提供保质保量的师资，这是促进农村小规模学校发展的根本。农村小规模学校师资队伍建设是农村小规模学校发展的重中之重。2013 年《关于落实 2013 年中央 1 号文件要求对在连片特困地区工作的乡村教师给予生活补助的通知》、《教育部关于进一步做好村小学和教学点经费保障工作的通知》、《关于加强乡村教师生活补助经费管理有关工作的通知》等一系列政策的密集发布，为农村小规模学校师资队伍建设提供了有力保障。

以此为背景，21 世纪教育研究院于 2014 年 6 月针对农村小规模学校教师生存状况开展调研，共选取东、中、西部浙江、山西、贵州等 20 省（区、市）46 县对农村小规模学校教师开展问卷调查，共发放教师问卷 1200 份，回收有效教师问卷 1032 份，问卷回收率为 86.00%。

一　农村小规模学校师资队伍的基本特点

通过对农村小规模学校教师队伍现状进行调研发现，农村小规模学校师资队伍的基本特点主要表现在：农村小规模学校教师以中青年教师为主，农村小规模学校中本土教师是主体，农村小规模学校教师学历结构基本优化，农村小规模学校教师基本实现“在编”目标。

（一）农村小规模学校教师以中青年教师为主

从调研的 1032 名农村小规模学校教师基本信息来看（见表 1），男教师比例为 49.3%，女教师比例为 50.7%，农村小规模学校教师师资性别基本均衡，但校际男女教师比例失衡现象严峻，如湖北省黄冈市某县某小学 5 位教师全为女教师，而湖南怀化某县某小学 7 位教师全为男教师。从年龄结构看，20 ~ 29 岁占 23.2%，30 ~ 39 岁占 41.1%，40 ~ 49 岁占 24.0%，50 ~ 59 岁占 11.7%。这与从 2006 年起我国实施“特岗教师计划”等政策，加大对农村学校输入年轻的、有活力的教师不无关系。从工作年限来看：1 ~ 10 年教龄教师占 41.4%，11 ~ 20 年教龄教师占 32.3%，21 ~ 30 年教龄教师占 19.7%，31 ~ 40

年教龄教师占 6.6%，从侧面验证了国家在农村教师队伍建设方面的各种举措收效良好。

表 1　农村小规模学校教师基本信息

单位：%

性别	百分比	单身	百分比
男	49.3	是	17.1
女	50.7	否	82.9
年龄(岁)	百分比	调动工作	百分比
20~29	23.2	否	44.4
30~39	41.1	是	55.6
40~49	24.0		
50~59	11.7		
工作年限(年)	百分比	所带学生(人)	百分比
1~10	41.4	1~50 人	61.6
11~20	32.3	51~100 人	25.7
21~30	19.7	101~150 人	8.8
31~40	6.6	151~200 人	3.6
均值	14.4 年	均值	54 人

（二）农村小规模学校中本土教师是主体

调查数据显示，我国农村小规模学校教师以本地人为主，户籍为本村的占 13.2%，为本乡镇其他村的占 34.9%，为本县其他乡镇的占 44.0%；在农村小规模学校教师中具有本县户籍的教师占被调研教师总数的 92.1%。以本土教师为主体对于农村小规模学校发展具有积极作用，因为本土教师在融入当地社区文化方面具有天然优势，同时中国传统文化中特有的“安土重迁”的价值取向也使得本土教师愿意扎根于农村小规模学校。

（三）农村小规模学校教师学历结构基本优化

教育部等实施的“农村义务教育阶段学校教师特设岗位计划”（简称“特岗教师计划”），国务院推动实施的“免费师范生计划”以及各地方依托当地师范学院培养的专科、本科层次的农村学校教师，均有利于农村小规模学校教师学历结构的优化。据调查，在 1032 名农村小规模学校教师中，本科学历者占36.5%，大专学历者占33.1%，高中或中专学历者占28.2%，初中及以下学历者仅占2.2%。这与之前由中专生占据农村小规模学校讲坛的局面形成了鲜明对比。

（四）农村小规模学校教师基本实现“在编”目标

农村小规模学校教师中在编老师占1032名教师总数的86.9%，基本实现“在编”目标。这与实现农村教师“民转公”浪潮不无关系。1977年我国有民办教师491万人，在20世纪末，国家多措并举按照“关、招、转、辞、退”五字方针解决农村教师中的民办教师问题，到2000年基本结束了民办教师与公办教师共存的历史。同时，国家在21世纪前十年为农村学校招募的专科、本科层次的教师均享受“在编”待遇。

二　农村小规模学校师资建设的困境

经过多年来国家和地方政府的努力，农村小规模学校教师的发展取得一定成效，但是问题依然突出，主要表现为五个方面的问题。

（一）农村小规模学校教师工作量大

从农村小规模学校教师授课情况来看（见表2），农村小规模学校教师工作量大。虽然62.7%的农村小规模学校教师所带年级数不多于1个年级，但仍有不少教师所带年级数较多。在教师讲授科目方面，48.3%的教师承担两门及以下的教学任务；32.0%的教师需要承担3～4门教学任务；28.9%的教师承担四门以上教学任务。

表2　农村小规模学校教师授课情况

单位：%

授课年级	百分比	授课科目数	百分比
1	62.7	0	4.6
2	23.0	1	23.8
3	10.7	2	19.9
4	2.0	3	22.8

续表

授课年级	百分比	授课科目数	百分比
5	0.8	4	9.2
6	0.6	5	6.7
7	0.2	6	5.7
		7	4.5
		8	2.0
		9	0.8

通过对农村小规模学校教师备课、上课、改作业、课后辅导、自主学习、校务工作、学生生活、家庭生活等几方面的时间安排进行调查，发现农村小规模学校教师平均一天工作长达12小时（见表3）。

表3　农村小规模学校教师一天时间安排

单位：%

	备课	上课	改作业	课后辅导	学生生活	自主学习	校务工作	家庭生活
0~2小时(含)	78.8	19.6	93.1	98.1	95.2	97.9	97.7	66.5
2~4小时(含)	19.1	58.6	6.6	1.7	2.6	1.9	1.8	32.5
4~6小时(含)	1.8	15.7	0.3	0.2	0.0	0.2	0.2	1.0
6~8小时(含)	0.3	5.5	0.0	0.0	1.5	0.0	0.3	0.0
8~10小时(含)	0.0	0.6	0.0	0.0	0.7	0.0	0.0	0.0
均值(小时)	2.0	3.7	1.4	1.2	1.4	1.2	1.1	2.0

（二）农村小规模学校教师待遇差

近年来，国家不断调整教师工资收入，规定教师平均工资水平应当不低于或高于国家公务员平均工资水平。但在调研过程中发现，不少农村小规模学校教师表示自己工资收入低于当地公务员收入。调研数据显示，农村小规模学校教师实际工资平均在2500元左右，同时他们认为每月工资在4500元左右更能满足他们的发展需求（见表4）。21.7%的农村小规模学校教师没有享受应有的社会保障，39.1%的农村小规模学校教师享有三险一金，39.2%的农村小规模学校教师享有五险一金；问及学校是否定期组织教师进行体检时，85.4%的农村小规模学校教师明确回答未曾参加过相应的体检。

表 4　农村小规模学校教师实际工资与理想工资统计

工资收入(元)	实际工资(%)	理想工资(%)	工资收入(元)	实际工资(%)	理想工资(%)
800～1500	5.2	0.0	4301～5000	0.0	39.0
1501～2200	27.9	0.3	5001～5700	0.0	1.1
2201～2900	40.1	6.3	5701～6400	0.0	12.1
2901～3600	25.0	24.0	6400 以上	0.0	6.9
3601～4300	1.8	10.3			

2013 年的《关于加强乡村教师生活补助经费管理有关工作的通知》在增强农村教师职业吸引力、优化教育投入结构、缩小城乡教育差距等方面都发挥了积极作用，但是农村小规模学校教师补助力度仍然较小（见表5）。以甘肃省为例，该省为落实农村教师生活补助，为农村教师提供 160 元的生活补助，这对于经济不断发展、物质水平不断提高而农村教师整体薪资偏低的现状而言无异于杯水车薪。通过对甘肃省 L 县进行调研发现，80%的教育经费投放在了县城的学校，而占全县 95%的农村学校仅分得 20%教育经费，这导致在农村学校教师研修等专业化发展方面经费出现严重不足。

表 5　农村小规模学校教师领取“乡村教师生活补助”的情况

补助范围(元)	百分比(%)	补助范围(元)	百分比(%)
0～100	18.3	301～400	7.1
101～200	8.9	401～500	1.2
201～300	63.3	501～600	1.2

各地教育主管部门提高农村学校教师待遇的政策也带来了新问题。如湖北省教育厅在“特岗教师计划”规定的特岗教师工资基础上，将湖北省特岗教师年薪上调为 3 万～3.5 万，这高出从教 20 余年的农村教师年薪 1 万元左右，新旧教师薪资倒挂，引起了农村老教师的不满。与此同时，还存在城乡教师同酬不同工的情况。以吉林省某县为例，城乡班主任津贴基本稳定在 160 元左

右，因为县城基本上没有早晚自习，而农村地区学校多为寄宿制学校，早晚自习时间的报酬没有得到体现。

（三）农村小规模学校教师生存环境不容乐观

在1032名农村小规模学校教师中有48.6%的教师不住校。根据农村小规模学校非住校教师的交通方式与单程用时统计（见表6），不住校教师的交通方式以步行与骑摩托车为主，分别占24.9%与21.4%。

表6　农村小规模学校非住校教师的交通方式与单程用时统计

单位：%

交通方式	百分比	单程用时	百分比
步　行	24.9	0～10分钟	33.2
自行车	14.1	11～20分钟	35.7
电动车	17.7	21～30分钟	21.7
摩托车	21.4	31～40分钟	3.9
公交车	15.2	41分钟以上	9.5
其　他	6.7	均　值	20分钟

在51.4%的住校教师中，有79.9%的教师享受学校提供的周转房。但是，就住宿条件来看，农村小规模学校教师生活设施配备不足，周转房中配备厕所的比例为32.0%，浴室为5.1%，取暖设备为41.4%，自来水为39.2%。在住校教师中仍有20.1%的没有享受周转房，他们平均每年需支付3471元的房租费用，这使本来就生活拮据的农村小规模学校教师生活更困难。

（四）农村小规模学校教师的流动不合理

农村小规模学校年轻教师不合理流动现象突出。年轻的教师不愿扎根基层，通过各种关系调到县城或者市区已屡见不鲜，实在转不走关系就借调出去，农村小规模学校出现大量在编不在岗的教师。而农村小规模学校年龄偏大教师却无法流动。湖南怀化某县农村小规模学校教师表示："我已经在这所学校待了几十年了，从这所学校是完全小学一直到现在是几个人的教学点，我一直都在这里。”农村小规模学校教师的不合理流动，极易对农村小规模学校师资队伍建设带来不良影响。

（五）农村小规模学校师资培训“形式化”

教师培训是提高教师质量的重要手段之一，国家为此投入了相当的人力、物力、财力，但教师培训的结果却不尽如人意。就农村小规模学校教师培训而言：一方面，教师职前培训理论与实践脱节严重，培训内容以教育理论知识为主，缺乏实践性指导；另一方面，农村小规模学校教师就职后学习动力不足。甘肃省某县农村小规模学校某教师在访谈中表示：“在农村，教师工资基本都差不多，累死累活地学这学那与啥也不学最后在算绩效时，相差也不过二三百元，那又何必去参加什么培训。”农村小规模学校教师职前、职后培训收效甚微，对于农村小规模学校师资队伍的专业化发展、教师职业幸福感的提升都将造成不利影响。

三 加强农村小规模学校师资建设的建议

第一，加强农村小规模学校教师标准化体系建设，应将农村小规模学校教师与其他类型的教师放在同一体系中来加以审视，同时也必须正视农村小规模学校教师所具有的特点，因时因地因人而异地建立农村小规模学校教师标准化体系。农村小规模学校教师职后培训应本土化，充分发挥县一级教育局的主体作用，对农村小规模学校教师进行培训。

第二，完善农村小规模学校教师管理机制，建立农村小规模学校教师经费保障机制。必须加强省级统筹，甚至在一些中西部地区的贫困省市要加大中央统筹力度，以此为基础不断完善农村小规模学校教师管理机制建设，建立公平、公开、合理的农村小规模学校教师经费保障机制。规范实施农村小规模学校教师补助政策，出台相关辅助政策，让农村小规模学校教师真实、完整地受益于为其提供的相关福利待遇。

第三，合理规范农村小规模教师流动。为缓解教师职业倦怠、提高师资队伍建设整体水平，四川宜宾市翠屏区开展的“区管校用”、安徽开展的“县管校用”将教师由“学校人”变成“系统人”不失为有益尝试，地方政府可以因地制宜地采用这种办法以提高农村小规模学校师资队伍建设水平。

第四，尊重并协调多方利益诉求，缓和教师队伍内部的矛盾。合理的制度往往是各相关利益群体通过博弈后出现的相对均衡的结果，针对在农村小规模学校教师队伍建设过程中显现的不同利益群体教师之间的矛盾，应在尊重多方利益诉求的基础上寻求地区之间、城乡之间、校与校之间、不同教师群体之间矛盾的缓和。①

① 曹原、李刚：《城乡教育一体化视野下的教师人事制度重建》，《教育科学研究》2011 年第 5 期。

B.23
公众教育价值观调查

杨 旻*

摘 要： 公众教育价值观调查以教育领域的热点话题为命题，揭示不同性别、年龄段、学历等人群教育价值观的差异。调查显示，绝大多数公众持有较健康的教育价值观，重视孩子健康快乐成长，重视能力培养，与应试教育现实中的名校竞争、对孩子的强制形成明显反差。被调查者学历越高，越看重父母对孩子教育的作用；学历越低，越看重“望子成龙”。“70后”和更年轻的受访者的教育态度更为开明、民主。城镇中未与孩子共同居住的家长，更为认可上名校、起跑线上的竞争等功利性价值。

关键词： 教育价值观 教育调查 学历 素质教育

在中国社会转型发展的进程中，教育观念、教育目标、教育评价、教育方法等诸多领域正面临着前所未有的挑战，其内在逻辑价值的转换、重构直接反映为学校教育者教育价值观、受教育者教育价值观以及家长教育价值观的冲突、矛盾甚至交锋。从教育终极性价值的维度来说，集中地表现为“为功利而教育的价值取向”和“为生活而教育的价值取向”的矛盾；从教育工具性价值的维度而言，突出地表现为“应试教育价值取向”和“素质教育价值取向”的矛盾。这既是传统教育文化与现代西方教育理念的碰撞延续，又是当前中国社会思想矛盾对教育的投射映像。

公众的教育价值观是公众对教育领域及自身行为结果的认知、理解、判

---

* 杨旻，北京工商大学教师，21世纪教育研究院研究员。

断，而公众的主观教育感受和评价通过特定的动机导向和行为支配将直接作用于个人、家庭、学校，间接作用于教育系统、社会，公众教育价值观的演化和冲突会对教育改革和发展产生正面或负面的不同效应，及时、准确地解读公众的多元教育价值观，有助于更好地调适教育理念和教育现实的矛盾，提升公众的价值理想，促进教育综合改革的深入推进。

一 调查对象及问卷说明

2014 年 12 月 15 日到 2015 年 1 月 14 日，21 世纪教育研究院委托搜狐网教育频道举行公众教育价值观调查。历时一个月的网络调查共获得了 31773 名网友的投票。

（一）调查对象

在被调查者的性别构成中，男性占 67.8%，女性占 32.2%。被调查者以“70 后”最多，出生于 1975～1979 年间和 1970～1974 年间者共占 40.4%；“80 后”次之，出生于 1985～1989 年间和 1980～1984 年间者占 25.6%；“60 后”群体（20.9%）多于“90 后”群体（10.7%），“50 后”群体比例不足 3%。

在被调查者的学历构成中，高中/职高/中专/技校、初中、小学及以下群体的比例共计为 11.3%，而大专、本科及双学位/硕士/博士群体的比例接近九成，其中研究生教育学历群体达到 18.9%。23.8% 的被调查者还没有孩子。而报告有孩子的主要家长群体从多到少依次为：小学生家长（24.4%）、幼儿家长（22.8%）、本科生家长（16.0%）、高中/职高/中专/技校生家长（14.2%）、初中生家长（11.1%）。

根据被调查者对家庭阶层的自报告，从多到少依次为专业人员（包括专业与技术人员、办事人员）占 53.1%、管理阶层（包括国家与社会的管理者、企业经理人员、私营企业主）占 22.5%、产业与服务业人员（包括个体工商户、商业服务员工、产业工人）占 12.8%、农牧民与民工（包括从事农业、牧业的劳动者，进城务工的农村劳动者）占 8.0%、无业与退休（包括城乡无业失业人员、已退休人员）占 3.5%。

九成被调查者属于已毕业工作身份，学生身份者比例很少。从事“教师”

工作的被调查者占24.6%，教师群体从多到少依次为高中/职高/中专/技校教师、大学教师、初中教师、小学教师、幼儿教师。被调查者目前的就业地点以城市为主，地级市占28.1%，直辖市（北京/上海/天津/重庆）占24.5%，副省级城市（含省会城市及大连/青岛/宁波/厦门/深圳）占23.6%，县镇占20.3%，乡村仅占3.5%。

（二）问卷说明

公众教育价值观调查问卷筛选出教育领域的热点话题，以10对矛盾命题为主，反映公众对教育终极性价值及教育工具性价值的评价与感受。从社会竞争的角度，设置了学历与能力、学习成绩与个性特长、出人头地与一技之长3组个人成就方向的命题；从教育互动的角度，设置了老师和父母、赏识与挫折、控制与民主3组家校教育方向的命题；从学业发展的角度，设置了母语与英语、成绩与兴趣爱好、名校与非名校、超前学习与顺其自然4组教育过程、教育方法的命题（见表1）。所有命题设计为混合后无序排列而非正反放置，从而避免干扰公众的理解和回答。

表1　公众教育价值观调查10组矛盾命题关键词

维　度	关键词
社会竞争	个人学历—个人能力 学习成绩—个性特长 出人头地——技之长
教育互动	老师教育—父母教育 赏识教育—挫折教育 控制管理—民主协商
学业发展	母语学习—英语学习 学习成绩—兴趣爱好 名校入学—非名校入学 超前学习—顺其自然

本报告以此次调查数据为依据，使用李克特5级量表的赋值方法，分别对应很赞成、比较赞成、一般、不太赞成、很不赞成五个层次的认可程度，采用百分制。

二　公众教育价值观的总体情况

（一）公众对教育价值观命题的赞成度排序

教育价值观命题的赞成度排序显示（见表2），公众最看重的四项是"孩子的健康、快乐是第一位的"、"父母是孩子最好的老师"、"有事情最好与孩子商量着办"、"归根结底，能力比学历更重要"（"小时候学好母语更重要"并列第四）。

表2　公众对教育价值观命题的赞成度排序

序号	价值观话题	赞成度分值
1	孩子的健康、快乐是第一位的	93.8
2	父母是孩子最好的老师	92.5
3	有事情最好与孩子商量着办	89.1
4	归根结底,能力比学历更重要	88.4
4	小时候学好母语更重要	88.4
6	就算成绩不好,也可以发展兴趣爱好	85.9
7	孩子要抗压、耐挫折才能成功	85.8
8	孩子将来有一技之长,生活幸福就可以	83.4
9	望子成龙、盼望孩子出人头地是人之常情	83.0
10	有个性和特长的孩子长大才有出息	75.6
11	对孩子就是要从小严格管理	72.0
12	上不上名校其实没有那么重要	71.5
13	好孩子是夸出来的	70.9
14	现在社会还是看学历,学历最重要	70.5
15	在孩子的教育上,老师比父母更重要	61.5
16	学习英语越早越好	60.4
17	孩子就是不能输在起跑线上	58.5
18	成绩好的孩子长大才有出息	56.3
19	只有上名校孩子长大才有前途	51.4
20	为了不影响学习,孩子应该放弃兴趣爱好	37.6

公众最不认可的四项是"孩子就是不能输在起跑线上"、"成绩好的孩子长大才有出息"、"只有上名校孩子长大才有前途"、"为了不影响学习，孩子

应该放弃兴趣爱好”。

调查显示，绝大多数公众持有比较健康的教育价值观，与我们在现实中感到的非理性择校攀比、对孩子的强制和压迫等形成明显的反差。

（二）教育价值观10组矛盾命题赞成度分析

将公众对教育价值观命题的赞成度分值对应放入教育价值观10组矛盾命题（见表3），9组矛盾命题赞成度形成了组内的明显分值落差。比较社会竞争、教育互动、学业发展三个维度，发现公众在学业发展维度上的认识最明确、倾向性最明显，而社会竞争维度命题的态度分歧相对比较小，甚至出现个别命题的无差别评价。

表3　公众教育价值观调查10组矛盾命题赞成度对照

维度	关键词	价值观话题	赞成度分值
社会竞争	出人头地—一技之长	望子成龙、盼望孩子出人头地是人之常情	83.0
		孩子将来有一技之长，生活幸福就可以	83.4
	个人学历—个人能力	现在社会还是看学历，学历最重要	70.5
		归根结底，能力比学历更重要	88.4
	学习成绩—个性特长	成绩好的孩子长大才有出息	56.3
		有个性和特长的孩子长大才有出息	75.6
教育互动	赏识教育—挫折教育	好孩子是夸出来的	70.9
		孩子要抗压、耐挫折才能成功	85.8
	控制管理—民主协商	对孩子就是要从小严格管理	72.0
		有事情最好与孩子商量着办	89.1
	老师教育—父母教育	父母是孩子最好的老师	92.5
		在孩子的教育上，老师比父母更重要	61.5
学业发展	学习成绩—兴趣爱好	为了不影响学习，孩子应该放弃兴趣爱好	37.6
		就算成绩不好，也可以发展兴趣爱好	85.9
	超前学习—顺其自然	孩子就是不能输在起跑线上	58.5
		孩子的健康、快乐是第一位的	93.8
	母语学习—英语学习	小时候学好母语更重要	88.4
		学习英语越早越好	60.4
	名校入学—非名校入学	只有上名校孩子长大才有前途	51.4
		上不上名校其实没有那么重要	71.5

1. 社会竞争维度的价值观

面对学历和能力的重要性比较，公众显然更看重个体能力。公众认可“有个性和特长的孩子长大才有出息”，质疑“成绩好的孩子长大才有出息”。综合“个人学历与个人能力”、“学习成绩与个性特长”两组命题来看，能力、个性、特长在社会竞争中的核心作用备受认可。

“出人头地与一技之长”组命题反映了公众对子女等下一代的个人成就期待值。而“望子成龙、盼望孩子出人头地”的“功成名就”型期待与“孩子将来有一技之长，生活幸福就可以”的“平常幸福”型期待，获得了基本一致的公众支持，与其他9组矛盾命题的分值落差状况截然不同。这反映了当前社会公众在个体社会成就感上存在的认知分歧，也显示了公众难以抉择“为功利而教育的价值取向”和“为生活而教育的价值取向”的矛盾心态。

2. 教育互动维度的价值观

面对老师教育和父母教育的优先序和重要性比较，公众在价值观层面极为显著地选择了“父母”对孩子教育影响的最优地位，与现实中感受到家长们对学校教育和教师作用的依赖并不相同。

“赏识教育与挫折教育”、“控制管理与民主协商”两组命题的调查结果显示，在与孩子的教育互动中，公众表现出更愿意采取“有事情最好与孩子商量着办”的民主管理支配手段，以及“孩子要抗压、耐挫折才能成功”的挫折教育方式方法。

不过，单就夸奖式的赏识教育方式而言，其赞成度比“对孩子就是要从小严格管理”还低。调查显示，尽管公众看重教育互动的民主协商方式，但是对孩子的尊重、激励、理解、宽容还需要更切实的理念更新。

3. 学业发展维度的价值观

从对“学习成绩与兴趣爱好”和“超前学习与顺其自然”两组命题的赞成度来看，公众对发展孩子的兴趣爱好和孩子健康快乐成长的需求特别突出，反对因为学习而放弃兴趣爱好，反对“孩子就是不能输在起跑线上”的超前学习观念。公众对“素质教育价值取向”的偏好与教育现实中所表现的“应试教育价值取向”形成了鲜明的对比。

与“学习英语越早越好”的观点相比，公众更认可“小时候学好母语更重要”。不过，单就“学习英语越早越好”而言，公众还是给予了60分的赞成度。

虽然择校热、上名校仍是热度不减的社会现象，但是公众更多地低估名校对人生的重要程度，不认可“只有上名校孩子长大才有前途”。然而，“上不上名校其实没有那么重要”的赞成度分值，与其他9组矛盾命题的倾向性赞成度分值相比居于低位，折射出公众对名校重要性存在一定程度的潜在认可。

三　公众教育价值观的分类比较

不同性别、年龄段、学历构成的分类研究数据显示，被调查者表现出有差异的教育价值观。

（一）教育价值观的性别差异

教育价值观的性别差异程度很小，同一命题不同性别的赞成度差距介于0.2分到4.8分之间。以教育价值观命题赞成度相距百分制的2分为标准，仅有7个价值观命题入选差异梯队（见图1）。

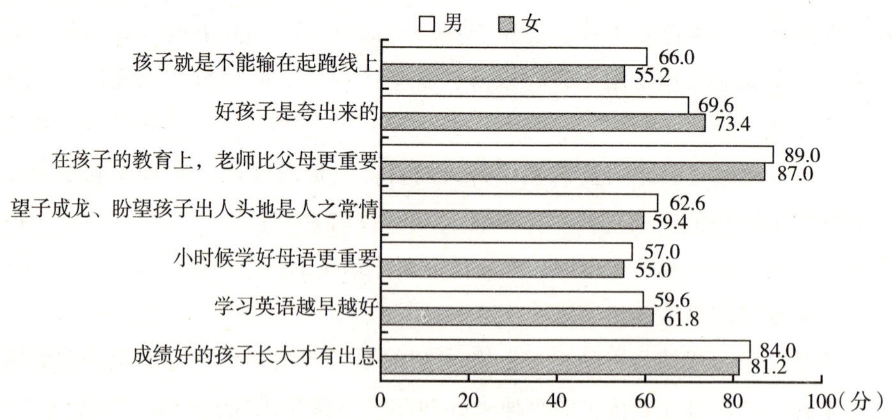

图1　公众教育价值观命题赞成度的性别差异举例

男性和女性分歧最大的命题是“孩子就是不能输在起跑线上”，男性比女性更认同这一观点；与之相反的是，女性比男性更认可“好孩子是夸出来的”。男性比女性更高估教师对孩子教育的重要性，更期待孩子出人头地，也更看重孩子的成绩好坏和母语学习；女性则比男性更支持“学习英语越早越好”。

（二）教育价值观的年龄差异

教育价值观的年龄差异程度比性别明显。依据问卷所设定的从“1995 年及之后”到“1954 年及之前”的十个年龄组，列出“90 后及以下”、“80 后”、“70 后”、“60 后”、“50 后及以上”五个年龄段的价值观赞成度，同一命题不同年龄段的赞成度差距介于 2.2 分到 15.4 分之间。

1. 全年龄段的价值观变化趋势举例

随着年龄段从“90 后及以下”到“50 后及以上”的递增，被调查者年龄越长，越重视孩子小时候的母语教育，越看重老师对孩子教育的作用，却也更认可学习成绩好的重要性和从小严格管理孩子的必要性。尤其是在“对孩子就是要从小严格管理”命题上，形成了显著的年龄差异，对中国传统教育所强调的“规矩”、“严格”观念，被调查者年龄越低越不看重。

随着年龄段从“50 后及以上”到“90 后及以下”的递减，被调查者年龄越低，越支持“就算成绩不好，也可以发展兴趣爱好”，与现实中孩子兴趣爱好培训热的低龄化趋势相一致。

2. “50后及以上”群体领跑教育价值观

调查显示，“50 后及以上”群体共计领跑 8 个价值观命题的赞成度，领跑数量居各年龄段之首。纵观 20 个价值观命题，“50 后及以上”群体的赞成度均值也高于年轻群体。

一方面，老年人群体保留了中国传统教育的价值理念，譬如母语教育、重视老师和成绩、严格管理、挫折教育等；另一方面，老年人群体展现了一些比年轻人更现代的教育价值观，譬如“有事情最好与孩子商量着办”的家庭民主教育管理、“归根结底，能力比学历更重要”的能力思维等。

3. “80后”到“60后”价值观趋势举例

“80 后”、“70 后”与“60 后”是当前占据社会主导地位、掌握社会资源的主要群体。以教育价值观命题赞成度相距百分制的 5 分为标准，共有 8 个价值观命题入选差异梯队（见图 2）。

从“80 后”到“60 后”，被调查者年龄越长，越认可上名校的重要性，越

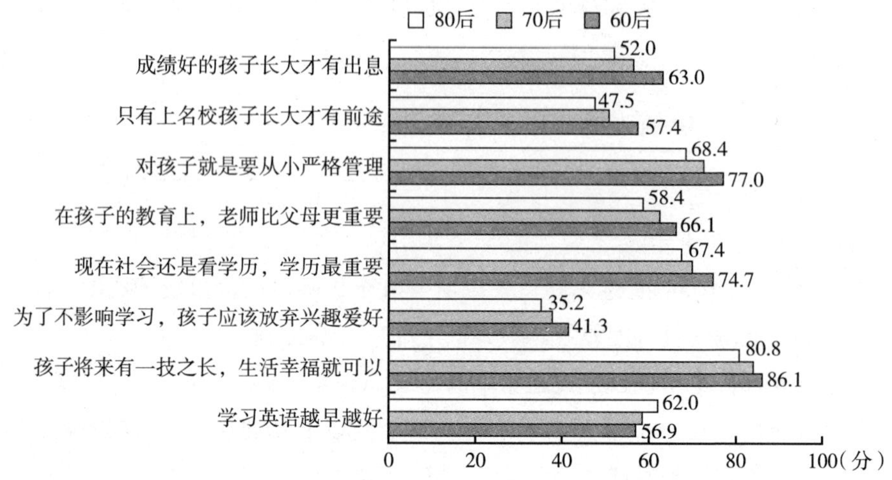

图 2　公众教育价值观命题赞成度的年龄差异举例

看重学历，也更期待“孩子将来有一技之长，生活幸福就可以”的“平常幸福”型生活；与之相反的是，对学习英语越早越好的赞成度随年龄递增而减少。

4. “90后及以下”到“70后”价值观趋势举例

从“90后及以下”到“70后”，教育的态度越发开明、民主，不太认可“起跑线上的竞争”，对“孩子的健康、快乐是第一位的”的赞成度也随年龄增长而提高。

（三）教育价值观的学历差异

学历差异造成的教育价值观的差异，明显高于性别、年龄段等。因九成被调查者属于已毕业工作身份，选择该群体为分析对象。同一命题不学历背景的被调查者赞成度差距介于2.9分~39.9分之间。

1. 全学历阶段的价值观变化趋势举例

随着学历阶段从“小学及以下”到“双学位/硕士/博士”的递增，被调查者学历越高，越看重父母对孩子教育的作用（见图3），折射出学历教育阶段的升级可能有助于公众获取更丰富的教育资源，从而能够更好地进行家庭教育。

随着学历阶段从“双学位/硕士/博士”到“小学及以下”的递减，被调查者学历越低，越重视孩子在起跑线上的教育和“竞争”，反映了低学历群体

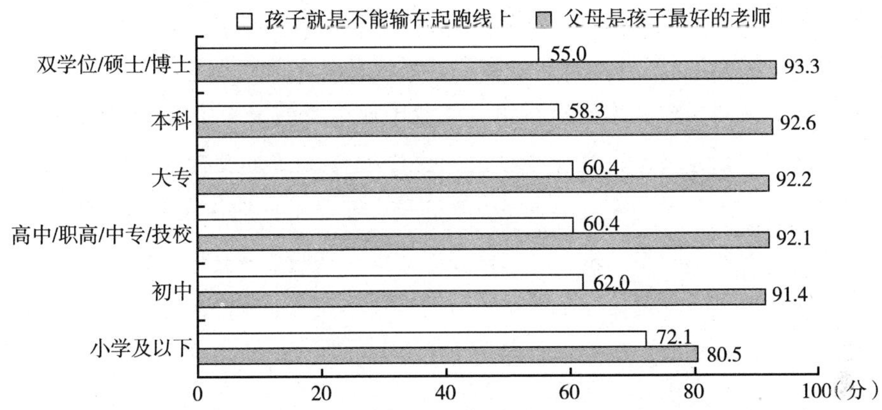

图3　公众教育价值观命题赞成度的学历差异举例

可能更容易接受功利主义的、不利于儿童天性的早期教育方案。

2. 高中等到研究生学历的价值观趋势举例

考虑被调查者的学历构成中高等教育比例接近九成，选择高中/职高/中专/技校、大专、本科、双学位/硕士/博士四个学历层次为观测点。相比全学历阶段的价值观落差，高中及以上学历群体的教育价值观差异明显缩小，同一命题的赞成度差距介于0.7分~9.3分之间。

随着学历阶段从“双学位/硕士/博士”到“高中/职高/中专/技校”的递减，被调查者学历越低，越看重教师对孩子教育的作用，“望子成龙”的情结更多一些。而随着被调查者学历的升高，他们更认可“有个性和特长的孩子长大才有出息”。

高中/职高/中专/技校学历的被调查者对上名校的重要性评价最高，而研究生层次学历的被调查者对上名校的重要性评价最低，可能是随着阅历的丰富和视野的开阔，其对教育的功效有了更真实的认识。

研究生层次学历的被调查者对学历的重要性评价最高。而高中/职高/中专/技校学历的被调查者对学历的重要性评价最低，可能是基于对自己教育经历的认可。

四　人口迁移中的公众教育价值观比较

人口迁移是当代中国社会与经济发展进程中的重要现象。结合被调查的家长群体自报告孩子所在地数据和家长就业所在地数据，就业于直辖市的家长中有 9.5% 没有与孩子共同居住在直辖市，就业于副省级城市的家长中有 16.0% 没有与孩子共同居住在副省级城市，就业于地级市的家长中有 26.4% 没有与孩子共同居住在地级市，就业于县镇的家长中有 35.9% 没有与孩子共同居住在县镇，就业于乡村的家长中有 59.6% 没有与孩子共同居住在乡村。

从劳动力迁移的角度来看，父母与子女没有共同居住在同一城镇、乡村主要存在两种情况，一是父母个体进行劳动力迁移而子女未随之迁移，二是子女作为成年劳动力迁移。从升学教育的角度来看，子女进入寄宿制中学、大学的区域变化，也会造成父母与子女居住地的分离。

针对就业于城镇（含直辖市、副省级城市、地级市、县镇）且孩子未与之共同居住在同一城镇的家长，分析其教育价值观与公众教育价值观均值的差异，同一命题两者的赞成度差距介于 0 分到 6 分之间。以教育价值观命题赞成度相距百分制的 2 分为标准，共有 9 个价值观命题入选差异梯队。

尽管所有被调查者都很认同“孩子的健康、快乐是第一位的”，认同家庭教育的重要性、父母是孩子最好的老师，但是差异却反映了就业于城镇且孩子未与之共同居住的家长，持有更为明显的功利态度（见图 4）。

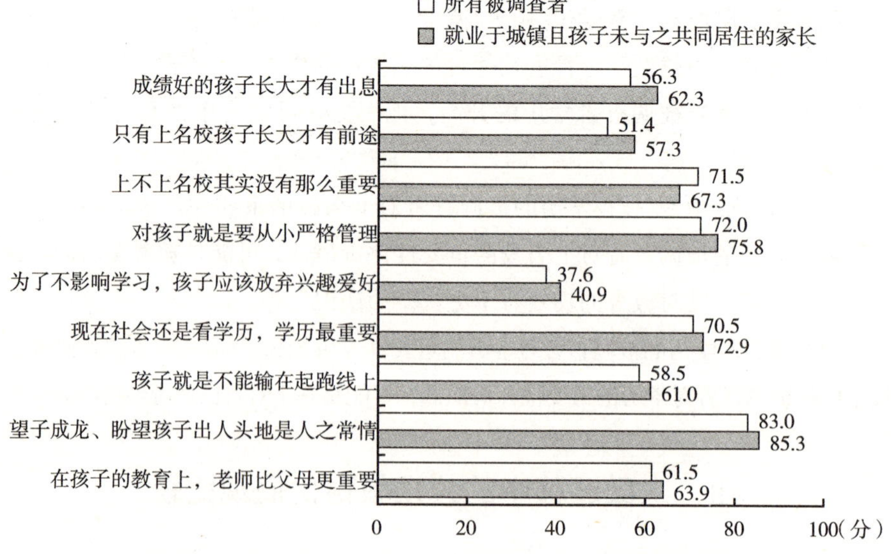

图 4　就业于城镇且孩子未与之共同居住的家长教育价值观差异举例

就业于城镇且孩子未与之共同居住的家长更认可成绩好的孩子长大才有出息、只有上名校孩子长大才有前途，更主张对孩子要从小严格管理、为学习放弃兴趣爱好，更看重学历的作用、起跑线上的竞争和老师的重要性，更期待孩子出人头地。

从对上述教育价值观命题的赞成度来看，就业于县镇、地级市且孩子未与之共同居住的家长群体比就业于直辖市、副省级城市且孩子未与之共同居住的家长群体，表现了更为突出的教育功利性价值观。

附　　录

Appendices

B.24

2013年全国教育事业发展统计公报*

2013 年，在党中央国务院的坚强领导下，教育优先发展战略地位进一步落实，教育系统全面贯彻落实教育规划纲要，努力推进教育事业健康持续发展，着力促进教育公平、调整教育结构、提高教育质量，在培养优秀人才、服务经济社会发展等方面取得了新成绩，为经济社会发展提供了有力的人才保障和智力支持。

一　学前教育

全国共有幼儿园 19.86 万所，比上年增加 1.73 万所，在园幼儿（包括附设班）3894.69 万人，比上年增加 208.93 万人。幼儿园园长和教师共 188.51 万人，比上年增加 20.76 万人。学前教育毛入园率达到 67.5%，比上年提高 3 个百分点。

* 资料来源：教育部网站。

二　义务教育

全国共有义务教育阶段学校 26.63 万所，比上年减少 1.55 万所。全国义务教育阶段共招生 3191.44 万人，在校生 1.38 亿人，专任教师 906.56 万人，九年义务教育巩固率 92.3%。

1. 小学

全国共有小学 21.35 万所，比上年减少 1.51 万所；招生 1695.36 万人，比上年减少 19.31 万人；在校生 9360.55 万人，比上年减少 335.35 万人；毕业生 1581.06 万人，比上年减少 60.50 万人。小学学龄儿童净入学率达到 99.71%；其中，男女童净入学率分别为 99.70% 和 99.72%，女童高于男童 0.02 个百分点。

小学教职工 549.49 万人，比上年减少 4.36 万人；专任教师 558.46 万人，比上年减少 823 人。专任教师学历合格率 99.83%，比上年提高 0.02 个百分点。生师比 16.76∶1，与上年的 17.36∶1 有所改善。

普通小学（含教学点）校舍建筑面积 62064.85 万平方米，比上年增长 3002.92 万平方米。设施设备配备达标的学校比例情况分别为：体育运动场（馆）面积达标学校比例 51.44%，体育器械配备达标学校比例 52.13%，音乐器械配备达标学校比例 50.13%，美术器械配备达标学校比例 50.09%，数学自然实验仪器达标学校比例 54.19%。

2. 初中

全国共有初中学校 5.28 万所（其中职业初中 40 所），比上年减少 412 所。招生 1496.09 万人，比上年减少 74.68 万人；在校生 4440.12 万人，比上年减少 322.94 万人；毕业生 1561.55 万人，比上年减少 99.23 万人。初中阶段毛入学率 104.1%，比上年提升 2.0 个百分点。初中毕业生升学率 91.2%，比上年提高 2.8 个百分点。

初中教职工 392.88 万人，比上年减少 1.03 万人；专任教师 348.10 万人，比上年减少 2.34 万人。初中专任教师学历合格率 99.28%，比上年提高 0.16 个百分点。生师比 12.76∶1，比上年的 13.59∶1 有所改善。

初中校舍建筑面积 50079.41 万平方米，比上年增长 2497.35 万平方米。

设施设备配备达标的学校比例情况分别为：体育运动场（馆）面积达标学校比例69.68%，体育器械配备达标学校比例72.84%，音乐器械配备达标学校比例70.34%，美术器械配备达标学校比例70.04%，理科实验仪器达标学校比例77.57%。

3. 进城务工人员随迁子女和农村留守儿童

全国义务教育阶段在校生中进城务工人员随迁子女共1277.17万人。其中，在小学就读930.85万人，在初中就读346.31万人。

全国义务教育阶段在校生中农村留守儿童共2126.75万人。其中，在小学就读1440.47万人，在初中就读686.28万人。

三　特殊教育

全国共有特殊教育学校1933所，比上年增加80所；特殊教育学校共有专任教师4.57万人。全国共招收特殊教育学生6.60万人，比上年增加278人；在校生36.81万人，比上年减少1.06万人。其中，视力残疾学生4.01万人，听力残疾学生8.92万人，智力残疾学生18.50万人，其他残疾学生5.38万人。特殊教育毕业生5.07万人，比上年增加0.21万人。

普通小学、初中随班就读和附设特教班招收的学生3.50万人，在校生19.08万人，分别占特殊教育招生总数和在校生总数的53%和52%。

四　高中阶段教育

全国高中阶段教育共有学校2.62万所，比上年减少643所；招生1497.45万人，比上年减少101.29万人；在校学生4369.92万人，比上年减少225.36万人。高中阶段毛入学率86.0%，比上年提高1.0个百分点。

1. 普通高中

全国普通高中1.34万所，比上年减少157所；招生822.70万人，比上年减少21.91万人；在校生2435.88万人，比上年减少31.29万人；毕业生798.98万人，比上年增加7.47万人。

普通高中教职工247.36万人，比上年增加1.10万人；专任教师162.90

万人，比上年增加3.40万人，生师比14.95∶1，比上年的15.47∶1有所改善；专任教师学历合格率96.80%，比上年提高0.36个百分点。

普通高中共有校舍建筑面积43560.14万平方米，比上年增长1313.49万平方米。普通高中设施设备配备达标的学校比例情况分别为：体育运动场（馆）面积达标学校比例82.86%，体育器械配备达标学校比例84.67%，音乐器械配备达标学校比例82.52%，美术器械配备达标学校比例82.94%，理科实验仪器达标学校比例86.02%。

2. 成人高中

全国成人高中611所，比上年减少85所；在校生11.07万人，比上年减少3.35万人；毕业生10.40万人，比上年减少1.23万人。成人高中教职工6061人，比上年减少1282人；专任教师4618人，比上年减少1183人。

3. 中等职业教育

全国中等职业教育共有学校1.23万所，比上年减少401所。其中，普通中等专业学校3577所，比上年减少104所；职业高中4267所，比上年减少250所；技工学校2882所，比上年减少19所；成人中等专业学校1536所，比上年减少28所。

中等职业教育招生674.76万人，比上年减少79.38万人，占高中阶段教育招生总数的45.06%。其中，普通中专招生271.47万人，比上年减少5.89万人；职业高中招生183.53万人，比上年减少30.37万人；技工学校招生133.50万人，比上年减少23.56万人；成人中专招生86.26万人，比上年减少19.55万人。

中等职业教育在校生1922.97万人，比上年减少190.72万人，占高中阶段教育在校生总数的44.00%。其中，普通中专在校生772.18万人，比上年减少40.38万人；职业高中在校生534.22万人，比上年减少88.83万人；技工学校在校生386.59万人，比上年减少37.22万人；成人中专在校生229.98万人，比上年减少24.29万人。

中等职业教育毕业生674.44万人，比上年减少4550人。其中，普通中专毕业生265.21万人，比上年减少1053人；职业高中毕业生204.52万人，比上年减少12.92万人；技工学校毕业生116.88万人，比上年减少3.63万人；成人中专毕业生87.83万人，比上年增加16.20万人。

中等职业教育学校共有教职工 115.34 万人，比上年减少 3.60 万人。其中，普通中等专业学校教职工 41.93 万人，比上年减少 1.13 万人；职业高中教职工 37.54 万人，比上年减少 1.89 万人；技工学校教职工 26.94 万人，比上年增加 1337 人；成人中等专业学校教职工 7.27 万人，比上年减少 4767 人。

中等职业教育学校共有专任教师 86.79 万人，比上年减少 1.30 万人，生师比 22.97∶1，比上年的 24.19∶1 有所改善。其中，普通中等专业学校专任教师 30.36 万人，比上年减少 1979 人；职业高中专任教师 30.14 万人，比上年减少 1.03 万人；技工学校专任教师 19.92 万人，比上年增加 2298 人；成人中等专业学校专任教师 5.20 万人，比上年减少 2186 人。

五　高等教育

全国各类高等教育在学总规模达到 3460 万人，高等教育毛入学率达到 34.5%。全国共有普通高等学校和成人高等学校 2788 所，比上年减少 2 所。其中，普通高等学校 2491 所（含独立学院 292 所），比上年增加 49 所；成人高等学校 297 所，比上年减少 51 所。普通高校中本科院校 1170 所，比上年增加 25 所；高职（专科）院校 1321 所，比上年增加 24 所。全国共有培养研究生的单位 830 个，其中普通高校 548 个，科研机构 282 个。

研究生招生 61.14 万人，比上年增加 2.17 万人，增长 3.68%，其中，博士生招生 7.05 万人，硕士生招生 54.09 万人。在学研究生 179.40 万人，比上年增加 7.41 万人，增长 4.31%，其中，在学博士生 29.83 万人，在学硕士生 149.57 万人。毕业研究生 51.36 万人，比上年增加 2.72 万人，增长 5.59%，其中，毕业博士生 5.31 万人，毕业硕士生 46.05 万人。

普通高等教育本专科共招生 699.83 万人，比上年增加 11.00 万人，增长 1.60%；在校生 2468.07 万人，比上年增加 76.76 万人，增长 3.21%；毕业生 638.72 万人，比上年增加 13.99 万人，增长 2.24%。

成人高等教育本专科共招生 256.49 万人，比上年增加 12.54 万人；在校生 626.41 万人，比上年增加 43.30 万人；毕业生 199.77 万人，比上年增加 4.34 万人。

全国高等教育自学考试学历教育报考 766.30 万人次，取得毕业证书 73.42

万人；非学历教育报考958.7万人次。

普通高等学校本科、高职（专科）全日制在校生平均规模9814人，其中，本科学校14261人，高职（专科）学校5876人。

普通高等学校教职工229.63万人，比上年增加4.19万人；专任教师149.69万人，比上年增加5.66万人。普通高校生师比为17.53∶1。成人高等学校教职工5.64万人，比上年减少9195人；专任教师3.36万人，比上年减少5746人。

普通高等学校校舍总建筑面积84154.95万平方米，比上年增加3094.53万平方米；教学科研仪器设备总值3309.58亿元，比上年增加374.21亿元。

六　成人培训与扫盲教育

全国接受各种非学历高等教育的学生678.56万人次，当年已结业933.77万人次；接受各种非学历中等教育的学生达4914.65万人次，当年已结业5340.34万人次。

全国职业技术培训机构11.23万所，比上年减少1.15万所；教职工48.22万人；专任教师27.43万人。

全国有成人小学2.18万所，在校生124.26万人，教职工4.36万人，其中，专任教师2.26万人；成人初中1768所，在校生48.23万人，教职工7281人，其中，专任教师5833人。

全国共扫除文盲50.59万人，比上年减少7.99万人；另有61.92万人正在参加扫盲学习，比上年减少6.98万人。扫盲教育教职工3.27万人，比上年减少5607人；专任教师1.54万人，比上年减少2402人。

七　民办教育

全国共有各级各类民办学校（教育机构）14.90万所，比上年增加9057所；招生1494.52万人，比上年增加44.49万人；各类教育在校生达4078.31万人，比上年增加167.29万人。其中：

民办幼儿园13.35万所，比上年增加8813所；入园儿童907.96万人，比上年增加 42. 34 万人；在园儿童 1990. 25 万人，比上年增加 137. 51 万人。

民办普通小学 5407 所，比上年增加 194 所；招生 111. 28 万人，比上年增加 6. 85 万人；在校生 628. 60 万人，比上年增加 30. 75 万人。

民办普通初中 4535 所，比上年增加 202 所；招生 162. 11 万人，比上年增加 4. 31 万人；在校生 462. 35 万人，比上年增加 10. 94 万人。

民办普通高中 2375 所，比上年增加 4 所；招生 79. 82 万人，比上年减少 2. 31 万人；在校生 231. 64 万人，与上年减少 3. 31 万人。

民办中等职业学校 2482 所，比上年减少 167 所；招生 73. 16 万人，比上年减少 10. 60 万人；在校生 207. 94 万人，比上年减少 32. 94 万人。另有非学历教育学生 30. 23 万人。

民办高校 718 所（含独立学院 292 所），比上年增加 11 所；招生 160. 19 万人，比上年减少 949 人；在校生 557. 52 万人，比上年增加 24. 34 万人。其中，硕士研究生在校生 335 人，本科在校生 361. 64 万人，专科在校生 195. 85 万人；另有自考助学班学生、预科生、进修及培训学生 25. 84 万人。民办的非学历高等教育机构 802 所，各类注册学生 87. 99 万人。

另外，还有其他民办培训机构 2. 01 万所，943. 56 万人次接受了培训。

B.25

2013年全国教育经费执行情况统计公告*

教财〔2014〕4号

一　全国教育经费情况

2013 年，全国教育经费总投入为 30364.72 亿元，比上年的 27695.97 亿元增长 9.64%。其中，国家财政性教育经费（主要包括公共财政预算教育经费，各级政府征收用于教育的税费，企业办学中的企业拨款，校办产业和社会服务收入用于教育的经费等）为 24488.22 亿元，比上年的 22236.23 亿元增长 10.13%。

二　落实《教育法》规定的“三个增长”情况

1. 全国公共财政教育支出（包括教育事业费、基建经费和教育费附加）为 21405.67 亿元，比上年的 20314.17 亿元增长 5.37%。其中，中央财政教育支出 3883.92 亿元，比上年增长 2.7%。

2. 各级教育生均公共财政预算教育事业费支出增长情况。2013 年全国普通小学、普通初中、普通高中、中等职业学校、普通高等学校生均公共财政预算教育事业费支出情况是：

（1）全国普通小学为 6901.77 元，比上年的 6128.99 元增长 12.61%。其中，农村为 6854.96 元，比上年的 6017.58 元增长 13.92%。普通小学增长最快的是云南省（23.41%）。

（2）全国普通初中为 9258.37 元，比上年的 8137.00 元增长 13.78%。其中：农村为 9195.77 元，比上年的 7906.61 元增长 16.3%。普通初中增长最快的是广东省（22.76%）。

* 资料来源：教育部网站。

（3）全国普通高中为8448.14元，比上年的7775.94元增长8.64%。增长最快的是甘肃省（24.5%）。

（4）全国中等职业学校为8784.64元，比上年的7563.95元增长16.14%。增长最快的是宁夏回族自治区（43.07%）。

（5）全国普通高等学校为15591.72元，比上年的16367.21元下降4.74%。增长最快的是贵州省（24.58%）。

3. 各级教育生均公共财政预算公用经费支出增长情况。2013年全国普通小学、普通初中、普通高中、中等职业学校、普通高等学校生均公共财政预算公用经费支出情况是：

（1）全国普通小学为2068.47元，比上年的1829.14元增长13.08%。其中：农村为1973.53元，比上年的1743.41元增长13.2%。普通小学增长最快的是江苏省（35.63%）。

（2）全国普通初中为2983.75元，比上年的2691.76元增长10.85%。其中：农村为2968.37元，比上年的2602.13元增长14.07%。普通初中增长最快的是江苏省（48.09%）。

（3）全国普通高中为2742.01元，比上年的2593.15元增长5.74%。增长最快的是甘肃省（50.84%）。

（4）全国中等职业学校为3578.25元，比上年的2977.45元增长20.18%。增长最快的是贵州省（74.16%）。

（5）全国普通高等学校为7899.07元，比上年的9040.02元下降12.62%。增长最快的是贵州省（59.81%）。

三　公共财政教育支出占公共财政支出比例情况

2013年，全国公共财政教育支出占公共财政支出140212.1亿元的比例为15.27%，比上年的16.13%降低了0.86个百分点。

四　国家财政性教育经费占国内生产总值比例情况

据统计，2013年全国国内生产总值为568845.2亿元，国家财政性教育经费占国内生产总值的4.30%，比上年的4.28%增加了0.02个百分点。

教育部　国家统计局　财政部

2014年10月31日

注：1. 公告中所涉及的全国性统计数据，均不包括台湾省、香港特别行政区、澳门特别行政区。

2. 公告中的2013年全国国内生产总值568845.2亿元和公共财政支出140212.1亿元等数据来源于《中国统计年鉴－2014》。

B.26

2014年教育大事记*

1月

1月3日

据《中国教育报》，教育部印发《关于加强乡村教师生活补助经费管理有关工作的通知》。该通知要求，要建立以身份证信息为基础的乡村教师生活补助申领信息库，实行实名制管理；要严格落实“以岗定补，在岗享受，离岗取消”的补助原则；补助要重点向条件艰苦地区倾斜，向村小学和教学点倾斜，充分发挥补助政策对吸引优秀教师到乡村学校（教学点）任教的作用。

1月3日

据《中国教育报》，教育部发布的《学位授权点合格评估办法》（征求意见稿）指出，学位授权点合格评估每6年进行一轮。

1月6日

据财新网，教育部官方微博称，2014年中国硕士研究生招生考试报名人数为172万，比2013年减少4万人。这是多年来中国研究生考试报名人数首次下降。与此同时，占考生总数近40%的68万考生选择专业硕士学位，比2013年增加了9万人。

1月8日

据《中国教育报》，教育部有关部门发出通知，部署各地从2014年1月10日起，使用全国中小学生学籍信息管理系统试运行办理转学等日常学籍管理业务。学生转学仅需向转入学校提出申请，其他流程均在网上进行。

《中国教育报》后续报道显示，截至8月20日，已有近1.6亿名学生的信息入库，共完成省内转学206万例，完成跨省转学22万例。

---

* 21世纪教育研究院整理，臧敦建、罗惠文、张红敏编辑。

1月9日

据《人民日报》，《成都市教育局关于教师退出教学岗位的实施办法》将于2014年2月10日起施行，有效期3年。这标志着成都全市范围内统一实行教师退出制度。

1月10日

据教育部网站，教育部印发《关于推进学校艺术教育发展的若干意见》，推进学校艺术教育发展。根据意见，教育部将从2015年起对中小学校和中等职业学校学生进行艺术素质测评，并将测评结果记入学生成长档案，作为综合评价学生发展状况的内容之一，以及学生中考和高考录取的参考依据。

1月11日

据《中国教育报》，教育部印发《中小学教师违反职业道德行为处理办法》，教师有不保护学生安全、体罚或性骚扰学生、组织学生有偿补课等9种违反职业道德行为的将予以处分。

1月14日

据教育部网站，教育部出台《关于进一步做好小升初免试就近入学工作的实施意见》，要求各地落实义务教育免试就近入学要求，合理划定招生范围，有序确定入学对象，规范办理入学手续，全面实行阳光招生，逐步减少特长招生，做好随迁子女就学，试行学区化办学，在加快均衡发展义务教育的同时，健全科学、明晰、便利的小学升入初中制度，规范招生入学行为，提高治理水平，促进教育公平。

据财新网，2月17日，教育部办公厅发出《关于进一步做好重点大城市义务教育免试就近入学工作的通知》，督促北京、天津、上海等19个大城市尽快落实免试就近入学工作。

1月15日

据《中国教育报》，2014年全国教育工作会议在京召开，会议主题是“深化教育领域综合改革，加快推进教育治理体系和治理能力现代化”。

1月17日

据《中国教育报》，青岛市提出建设现代学校制度，基础和前提是“政校分开，管办分离”，核心是落实和扩大校长办学自主权。该市已初步确定扩大教育教学改革、教师招聘、干部选聘、内部机构设置、财务管理等5个方面近

20项学校办学自主权，同时严格控制涉及学校的文件、会议、表彰和检查数量，给学校放权和“减负”。

1月21日

据上海政府网站，上海近日出台《关于本市应对极端天气停课安排和误工处理的实施意见》，提出如遇台风、暴雨、暴雪、道路结冰四类红色预警，各中小学校及幼托园所、中等职业学校等自动停课。

1月22日

据《中国教育报》，从2014年春季学期开始，北京小学生和初中生每周至少有3天可开展体育、文艺、科普等形式多样的课外活动，时间在下午3点半到5点之间，所有活动支出均由政府埋单。北京市教委有关负责人强调，课外活动内容不得与学科有关。

1月23日

据《中国教育报》，浙江新推四项小学减负措施：一是有计划地适当降低小学低年级教学要求，放慢教学进度；二是取消小学三年级及以下年级各种形式的统测活动，对小学其他年级及中学生进行统测，次数和学生参与比重也要严格控制；三是全面实行责任督学在中小学挂牌督导制度，实行督导责任制；四是切实做到“小升初”不进行任何形式的学科文化性考试。

1月23日

据《南宁日报》，从2014年秋季学期起，广西对所有中职学生实施免学费政策。据初步估算，这将惠及40万名中职学生。费用由中央和自治区两级财政承担。

1月29日

据《北京晚报》，教育部正式发布《高等学校学术委员会规程》，促进高校“去行政化”，探索“教授治学”。这是新中国成立以来首部国家级“学术委员会规程”，明确了“学术委员会”是校内最高学术权力机构。

2月

2月15日

据《中国教育报》，湖南省长沙市将从2015年起调整中考学科分值，并将国家《义务教育课程设置实验方案》所设定的科目，全部列入初中学业水平考试范围。

2月15日

据中国政府网，国务院办公厅发布《国务院关于取消和下放一批行政审批项目的决定》，决定再取消和下放64项行政审批项目和18个子项，其中，涉及教育部门的有取消利用互联网实施远程高等学历教育的教育网校审批和取消国家重点学科审批以及高等学校设置和调整第二学士学位专业审批，同时把高等教育自学考试专科专业审批下放至省级人民政府教育行政部门。

2月17日

据新华网，天津市教委出台“史上最严减负令”，规定中小学生在校学习时间，小学不超过6小时，中学不超过8小时，小学生最晚17：00点以前离校，中学生最晚17：30点离校；严禁学校在11个法定节日、双休日、寒暑假补课，全市中小学无论毕业年级还是非毕业年级一律不准补课。

2月19日

据《中国教育报》，全国中小学教育质量综合评价改革实验全面启动。

2月19日

据《中国教育报》，北京市教委宣布，今年起北京优质高中名额分配不再“推优”，完全按成绩录取，同时全面取消中考择校生，并逐年减少各类特长生的招生比例，今年该市示范高中招生计划的30%将分配到区域内初中校。

2月20日

据新华网，在国新办新闻发布会上，教育部基础教育一司副司长杜柯伟表示，截止到2013年年底，全国义务教育阶段的随迁子女一共是1277万人，占到义务教育学生总数的9.3%。国家财政性教育经费保障随迁子女就学的比例已经达到了83.5%。

2月20日

据人民网，21世纪教育研究院发布《北京市“小升初”2013年教育信息公开情况调查报告》，对北京市17个区县的教委、招生考试中心，以及择校最严重的四个区（海淀区、西城区、东城区、朝阳区）的16所中学、18所小学进行信息公开工作监测，并做出评价。

2月27日

据新华网，天津市居住证持有人随迁子女接受义务教育后在津升学考试政策 2014 年开始实施。天津中等职业学校（含五年制高等职业院校）和普通高等学校春季招生统一考试（即春季高考）允许符合条件的随迁子女报考。

2月27日

据《河北日报》，河北高考 2018 年实施新方案，主要内容包括：统一高考科目为语文、数学、外语三门，外语实行一年多考，高职院校实行分类招考，推行普通高校基于统一高考和高中学业水平考试成绩的综合评价录取机制。

2月27日

据《中国教育报》，教育部基础教育二司司长郑富芝表示，全国学前三年毛入园率达到67.5%，比 2010 年增加了 10.9 个百分点，提前实现了“十二五”规划提出的 60% 的目标。

2月27日

据《中国教育报》，江苏新修订的义务教育和普通高中学籍管理规定均不再设置借读一项，原需要借读的情形将统一纳入准予转学的项目，保证“籍随人走”。

3月

3月3日

据《中国教育报》，江西省出台意见，从今年秋季新学期起，江西小学升初中将清理各种形式的特长招生政策，全面取消并禁止特长招生。

3月3日

据《中国青年报》，教育部对 2014 年工商管理硕士（MBA）考试哈尔滨理工大学考点作弊事件做出处理：撤销哈尔滨理工大学 MBA 专业学位授予权，并从 2015 年起核减哈尔滨理工大学硕士研究生招生计划；责成黑龙江省教育部门督促哈尔滨理工大学深刻检查、切实整改。

3月4日

据《解放日报》，上海诞生了第一所独立设置的中外合作高中。经教育部批准，七宝中学与美国纽约市德怀特学校合作创办七宝德怀特高级中学，预计4月启动招生，9月开学。

3月5日

据新华社，国务院总理李克强在十二届全国人大二次会议上做政府工作报告时强调，今年继续加大教育资源向中西部和农村倾斜力度，促进义务教育均衡发展。贫困地区农村学生上重点高校人数要再增长10%以上。

3月14日

据《华商报》报道，西安两所幼儿园近日被发现违规给园内幼儿集体服用处方药“病毒灵”，引来社会关注。3月13日晚9时，西安市政府通报事件的最新进展：公安部门已以涉嫌非法行医罪刑拘两所幼儿园的5名相关责任人。

3月14日

据《河北日报》，河北省教育厅日前印发《2014年初中毕业与升学考试和普通高中招生制度改革意见的通知》，提出进城务工人员及其他非本地户籍就业人员随迁子女在河北省参加中考享受与当地常住户籍人口子女同等待遇。

3月17日

据《中国教育报》，国务院学位委员会、教育部正式发布了《关于加强学位与研究生教育质量保证和监督体系建设的意见》、《学位授权点合格评估办法》和《博士硕士学位论文抽检办法》3个文件。据悉，这是自1978年恢复研究生教育以来，国务院学位委员会、教育部首次印发有关学位与研究生教育质量保证和监督体系建设的文件。

3月18日

据《中国教育报》，2013年中外合作办学（本科以上层次）评估工作完成，本次评估以临近办学期限的机构和项目为主，涉及北京、上海等24个省市143个办学单位的346个机构和项目。从评估结果看，参评机构和项目合格率达到83%，有条件合格率14%，不合格率3%。

3月20日

据《中国教育报》，北京市教委正式发布面向全市百万中小学生的健康膳食指引，呼吁家长和学校共同努力，纠正当前中小学生不尽合理的膳食结构，提升学生身体素质。

3月20日

据《中国教育报》，国家体育总局出台《全国青少年体育比赛赛前运动员文化测试工作管理办法》。该办法规定，经国家体育总局批准开展的全国青少年体育比赛赛前，处于九年义务教育阶段的参赛运动员必须参加文化测试项目。2015 年，我国奥运项目的青少年运动员在参加全国性体育比赛前都将统一参加文化考试。

3月21日

据《中国教育报》，3 月 19 日下午，丘北县双龙营镇平龙村佳佳幼儿园 32 名幼儿发生疑似食物中毒事件，紧急送往县医院救治后，其中 2 名幼儿抢救无效死亡。

3月21日

据《中国教育报》，教育部办公厅、财政部办公厅联合下发通知，2014 年农村义务教育阶段学校教师特设岗位计划招聘约 6 万名特岗教师，将优先满足村小、教学点教师的补充需求。

3月24日

据《中国教育报》，国家教育督导检查组认定上海市义务教育均衡发展达到了国家规定标准，上海率先在全国整体实现县域义务教育均衡发展。

3月25日

据中国网，为进一步加强高校辅导员队伍建设，推动高校辅导员队伍专业化、职业化发展，教育部日前印发《高等学校辅导员职业能力标准（暂行）》，对高校辅导员职业概况、基本要求和各级能力标准进行了规范与要求。

3月26日

据《光明日报》，教育部印发《完善中华优秀传统文化教育指导纲要》的通知，将围绕中华优秀传统文化教育的主要任务，逐步落实课程标准修订和课程开发工作。

3月29日

据《中国教育报》，教育部下发《关于做好 2014 年普通高校招生工作的通知》。通知强调，各省（区、市）和高校要进一步推进高校招生信息公开工作，做到“十公开”，即招生政策公开、高校招生资格公开、高校招生章程公开、高校招生计划公开、考生资格公开、录取程序公开、录取结果公开、咨询及申诉渠道公开、重大违规事件及处理结果公开、录取新生复查结果公开。

4月

4月2日

据中央电视台新闻频道，21 世纪教育研究院发布“高校就业质量年度报告”评价排名报告，对 75 所教育部直属高校就业报告的内容完备性、公信力及信息公开化做出了评价。报告显示，其中仅有 22 所大学的就业年报总分达到 60 分，合格率不足三成。

4月4日

据《中国教育报》，教育部办公厅、农业部办公厅联合发布《中等职业学校新型职业农民培养方案（试行）》，根据方案，我国中等职业学校将向广大农民敞开大门，培养适应现代农业发展和新农村建设要求的新型职业农民。

4月4日

据中国新闻网，上海教委确定 21 所高中为国际课程试点学校，包括上海交大附中等 11 所公办高中和西南位育中学等 10 所民办高中，引导规范高中引进国际课程，满足家长对教育的多样化需求。

4月15日

据《中国教育报》，从今年起，广西将改革中职校学前教育专业设置审批权，把专业设置审批制度改为专业设置备案制度，转变专业管理方式，加强市级政府统筹中职教育能力。

4月15日

据人民网，国务院教育督导委员会办公室印发《关于开展农村义务教育学校基本办学条件专项督导的通知》，明确督导重点是贫困地区、边远地区等义务教育学校，主要包括教学及辅助用房、课桌椅等基本办学条件，学生住宿等基本生活条件，以及集中连片特困地区营养午餐、乡村教师生活补助内容。

4月16日

据《中国教育报》，教育部、农业部、国家林业局下发通知，决定开展卓越农林人才教育培养计划改革试点项目申报工作。该计划改革试点项目包括拔尖创新型、复合应用型、实用技能型三类人才培养模式改革。改革试点项目专业包括农学门类专业及农业工程类、林业工程类、食品科学与工程类、农业经济管理类专业。

4月16日

据《中国教育报》，教育部开始实施2014年中西部农村订单定向医学生免费培养工作。据介绍，2014年中央财政支持高等医学院校为中西部乡镇卫生院培养订单定向免费教育五年制医学生共计5610人，具体专业为临床医学、中医学、蒙医学、藏医学和维医学。

4月18日

据《京华时报》，北京市教委召开新闻发布会，备受关注的2014年“幼升小”和“小升初”政策正式出炉。今年义务教育阶段入学坚持免试就近原则，“共建生”这一入学方式在文件中正式取消。为控制盲目择校，今年全市使用统一的小学和初中入学服务系统，实现规范入学。

4月18日

据北京市教育委员会网站，北京市教委公布了《关于2014年义务教育阶段入学工作的意见》，该意见要求，非本市户籍适龄儿童入学继续坚持“五证”审核。“五证”包括适龄儿童父母或其他法定监护人持本人在京务工就业证明、在京实际住所居住证明、全家户口簿、在京暂住证、户籍所在地街道办事处或乡镇人民政府出具的在当地没有监护条件的证明等相关材料。

4月21日

据凤凰网，教育部21日颁布了《学生体质健康监测评价办法》、《中小学校体育工作评估办法》、《学校体育工作年度报告办法》三个规范性文件。三个办法明确规定，学生体质健康水平连续3年下降的学校体育工作等级评定结果为“不合格”。

4月23日

据《中国教育报》，中国人民大学正式聘任首届10名本科生招生社会监督员，旨在引入第三方监督机制，这是该校规范和改进本科生招生工作的一项重要举措。

4月26日

据凤凰网，由应用技术大学（学院）联盟和中国教育国际交流协会主办的产教融合发展战略国际论坛2014年春季论坛4月26日在驻马店闭幕。闭幕式上，参加论坛的178所高等学校共同发布了《驻马店共识》，共同探讨“部分地方本科高校转型发展”和“中国特色应用技术大学建设之路”。

4月29日

据《中国教育报》，教育部正式致函广东省人民政府，同意批准设立香港中文大学（深圳）。办学者为深圳大学和香港中文大学，由广东省人民政府依法进行管理。教育部批准香港中文大学（深圳）2014年开始招生。

5月

5月2日

据南方网，国务院发布了《关于加快发展现代职业教育的决定》，该决定提到“到2020年，形成适应发展需求、产教深度融合、中职高职衔接、职业教育与普通教育相互沟通，体现终身教育理念，具有中国特色、世界水平的现代职业教育体系”。

5月2日

据《中国教育报》，青岛市教育局实施校长职级制改革试点，取消校长的行政级别，率先给48名校长摘掉“官帽”。目前，试点工作在全市全面推进，预计6月将全部完成改革工作，涉及1200所中小学。

5月13日

据《中国教育报》，从今年9月起，上海将推行中职本科贯通培养模式，学生接受3年中职教育后，直接升入应用型本科大学，4年后完成学业，可获得本科学历。首批试点总共招生120人，有3所中职学校和2所大学参与。

5月17日

据凤凰网，中共教育部党组印发了《高等学校领导班子及领导干部深入解决“四风”突出问题有关规定》，要求各高校结合实际制订解决本校“四风”方面存在的突出问题的办法措施，制订中层机关干部、院系领导和附属单位领导的办公用房、用车、出国（境）等实施细则，经教职工代表大会审议通过并公示后执行。

5月20日

据《中国教育报》，教育部副部长郝平与俄罗斯教育科学部第一副部长特列季亚克在上海共同签署了《中华人民共和国教育部与俄罗斯联邦教育科学部关于北京理工大学与莫斯科国立罗蒙诺索夫大学合作举办“中俄大学”的谅解备忘录》。双方将支持中国北京理工大学与俄罗斯莫斯科国立罗蒙诺索夫大学在中国深圳市合作举办“中俄大学”。

5月22日

据凤凰网，北京市教委颁布义务教育入学“十五条禁令”，明确指出，严禁区县、有关单位和学校以任何名义收取与入学挂钩的费用，切实解决“以钱择校”问题。教育行政部门和公办学校均不得采取考试方式选拔学生，不得举办或参与举办各种培训班选拔生源，坚决杜绝“以分择生”的行为。抵制入学过程中打招呼、递条子等不正之风，坚决拒绝说情请托、权学交易等“以权入学”不良行为。

5月23日

据《中国教育报》，教育部公布首批《中等职业学校专业教学标准（试行)》目录，涉及农林牧渔类、资源环境类、能源与新能源类等 14 个专业类的 95 个专业。

5月23日

据《中国教育报》，广州将制定民办学校教师工资指导标准，即设立“最低工资”标准，并将通过年金制、优先入户等多举措支持民办教育发展。

5月25日

据新浪网，5 月 25 日，一则名为“实拍三男子轮流殴打一少年”的视频在网上广为传播。公安部刑侦局、北京市公安局等部门通过官方微博表示，北京警方已经对此事展开调查。

5月31日

据《中国教育报》，南京市人民检察院 30 日发布消息，南京检方已于近日以涉嫌受贿罪决定对中国人民大学招生就业处原处长蔡荣生予以逮捕。

6月

6月4日

据《中国教育报》，2014年，全国28个省份实施随迁子女在居住地参加高考，涉及考生5.6万名。2013年首次实施异地高考省份中，10个省份官方披露的数据显示，约4500名考生参加异地高考，这一数字与当年912万高考人数相比，仅占约0.5‰。

6月5日

据《中国教育报》，5月15日，教育部发布高等学校章程核准书，核准了吉林大学、上海交通大学、同济大学、四川大学、西北农林科技大学、东北师范大学、上海财经大学、中国矿业大学和西南大学等9所高校的章程。2014年度共核准41所高校章程，截至2014年底，共47所高校章程获得教育部核准。

6月5日

据《中国教育报》，中国教育在线当天发布的高招调查报告显示，2014年，高考报名人数在连续下降5年后第一次出现反弹，增长27万人，达到939万人，但未来几年高考人数将趋稳。

6月7日

据《中国教育报》，教育部经与国家发改委协商一致，建议2014年全国普通高校招生计划安排698万人，其中本科363万人，高职（专科）335万人。该安排已经十二届全国人大二次会议审议批准。目前，各地正按照教育部和国家发改委部署，安排落实分校分专业招生计划。

6月10日

据中国之声央广新闻，教育部、国家发展改革委、财政部召开“全面改薄”推进工作视频会，遵循保基本、兜住底、促公平的原则，中央财政每年投入350亿元，用5年时间投入1750亿元聚焦贫困地区，使那里的义务教育学校都能基本达标。

6月11日

据《中国教育报》，中央财政下达了2014年农村义务教育阶段学校公用经费预算。与2013年相比，年生均公用经费基准定额提高40元，中西部年生均小学达到600元、初中800元，东部小学达到650元、初中850元。所需资金仍由中央财政和地方财政按比例分担，西部地区为8∶2，中部地区为6∶4，东部地区分省确定。

6月11日

据人民网，为进一步规范学校办学行为、减轻学生过重课业负担，教育部决定派出5个由教育行政干部、国家督学、相关专家及新闻记者组成的督查组，分别对河北、山西、辽宁、吉林、江苏、安徽、河南、湖北、四川、陕西共10个省份义务教育学校规范办学行为进行督查巡视。

6月12日

据中国新闻网，广西教育厅今天印发了《广西壮族自治区普通高中学籍管理实施办法》，首次允许学生在普通高中和中等职业学校之间双向转学。

5月29日

据福建省人民政府网站，福建省教育厅宣布，从今年秋季入学起，正式实施免费特殊教育，对在特殊教育学校和普通学校附设特教班就读的残疾学生实行"三免两补"政策，即免学杂费、免教科书费、免住宿费、补助生活费、补助交通费，资助范围为学前至高中阶段，共惠及2.6万名学生。

6月16日

据《经济日报》，教育部等六部门联合印发《现代职业教育体系建设规划(2014－2020年)》，提出2015年，初步形成现代职业教育体系框架，到2015年和2020年，中等职业教育在校生数将分别达到2250万人和2350万人，专科层次职业教育在校生数将分别达到1390万人和1480万人，继续教育参与人次将分别达到2.9亿人次和3.5亿人次。到2015年，现代职业教育体系框架将初步形成，到2020年基本建成中国特色现代职业教育体系。

6月17日

据《中国教育报》，2014年全国硕士研究生招生录取工作日前结束。教育部要求研究生招生单位加大招生信息公开力度，进一步扩大招生信息公开范围，并将所有拟录取名单公示不少于10个工作日。

6月17日

据《北京教育报》，郑州搏强新观念生活培训学校使用暴力手段矫正学生行为，今年5月，两名女孩在该校“加训”后，一死一伤。目前，学校已被取缔，5名相关人员被刑拘。

6月16日

据《新京报》，6月16日，央视报道有人组织武汉在校大学生“枪手”前往河南杞县等高考考点参加替考。教育部回应称，已派出工作组赶赴河南省、湖北省指导督办调查。河南省招办回应称，2014年该省已查实违规违纪考生165人，其中替考127人。

6月19日

据《中国教育报》，教育部发出消息，从2016年起，不再组织在职人员攻读硕士专业学位全国联考，除高级管理人员工商管理硕士外，其他类别将以非全日制研究生教育形式纳入国家招生计划和全国硕士研究生统一入学考试管理。

6月21日

据《湖北日报》，湖北职业技术学院1103位优秀应届毕业生，领到了自己的学位证书，成为我国首批“工士学位”获得者。经教育部同意，今年该学院在全国率先试点，为优秀毕业生授予“工士学位”，使高职学生有机会进入学位通道，参与终身学习。

6月23日、24日

据新华网，第三次全国职业教育工作会议在京召开。会议指出，要采取试点推动、示范引领等方式，引导一批普通本科高等学校向应用技术类型高等学校转型，重点举办本科职业教育。独立学院转设为独立设置高等学校时，鼓励其定位为应用技术类型高等学校。

6月30日

据新华网，教育部、国家卫生计生委等六部门联合印发了《关于医教协同深化临床医学人才培养改革的意见》，提出到2020年，基本建成院校教育、毕业后教育、继续教育三阶段有机衔接的具有中国特色的标准化、规范化临床医学人才培养体系。

6月30日

据《京华时报》，辽宁省本溪市高级中学今年高考生1000多名，获得体优生加分者高达87人，受到众多考生和学生家长的质疑。同时，鞍山一中、辽河油田高级中学分别有43名和40名高考体优生获得加分，也受到了质疑。

7月

7月1日

据中国之声《央广新闻》，上海将从2014年秋季起在全市推广“基于课程标准的教学与评价”（俗称零起点教学和等第制评价），减轻学生过重的学业负担和心理负担。

7月4日

据中新网，教育部发布《2013年全国教育事业发展统计公报》。公报指出，全国义务教育阶段在校生中农村留守儿童共2126.75万人。其中，在小学就读1440.47万人，在初中就读686.28万人。

7月8日

据教育部网站，教育部发布《严禁教师违规收受学生及家长礼品礼金等行为的规定》，明确了六条“红线”：一是严禁以任何方式索要或接受学生及家长赠送的礼品礼金、有价证券和支付凭证等财物；二是严禁参加由学生及家长安排的可能影响考试、考核评价的宴请；三是严禁参加由学生及家长安排支付费用的旅游、健身休闲等娱乐活动；四是严禁让学生及家长支付或报销应由教师个人或亲属承担的费用；五是严禁通过向学生推销图书、报刊、生活用品、社会保险等商业服务获取回扣；六是严禁利用职务之便谋取不正当利益的其他行为。

7月9日

据《中国教育报》，为了建立高校招生责任制和问责制，2014年教育部首次要求高校建立校长作为高校法人代表签发录取通知书的制度，录取通知书除加盖高校校章外，还应有校长签名，由校长对录取结果负责。

7月15日

据《中国教育报》，河南省教育厅下发通知，要求各地畅通入学渠道，简化入学手续，确保进城务工人员随迁子女接受义务教育。按照就近入学原则，以公办校为主统筹安排，任何公办校不得拒绝接收、不得收取任何费用。

7月16日

据南方网，广东近日出台《特殊教育提升计划（2014－2016年）》，决定从2015年春季学期起，在全省实施高中阶段残疾学生免费教育，免收学杂费、课本费。

7月16日

据凤凰网，湖南湘潭校车翻入水库致11人死亡事件理赔基本结束，8名遇难幼儿均获赔56万元，3名遇难成人中的2位幼师获赔68万元，并全部签署协议。因警方对事故原因仍在调查，遇难司机的赔偿暂未处理。

7月10日下午，湘潭市雨湖区响塘乡金侨村乐乐旺幼儿园所属的一辆校车在送幼儿回家途中翻入水库，造成11人不幸遇难。

7月18日

据《中国教育报》，来自今年新启用的义务教育入学服务平台的统计数据显示，截至7月16日，北京市小学就近入学比例为93.7%，初中就近入学比例为76.82%。在今年“史上最严”入学新政背景之下，北京市义务教育就近入学比例实现了大幅提升。

7月18日

据《中国教育报》，教育部印发《国家学生体质健康标准（2014年修订）》，要求各学校每学年开展覆盖本校各年级学生的《标准》测试工作，并根据学生学年总分评定等级。只有达到良好及以上的学生，方可参加评优与评奖。

7月26日

据新华网，财政部、教育部、中国人民银行、银监会等四部门下发通知，决定调整国家助学贷款（包括校园地国家助学贷款和生源地信用助学贷款）资助标准：从今年7月起，国家助学贷款资助标准由现行每人每年不超过6000元，调整为本专科学生每人每年不超过8000元，研究生每人每年不超过12000元。

7月25日

据中国发展门户网，教育部发布《高等学校信息公开事项清单》，要求高校10月底前面向社会主动公开信息，包括基本信息、招生考试信息、财务资产及收费信息、人事师资信息、教学质量信息、学生管理服务信息、学风建设信息、学位学科信息、对外交流与合作信息和其他信息等10个大类50条具体项目。

7月30日

据《中国教育报》，教育部、国家发展改革委和财政部三部门下发通知，对各地全面改善贫困地区义务教育薄弱学校基本办学条件提出20项底线要求，提出要用3~5年时间，全面消除D级危房，确保学生1人1桌1椅（凳），寄宿学生每人1个床位。

8月

8月2日

据《中国教育报》，教育部公布《中小学生守则（征求意见稿）》，提出爱祖国、讲文明、护安全等9项内容，其中特别提出，中小学生要“会自护懂求救，远离毒品，珍惜生命”。

8月5日

据《中国教育报》，全国治理教育乱收费部际联席会议办公室对5个省份的整改工作进行了进一步督查，印发《关于2013年规范教育收费治理教育乱收费重点督查查处的典型问题情况通报》，对包括河北省衡水市衡水中学违反“三限”政策招生、服务性收费代收费不规范等问题在内的5起教育乱收费典型问题进行通报。

8月11日

据《中国教育报》，教育部等七部门今天印发《关于推进学习型城市建设的意见》。该意见提出，我国将建立健全与就业准入、工作考核、岗位聘用、职业注册等制度相衔接的终身学习、继续教育激励机制。

8月13日

据《中国教育报》，经征得中央组织部、中央编办同意，教育部、财政部、人力资源和社会保障部日前联合印发了《关于推进县（区）域内义务教育学校校长教师交流轮岗的意见》。根据该意见，从2014年开始，国家力争用3~5年时间实现县域内校长教师交流轮岗的制度化、常态化，率先实现县域内校长教师资源均衡配置，支持鼓励有条件的地区在更大范围内推进。

8月13日

据新华网，财政部12日发布消息，今年中央财政加大对特殊教育的支持力度，已拨付特殊教育补助经费4.1亿元，是去年的7倍。据介绍，上述经费主要用于特殊教育资源教室（中心）建设、特殊教育学校设备设施配备和“医教结合”区域实验等，改善特殊教育学校办学条件。

8月25日

据凤凰网，教育部印发《关于开展现代学徒制试点工作的意见》，实现专业设置与产业需求对接，课程内容与职业标准对接，教学过程与生产过程对接，毕业证书与职业资格证书对接，职业教育与终身学习对接，提高人才培养质量和针对性。

8月28日

据杭州新闻中心，9月1日起，浙江省杭州市主城区251所公办中小学校园体育场地设施将按时、免费向社会开放，杭州市民只要持市民卡前往学校所属社区登记办理健身功能登记，便可刷卡进校。

9月

9月3日

据《中国教育报》，国务院印发《关于深化考试招生制度改革的实施意见》，部署深入贯彻落实党的十八届三中全会关于推进考试招生制度改革的要求，进一步促进教育公平，提高选拔水平。该实施意见的出台，标志着新一轮考试招生制度改革全面启动。

9月12日

据《中国教育报》，受教育部委托，教育部职业技术教育中心研究所就《职业教育法》修订召开座谈会，这也是《职业教育法》修订工作沉寂3年后重新启动。

9月18日

据中国网，教育部印发了《关于实施卓越教师培养计划的意见》，旨在以实施卓越教师培养计划为抓手，推动师范院校深化教师培养机制、课程、教学、师资、质量评价等方面的综合改革，努力培养一大批有理想信念、有道德

情操、有扎实学识、有仁爱之心的好教师。

9月18日

据凤凰网，教育部、财政部、民政部今天发布《关于加强中央部门所属高校教育基金会财务管理的若干意见》。该意见提出，教育基金会工作人员工资福利和行政办公支出不得超过当年总支出的10%；公益事业支出不得低于上年总收入的70%。

9月19日

据新华网，经上海市政府、浙江省政府批准，《上海市深化高等学校考试招生综合改革实施方案》、《浙江省深化高校考试招生制度综合改革试点方案》今天同时向社会公布。根据试点方案，两地高考考试科目均为“3+3”模式，不分文理科。同时，两地试点改革都将从2014年秋季入学的高中新生开始启动，2017年全面实施。

9月25日

据浙江新闻网，浙江省人力资源和社会保障厅、省财政厅、省教育厅发出《关于建立农村特岗教师津贴的通知》，决定从明年1月1日起，在现有农村教师任教津贴的基础上，建立农村特岗教师津贴。农村特岗教师津贴的范围对象是条件比较艰苦或地理位置偏远的农村中小学校和幼儿园在编在岗专任教师；津贴标准原则上每月每人不低于300元。

9月26日

据人民网，2014年9月26日14时30分左右，云南省昆明市盘龙区明通小学发生踩踏事故，造成学生6人死亡、26人受伤，其中两人重伤。

9月29日

据《中国教育报》，教育部制定出台《关于建立健全高校师德建设长效机制的意见》，该意见强调，高校要健全教师主体权益保障机制，明确并落实教师在高校办学中的主体地位：一要完善教师参与治校治学机制，二要充分尊重教师的专业自主权，三要保护教师正当的申辩、申诉权利，四要创设公平正义、风清气正的环境条件。同时划出高校师德禁行行为七条“红线”。

9月30日

据《中国教育报》，国务院日前印发《关于进一步做好为农民工服务工作的意见》，该意见指出，要努力实现未升入普通高中、普通高等院校的农村应届初高中毕业生都能接受职业教育，公办义务教育学校要普遍对农民工随迁子女开放。

9月30日

据《中国教育报》，教育部印发《中小学教科书选用管理暂行办法》。该办法规定，中小学教科书选用单位由省级教育行政部门根据当地实际情况确定，并成立教科书选用委员会，学科组先提出初选意见，选用委员会再投票决定选用结果并网上公示，任何单位和个人不得违反规定干预教科书选用过程和结果。

10月

10月8日

据《新华日报》，江苏十二届人大常委会第十二次会议听取并审议了《江苏省人民代表大会常务委员会关于促进全民阅读的决定（草案）》，立法促进全民阅读，并拟定每年4月23日为“江苏全民阅读日”。

10月13日

据《中国教育报》，教育部官方微信推送由教育部高等教育司整理并公布的两年（2012年、2013年）就业率较低的本科专业名单，食品卫生与营养学、生物科学、旅游管理、社会体育指导与管理、市场营销、动画、知识产权、广播电视编导、表演、艺术设计学、播音与主持艺术、音乐表演、电子商务、贸易经济、公共事业管理共15个专业榜上有名。

10月13日

据新华网，中共中央办公厅近日印发了《关于坚持和完善普通高等学校党委领导下的校长负责制的实施意见》。

10月17日

据《中国教育报》，教育部通报四起高校科研经费使用违规违纪典型案件：浙江大学原教授陈英旭将科研经费划入自己控制的公司，贪污945万余元，被判刑10年；北京邮电大学原教授宋茂强借用他人身份证件办理银行存折冒名领取劳务费，将68万元科研经费据为己有，被判刑10年6个月；北京中医药大学原教授李澎涛、王新月夫妇二人以虚假采购耗材的方式向一家生物技术公司支付264万余元，涉嫌贪污，被移送司法机关处理；山东大学刘兆平采取虚开发票的方式，骗取科研经费等公款341.8万元，被判刑13年。

10月20日

据新华网，由科技部、财政部共同起草的《关于深化中央财政科技计划（专项、基金等）管理改革的方案》，已经批准，即将发布实施。该方案提出，政府不再直接管理具体项目，而是通过公开统一的国家科技管理平台宏观统筹，具体委托专业机构来管理。

10月28日

据《中国教育报》，教育部党组发布《关于深入推进高等学校惩治和预防腐败体系建设的意见》。该意见强调，要加强学校资产和校办企业监管，禁止院（系）、教师违规利用学校资源兴办企业，杜绝“一手办学、一手经商”现象。

10月31日

据《中国教育报》，教育部、国家统计局、财政部日前联合发布了2013年全国教育经费执行情况统计公告。公告显示，2013年国家财政性教育经费为24488.22亿元，占国内生产总值的4.30%，比上年的4.28%增加了0.02个百分点。

10月31日

据新华网，从2014年11月起，中央财政安排的营养改善计划国家试点地区补助将执行新标准，从每日补贴3元提高到4元，达到每生每年800元。

11月

11月3日

据中国政府网，教育部、国家发改委、财政部发布《关于实施第二期学前教育三年行动计划的意见》，决定2014～2016年实施第二期学前教育三年行动计划。该意见要求，坚持公益普惠，进一步优化学前教育资源配置，公办民办并举，努力提高学前教育公共服务水平，新增资源重点向贫困地区和困难群体倾斜。

11月10日

据《中国教育报》，大学生创业（开业）补贴申报目前正式启动。补贴对象为初次创业的毕业两年以内高校毕业生或毕业学年高校毕业生，补贴标准为每人 5000 元。

11月16日

据经济观察网，由 21 世纪教育研究院等发起的“农村小规模学校联盟”宣布成立。该联盟是农村小规模学校、教育公益组织、基金会等机构协同改善农村小规模学校教育质量的民间行动计划组织。

11月26日

据新华网，教育部留学服务中心发布的《中国留学回国就业蓝皮书》指出，改革开放至 2013 年底，我国各类出国留学人员总数达 305.86 万人，学成回国人员总数达 144.42 万。

11月27日

据《中国教育报》，教育部下发《关于在国家宪法日深入开展宪法学习宣传教育活动的通知》，要求各级教育行政部门和各级各类学校要加强宪法教育体系建设，形成宪法教育的长效机制。鼓励有条件的地方，将宪法知识纳入中考的测试范围。

12月

12月5日

据《中国教育报》，教育部、财政部、国家发展改革委等五部门联合印发的《构建利用信息化手段扩大优质教育资源覆盖面有效机制的实施方案》，提出到 2015 年，全国基本实现各级各类学校互联网全覆盖，其中宽带接入比例达 50% 以上；到 2017 年，全国基本实现各级各类学校宽带网络接入；到 2020 年建成与国家教育现代化发展目标相适应的教育信息化体系。

12月8日

据《中国教育报》，安徽省淮北市同仁中学的一堵围墙瞬间倒塌，造成 5 名学生死亡、2 人受伤。

12月12日、13日

据中国政府网，全国留学工作会议在京举行，会议会对《2015－2017年留学工作行动计划》、《外语非通用语种人才培养意见》、《国际组织人才培养意见》等6个文件进行研究和征求意见。

12月16日

据《中国教育报》，河南省政府发布的《重污染天气应急预案》规定，当发出最严重的红色预警时，全省所有幼儿园、中小学将停课。

12月16日

据《光明日报》，教育部12月16日对外发布《关于普通高中学业水平考试的实施意见》和《关于加强和改进普通高中学生综合素质评价的意见》。这是国务院《关于深化考试招生制度改革的实施意见》的重要配套政策。文件要求各地制定普通高中学业水平考试的实施办法，提出高中学生综合素质评价基本要求和具体办法，于2015年8月底前报教育部备案。

12月17日

据《中国教育报》，教育部、国家民委、公安部、国家体育总局、中国科学技术协会联合出台《关于进一步减少和规范高考加分项目和分值的意见》，对高考加分进行大幅“瘦身”，加强规范管理，严厉打击加分资格造假。这是国务院《关于深化考试招生制度改革的实施意见》的重要配套政策之三。

教育部发布《关于进一步完善和规范高校自主招生试点工作的意见》，对自主招生工作进行统筹部署，剑指“掐尖”、“抢生源”等热点问题，要求2015年各项改革措施全面实施，所有试点高校一步到位。这是国务院《关于深化考试招生制度改革的实施意见》的重要配套政策之四。

12月29日

据《中国教育报》，12月27～28日，首次全国硕士研究生招生考试视力残疾考生单考单招，在北京联合大学特殊教育学院举行。来自北京、山东、新疆和辽宁4个省份的18名视力残疾考生进行了中医综合科目的考试。

12月30日

据解放网，对接国家高等教育改革战略，继清华、北大、上海“两校一市”之后，教育部直属高校上海交大综合改革方案获批。12月30日，《上海交通大学综合改革方案》得到国家教育体制改革领导小组办公室批准，6个方面50条改革措施进入正式启动、全面实施阶段。

12月31日

据《中国教育报》，国家自然科学基金委员会通报了2013～2014年度基金委监督委员会受理科研不端行为投诉举报及处理情况，并向社会通报了7个触碰学术“高压线”的典型案例。

B.27

2014年十大教育热点

1. 高校考试招生制度改革启动
2. 19城市严格实行义务教育“就近入学”
3. 改善贫困地区薄弱学校办学条件
4. “两校一市”教育综合改革方案公布
5. 高校科研腐败令人关注
6. 规划现代职业教育体系
7. 传统文化进教材
8. 在线教育创新火爆
9. 校园安全事件频发
10. 户籍制度改革对农民工子女入学的新影响

B.28 台湾教育的重建

——台湾教改20年的反思*

杨东平

台湾的教育改革运动以1994年的“四一〇大游行”为起点，今年正好是20年，两岸都有一些纪念。21世纪教育研究院的读书会，研读了“四一〇”教改运动的主要推动者黄武雄所著《台湾教育的重建》，此书是对台湾教改运动的记录和解读，其中《希望的火花来自民间》，是“四一〇”教改运动的宣言，其余是对各项教改诉求的方案论证，以及十年之后对这一运动的评价反思。4月下旬，我随北京教育NGO的代表团实地考察，对台湾教育重建的进程和成效有了更为真切的实感。

台湾的社会转型是从1987年“解严”开始的，到1994年已经有六七年时间。这个过程本身深具意味，正如黄武雄所言：当一个整体性的社会转型到来时，教育仍然是最滞后、最边缘的议题，其他的各种议题——政治的、司法的、经济的、社会的等都更具有优先性。议题滞后或许也有好处，就是有更充分的理论准备、更成熟的社会运动经验。“四一〇大游行”是一种“揭竿而起”的社会动员，将变革教育的议题强烈地推到全社会面前。其要冲决的首先是威权主义的教育桎梏，“教育松绑”是“走出戒严”的社会转型在教育领域的表达。当时对台湾教育问题的批判，多针对政府的集权管控。一是升学主义，片面追求文凭、学历，导致了学业负担过重。二是管理主义，行政凌驾于教育之上，教师和学校缺乏专业自主性和尊严，威权主义的政治控制和思想控制自上而下地进入学校，背离了儿童教育的目标。三是粗廉主义，廉价的、大批量生产，大班大校而不关注教育品质，使学校沦为教育工厂。“四一〇”教

* 文章来源于教育思想网，2014年7月28日。

改运动的四个具体诉求，分别是落实小班小校，广设高中大学，推动教育现代化，制定教育基本法，前后两个并不在一个层面。“教育现代化”的内涵，包含了重视个体发展，扩大教育机会、尊重多元文化，保障弱势群体等社会主义的内容。

理解台湾教改运动的关键，是政府和民间相互促进、良性互动的机制。“四一〇”教改运动的诉求迅速成为全民共识，其直接结果是“行政院”组成了由李远哲领衔的“教育改革评议会”，制定具体的教育改革方案。1996 年李远哲教改总报告提出的“五大方向”是：教育松绑，带好每一个学生，畅通升学管道，提升教育品质，建立终身学习社会。主要理念是通过对教师、家长、学生的赋权，实现教育松绑和教育民主化。“教育现代化”的目标，表述为人本化、民主化、多元化、科技化、国际化。这与民间的教改诉求是大致一致的。随后教改进入由教育部实施的过程，随着一系列教改项目的拨款执行，台湾教育开始进入“重建”的阶段。

在台湾教改运动中，官民两个群体在共同推进，负责操作和实施的是“行政院”和历任“教育部长”，包括郭为藩、吴京、林清江等等，理念倡导则以黄武雄、史英、丁志仁等民间教育家为主。台湾的教改从民间开始，而且有清晰的教育哲学和明确的教育主张，它主要来自黄武雄。黄武雄是台湾大学的数学系教授，同时也是教育研究者、作家、社会运动领袖。他很早就对教育有深入的研究，《童年与解放》是讨论儿童哲学的，《学校在窗外》顾名思义，体现了他对学校教育全新的思考。2000 年后出版的《台湾教育的重建》，则是对台湾教改运动实践的总结和反思。

一场实质性的教改运动必须有对教育本质问题的深入思考、对教育现代化的真切理解，而不是对短期热点的追逐应对。作为自由主义知识分子，黄武雄秉持人本主义教育哲学，强调人本身就是目的，不能被任何人当作工具。教育只有一个目的，就是保护儿童的想象力和创造力，为创造未来的世界而不是复制我们的过去。因而，与集体主义、精英主义、人力规划、上智下愚这样的观念抗衡，他强调个体发展，重视个别差异，教育是以每一个人为本，而不是以少数人为本，是通过个人的自由选择获得最大内在发展。他在反对知识的片面化、工具化和功利化，反对教育成为驯化学生的过程的同时，明确反对人力资源规划，反对人为的强制分流，强调“适才适性”，让人充分地生长，成为你自己应有的面貌。这就是“实行小班小校”、“广设高中大学”背后的价值基础。

基于自由教育的理念，黄武雄首先倡导使儿童免除压力和恐惧的教育，他创办的民间组织“人本教育基金会”，以反对体罚学生、倡导“不打孩子的教育”而闻名，取得明显实效。同时，他对儿童教育哲学做出自己的构建。在《童年与解放》里，他解析了儿童的两种能力，一种是“自然能力”，是儿童具有的与生俱来的想象力和创造力，教育需要做的是保护儿童的这种能力。另一种是“文明能力”，主要是抽象思维的能力，是需要后天培养和发展的。黄武雄他们举办的“森林小学”，是最早实施自由教育的“另类学校”，在岛内享有盛名。基于后现代主义的价值，黄武雄对通过知识获得解放、非学校化教育，“自主分权主义”、去中心化，离散化、分众化，本土化与世界化等价值的倡导，使得学校社区化成为正式的教育方针。遍布台湾城乡的“社区大学”（简称“社大”），也是在教改运动中由黄武雄所倡导推动的，它与我们所理解的成人学历教育和老年大学不同，旨在通过“知识解放”促进公民社会建设和社区营造。他引用“歌声歇处已斜阳，剩有残花隔院香”这样的诗句，比喻多元文化的概念。

台湾教育改革的路径设计，则是寓教育重建于社会重建，是在自下而上、持续不断的社会运动、社会建设过程中逐渐完成的，从而使教改不再是教育内部的自我完善。黄武雄认为，教育改革的议题很多，但必须关注释放学生心智，发展下一代想象力这样更具根本性的问题，不能迷失方向。同时，要关注教育的结构性问题，即通过改善教育环境来解决教育问题。黄武雄提出两个“代替”：以“开放—鼓励—发展”代替“封闭—限制—计划”的管理机制；以“自主—监督”代替“集权—管制”的官僚化体制。通过权力下放，促进中小学社区化；通过师资开放，促进教师的自我发展；通过教师自由化，发展学校和学生自主的文化。

20 年来的教改实践中，台湾实行的教育改革措施非常之多，比较重大的如 1990 年推出国中（初中）毕业生自愿就学方案，废除高中考试，以减轻升学压力；2001 年联考制度改革，即高考制度改革，实行多元化多渠道入学；放开对教科书的垄断，实行教科书多元化；实施九年一贯制课程；基于建构主义理论开展的课程改革；中小学社区化改革，将资源、权力下放到学区，社区

和家长共同参与学校建设；师资的多元化和自由化，教师资格完全放开，赋予教师充分教学自主权，从而遏制教师反向淘汰的现象；将义务教育延长至高中，实行十二年义务教育；还有实行综合高中的改革，学习美国的做法，在高中阶段把学术型和职业型合为一体；尊重和保护原住民文化；等等。

究竟如何评价台湾教改的成效，成为一个复杂的问题。近些年来台湾社会对“教改乱象”的批评不绝于耳。如“教改愈改愈乱，教育危机愈陷愈深”，“大学过度扩充，高教品质日益低落”，“各种眼花缭乱的教改方案，使得莘莘学子的黄金岁月变为惨绿”等等。一个旁注是教育部长十年间换了6位，平均任期不到两年。2003 年 7 月，台大心理系黄光国教授发起、百余位教授组成的“重建教育连线”发布《终结教改乱象，追求优质教育》宣言，使社会对教改运动的批判达到高潮。

在不同国家，教改总是成为众矢之的，首先是因为教育自身的重要性和复杂性，而解决实际问题比提出问题要艰难得多。舆论对教改的批评集中在各项具体政策的实施推进上，有些措施在有足够配套措施前贸然实施，有些引进的国外制度和理念产生“南橘北枳效应”，有些举措“头痛医头，脚痛医脚，解决部分问题，制造更多问题”。如教科书多元化造成了家长教育费用增加；快乐教育可能降低学业水平；推行“建构式数学”或对学业成就有不利影响；取消联考制度后新的入学选拔制度，出现花费增加，“多元入学”成为“多钱入学”；实行“师资多元化”导致教师队伍质量的参差不齐；等等。另外一个原因是在政党轮替中教改成为蓝绿政治互相攻击的靶子，放大了教育问题。对教改成效，黄武雄自己有一个基本评价：有成有败，成多于败。以我们外部人的观察而言，应当说总体而言，台湾的教育改革是卓有成效的。

我们看到的台湾教育已经实现了“正常化”：政府、学校、老师各安其位，做自己该做的事，学校像学校，校长像校长，老师像老师。学校实行以学生为中心、善待儿童的教育，废除了体罚。小学基本没有升学、考试的压力，比较生动活泼。随着实现九年一贯制课程、改革联考制度等等，中小学已经出现比较宽松的环境、丰富多彩的教育实验和多元化的教育格局。虽然初中以上还有课外补习，学生学业压力大仍备受批评；但与中国大陆的现实已不可同日而语。以 2012 年 OECD 组织的 PISA 测试为例，上海蝉联冠军，前 10 名主要是日本、韩国、中国台湾、中国澳门等亚洲国家和地区。台北的成绩是数学第

4 名，阅读第 8 名,；但是，台北学生的课外学习时间只有上海的 1/2！这从一个侧面印证了教改的成效。

政府的教育责任非常明确。大陆最为重视的教育公平议题，如农村教育、义务教育经费保障、教师队伍待遇、小升初择校等等，在台湾已经不是问题（台湾学者问我们什么是“小升初”）。教师与军人、公务员一起，历来属于享受优惠待遇的“军公教”群体。“偏乡教育”（农村教育）和教师受到良好的对待。除了义务教育外，对学前教育、特殊教育、社会教育的公共服务也很到位。台湾的幼儿园实行学前一年免费，对经济弱势家庭每年补助 1.2 万元（约合 2400 元人民币）。对占总数约 5% 的有学习障碍的学生，经甄别实行特殊教育，学校有专门的教师编制和预算。对占学生总数 15% ~25% 的“学困生”，由政府提供经费实行课后补习（每周三次，每次两节课），对学生免费，叫作“补救教育”。

与政治民主化的改革同步，教育民主化的成效最为明显。由教育行政体制独任治理的局面已成过去，体制内外的区分已经相当模糊，大学教授活跃在各个 NGO 之中，公办学校的老师同时是教师会的成员，政府官员、教师、家长都是平等的参与主体。中小学和幼儿园的治理，已经形成学校行政、家长会、教师会三足鼎立的格局。我们遇到的校长、幼儿园园长，无不十分自信地侃侃而谈，对学校共同经营的架构和自己的职能角色十分明白。我们参加了由“国家教育研究院”、地方政府教育局以及教育 NGO 联合举办的“均优学习论坛”，“国教院”居然与 NGO 共同举办论坛，免费提供会议场所和住宿，实在是超越我们的经验的。就在我们在台期间，台湾的政治大学完成了新一轮校长遴选；新竹“清华大学”的校长遴选也刚刚完成，显示这一制度已经平稳和成熟化。基本程序是由相关人士组成“大学校长遴选委员会”，初选的多名候选人中经评鉴最后入围 3 名，进行几轮的公开演讲和教师投票，胜出者报“教育部”批准当选。最能反映治理现代化的，是教育体制具有很好的吸纳性、弹性和柔性，政府能够而且必须回应来自教师、家长和社会的诉求，各种政策、规定、立法是可以讨论和改变的。典型的例子，是对公办学校之外、实行不同教育理念的“另类学校”平等对待。去年 8 月，台湾已经修改“立法”，把“在家上学”（Home schooling）作为“非学校形态教育实验”加以合法化。

当年“四一〇”教改运动提出的四大目标已经实现。时过境迁，有些已经走向反面。“广设高中大学”是最受非议的。今天的现实是2300万人口的台湾，有175所高等学校，其中三分之二是私立学校，民间的说法是“想要考不上大学也难”。同样，批评者认为“小班小校”的实现并非政府善治，而是缘于“少子化”的现实。但是，比较一下就可以看到在中国内地同样少子化的过程中，“小班小校”的目标至今没有出现；相反，各地致力于撤并学校，集中规模办学，乃至打造巨型学校、“航空母舰”！

教育改革是不同利益群体、政治力量综合作用的结果。对台湾教改成效的不同认知，反映出不同利益集团在教育价值、发展观上的深刻分歧。《台湾教育的重建》中最富启迪的，是以台湾教改为案例，对改革的“动力学”的揭示。黄武雄分析了教改中的左右翼思潮。左翼主要是民间教改力量所代表的社会大众，关注社会公正，强调政府的教育责任，依从的是后工业社会的民主主义价值，视高等教育机会为一种基本权利，认为“获得公平的权利”的重要性甚于“追求卓越的自由”。右翼是官员、教授、专家等精英集团，秉承精英主义价值，认为人天生有高低差异，因而有阶级分工，他们反对教育机会均等化，主张通过竞争分配教育资源，实行市场化的新自由主义。他们讽喻民间教育人士是“对教育一知半解的门外汉”，“以‘反专业、反精英、反权威’为主轴”，具有民粹主义、反智主义色彩。他们反对“以生活为中心”的教改价值，主张教育的“优质化”。可见，在反对威权的“教育松绑”阶段，左右翼的立场一致；但在教改的政策设计和路径选择上出现了主张社会正义与自由放任两条对立的路线。改革的现实是政府选择了新自由主义的市场化路线，通过减少政府开支、举办私立教育来实现教育大众化，教育机会虽然增加了，但老百姓的教育支出更高，背离了教改运动主张社会正义的价值。

公共政策的实际走向，不仅源自理念。台大社会学教授何明修分析，教改从人本主义走向新自由主义，受到三种因素的作用。第一，“四一〇”教改运动在社会动员上先天不足，用人本主义的温和诉求吸引广泛的公众参与，造成改革群体“同床异梦”的现实；“教育松绑”的主张本身包含了反对政府干预的内涵，存在导向自由主义的可能性。第二，李远哲领衔的教改报告采取“专业分工”的政策审议模式，具有经济学背景的学者和官员被指派处理资源分配议题。第三，官僚体制的“政治收编”，选择性执行教改会诸建议，优先推用低成本的市场化方案。此外，新自由主义作为一种全球性政治思潮的影响也不可否认。市场派学者与官僚系统的合谋，转移了社会正义的改革诉求。

在“均优学习论坛”上，实际主持过教改的前“教育部长”、心理学家黄荣村教授的发言，也主张教改“成多于败”。他以几次国际评鉴的结果说明教改并没有降低台湾学生的学力。他揭示了另一种改革悖论，即“左派理想”和“右派社会”冲突：台湾社会基本制度是低税收的资本主义和市场经济制度，教改理想却要求更多的社会福利和公平，这是与这一经济基础脱节的。他认为近年来由于分配正义弱化，导致左派思想抬头，对教育谋求多元卓越发展不利；担心台湾社会逐渐习于安逸，改革步伐大不如前。关于改革的成败评价，黄荣村还提到关于改革的方法论，教育改革的不确定性、测不准原理：许多局部合理的政策（locally stable），最终导致不合理的结果（globally unstable）。这恐怕是对复杂系统的改革受人类理性的局限吧。

台湾的教育改革仍然在路上。今年秋季实行的“十二年国教”成为新的争议焦点，因为它将触及那些“明星高中”，继续淡化精英教育的价值。显而易见，同根同源的大陆教育与台湾教育有很大的相似性；大陆可资借鉴汲取的经验和教训良多。同时，两岸的政治和社会环境迥异，大陆教改缺乏社会运动和社会动员机制，从而缺乏改革共识和理想共识，需要探索完全不同的改革机制；在经济主义的发展框架中，事实上也走向了低成本的新自由主义路线。教育，是两岸共同的未来；重要的是两岸的民间教改力量已经携起手来。

B.29

中国流动儿童数据报告（2014）（节选）*

新公民计划

一 概述

随着中国经济的发展和城市化进程的深入，伴随着大量人口从农村向城市转移，从中、小城市向大城市转移，截止到2012年10月1日零时，全国流动人口总量约为2.34亿。由于户籍制度改革的严重滞后，他们无法成为城市的新移民，却只能成为城市里的“流动人口”（非本地户籍人口），与此相伴的是城市流动儿童数量的快速增长。

2010年第六次全国人口普查数据显示，截止到2010年11月1日，全国0～17岁儿童总量为27891万，其中流动儿童数量已达3581万，每100个儿童中就有13个流动儿童。全国0～17岁城镇儿童总量为12448万，其中城镇流动儿童数量3106万，每100个城镇儿童中就有25个流动儿童。广东省（408万人）、浙江省（280万人）、江苏省（214万人）、山东省（194万人）和四川省（191万人）分列流动儿童总数的前五，上述5省流动儿童数占全国流动儿童总量的35.94%，人数之和达1287万。

据2012全国教育统计数据显示，截止到2012年底全国义务教育阶段在校生总数14459万，城镇义务教育阶段在校生人数7415万，其中进城务工人员随迁子女1394万，在城镇每100个义务教育阶段学生中就有19个进城务工人员随迁子女。广东省（313.88万人）（2010年）、浙江省（139.76万人）（2013年）、福建省（74.92万万人）（2011年）、江苏省（70.68万人）（2011年）、山东省（70.66万人）义务教育阶段就读随迁子女数量排在前五，上述5省随迁子女数量占全国随迁子女总量的50.13%，人数之和达

* 文章来源于新公民计划于2014年9月发布的《中国流动儿童数据报告（2014）》。

669.9 万。

截止到 2010 年底，全国正在上学的流动儿童中，在流入地入读公办学校的比例仅为 69%，流动儿童在流入地无法入读公办学校的现象依然存在。据推算，截止到 2010 年底，全国约有 205 万流动儿童入读打工子弟学校。此类学校在软硬件、教学质量方面与公办学校比存在较大差距。

二　流动儿童人口数据

在过去的 10 年间，流动儿童数量持续、快速增长，2000～2005 年间，0～17 周岁流动儿童规模从 1982 万增加到 2533 万，截止到 2010 年 11 月 1 日，全国 0～17 周岁流动儿童规模已达 3581 万（见图 1）。2005～2010 年间，平均每年新增流动儿童数量超过 200 万。在全部流动儿童中，户口性质为农业户口的流动儿童比例持续上升，从 2000 年的 70.9%，到 2005 年的 76.5%，再到 2010 年的 80.34%，0～17 周岁农村户籍流动儿童数量在 10 年间翻了一番，从 2000 年的 1405 万增加到 2010 年的 2877 万。

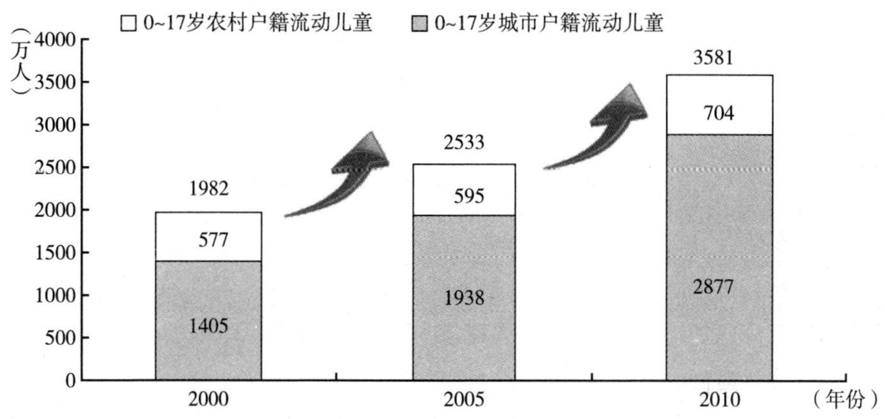

图 1　中国 0～17 周岁流动儿童数量变化趋势

将全部流动儿童分成 4 个年龄组，分别是学龄前流动儿童（0～5 岁）、小学学龄流动儿童（6～11 岁）、初中学龄流动儿童（12～14 岁）和大龄流动儿童（15～17 岁）。

截止到2010年11月1日，其规模和性别比例（见图2）分别为——学龄前流动儿童规模898万，性别比（男∶女）122∶100；小学学龄流动儿童规模929万，性别比124∶100；初中学龄流动儿童规模464万，性别比120∶100；大龄流动儿童规模1290万，性别比102∶100。

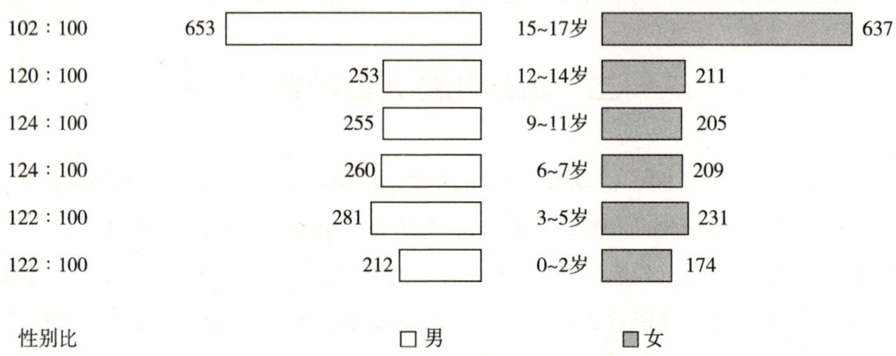

图2　2010年中国流动儿童性别、年龄结构金字塔

1. 流动儿童的年龄结构

根据《2005年全国1%人口抽样调查数据》和《中国2010年第六次人口普查资料》，我们分别绘制了2005年和2010年中国流动儿童年龄结构图（见图3、图4），并且区分了省内流动儿童和跨省流动儿童，以及对应流动儿童占全国同龄儿童百分比。

从2005年中国流动儿童年龄结构图（见图3）可见，大龄流动儿童占全国同龄儿童的百分比最高，占9.46%，规模达到685万；学前流动儿童占全国同龄儿童百分比次之，占8.17%，规模达到695万；小学学龄流动儿童占全国同龄儿童百分比为7.48%，规模达到781万；初中学龄流动儿童占全国同龄儿童的百分比最低，占比5.67%，规模为373万。

从趋势来看，流动儿童中0岁的新生儿占全国0岁儿童的百分比为3.25%，在所有年龄中处于最低点，从1岁到14岁，流动儿童占全国同龄儿童的百分比随着年龄的上升小幅下降，至14岁（对应初三学龄）达到低点（占比5.27%）后，随着年龄的上升开始迅速攀升，至17岁达到最高点（占比14.73%）。省内流动儿童与跨省流动儿童占全国同龄儿童百分比随年龄变化的趋势基本一致，其中省内流动儿童数量达1704万，约2倍于跨省流动儿

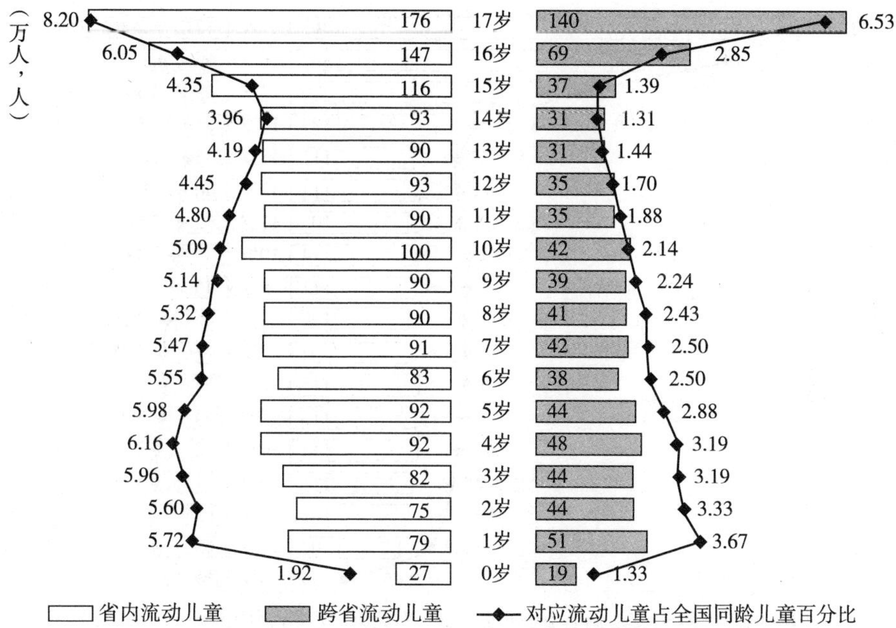

图3　2005 年中国流动儿童年龄结构

注：报告中数据采用原始数据进行计算，图中数据为显示方便对原始数据进行了四舍五入，因此报告文本中数据与图中数据可能会略有差异。

童数量。

从 2010 年中国流动儿童年龄结构图（见图 4）可见，大龄流动儿童占全国同龄儿童的百分比仍然最高，占比 22.40%，规模达到 1290 万，与 2005 年相比规模增加了约 600 万。其中省内大龄流动儿童数量从 439 万上升至 1055 万，增幅约为 140%，跨省大龄流动儿童数量从 246 万下降至 235 万，降幅为 4.52%。

学前流动儿童占全国同龄儿童百分比为 9.95%，规模达 899 万，与 2005 年相比规模增加了 203 万。其中省内学前流动儿童数量从 446 万上升至 576 万，增幅为 29.17%，跨省学前流动儿童数量从 249 万上升至 322 万，增幅为 29.25%。

小学学龄流动儿童占全国同龄儿童的 10.99%，规模达 929 万，与 2005 年相比增加了 148 万。其中省内小学学龄流动儿童数量从 544 万上升至 655 万，增幅为 20.25%，跨省小学学龄流动儿童数量从 237 万上升至 274 万，增幅为

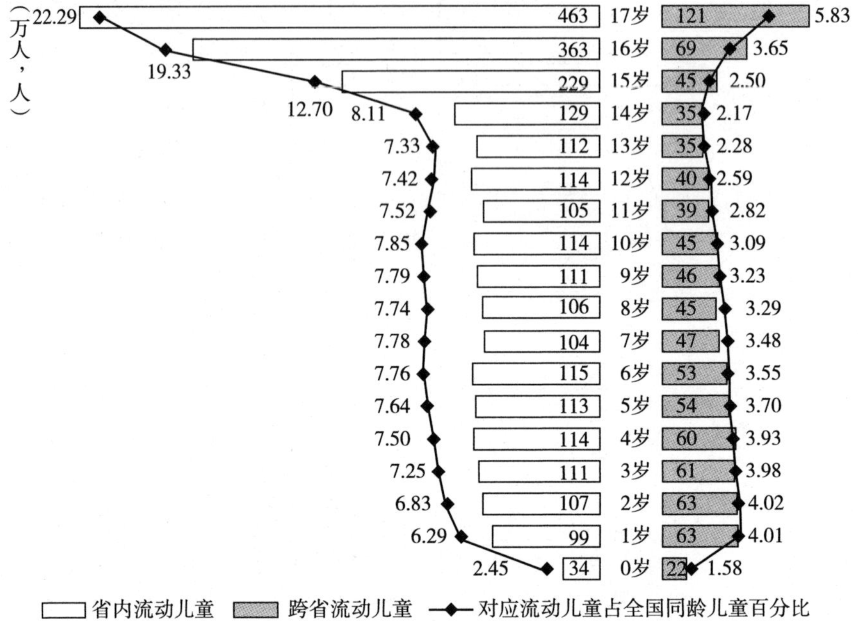

图4　2010 年中国流动儿童年龄结构

15.74%。

初中学龄流动儿童占全国同龄儿童的 9.97%，规模达 464 万，与 2005 年相比增加了 91 万。其中省内初中学龄流动儿童数量从 276 万上升至 355 万，增幅为 28.73%，跨省初中学龄流动儿童数量从 97 万上升至 109 万，增幅为 12.36%。

从趋势来看，流动儿童中 0 岁的新生儿占全国 0 岁儿童的百分比为 4.03%，在所有年龄中仍处于最低点，此后省内流动儿童与跨省流动儿童占全国同龄儿童百分比呈现出两条不同的曲线。省内流动儿童占全国同龄儿童的百分比从 1 岁的 6.29% 缓慢上升至 5 岁的 7.64% 后，从 6 岁到 13 岁省内流动儿童占全国同龄儿童的百分比仅有小幅变化（7.33% ~7.85%），此后省内流动儿童占全国同龄儿童的百分比迅速增加，至 17 岁达到最高点 22.29%，省内流动儿童总量已达 2641 万。

从 1 岁到 14 岁，跨省流动儿童占全国同龄儿童的百分比随着年龄的上升持续小幅下降，至 14 岁（对应初三学龄）达到低点（占比 2.17%）后，随着年龄的上升开始攀升，至 17 岁达到最高点（占比 5.83%），跨省流动儿童总量已达 940 万，其随年龄的变化趋势与 2005 年跨省流动儿童占全国同龄儿童的百分比的变化趋势基本一致。

我们还追溯了 2005～2010 年间出生于同一年的流动儿童数量变化（见图 5）。伴随着流动儿童总量的增加，各年龄段流动儿童数量都有不同程度的增加。唯有出生于 1996～1998 年间（对应 2005 年 7～9 岁组，2010 年 12～14 岁组）的跨省流动儿童数量出现了约 10.65%（约 13 万）的下降。

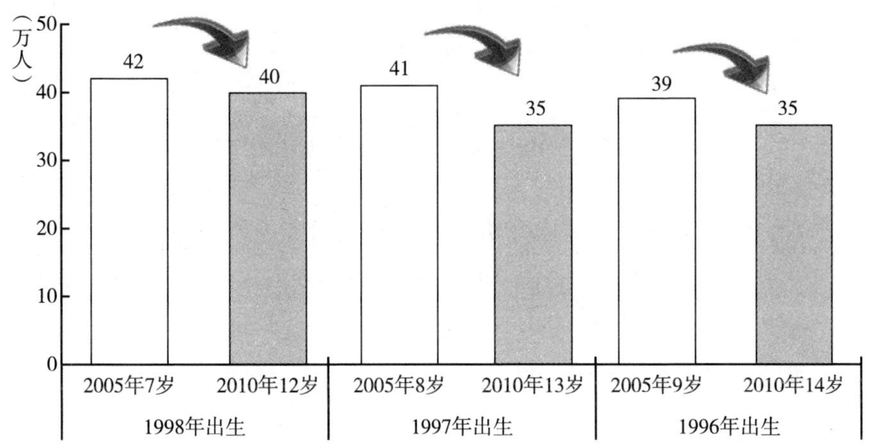

图 5　2005～2010 年部分跨省流动儿童人数变化追踪

2. 流动儿童的性别结构

从 2010 年中国流动儿童性别结构（见图 6）来看，全国流动儿童的性别比（男性/女性）为 114.71，略低于全国儿童的性别比 116.15。本报告将流动儿童分成省内流动儿童和跨省流动儿童，并分年龄组来比较。

省内流动儿童在学前、小学学龄和初中学龄三个阶段一直稍高于全国平均水平，在 14 岁阶段出现拐点，低于全国儿童平均水平 2 个百分点，此后省内大龄流动儿童性别比迅速下降，至 16 岁、17 岁阶段已经跌至 100 以下，低于全国平均水平近 10 个百分点。

跨省流动儿童的性别比在 0～3 岁阶段小幅高于全国平均水平，在 4～7 岁阶段持续攀升，至 7 岁跨省流动儿童性别比达到 134 的峰值，高于全国儿童平

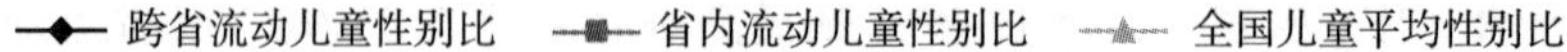

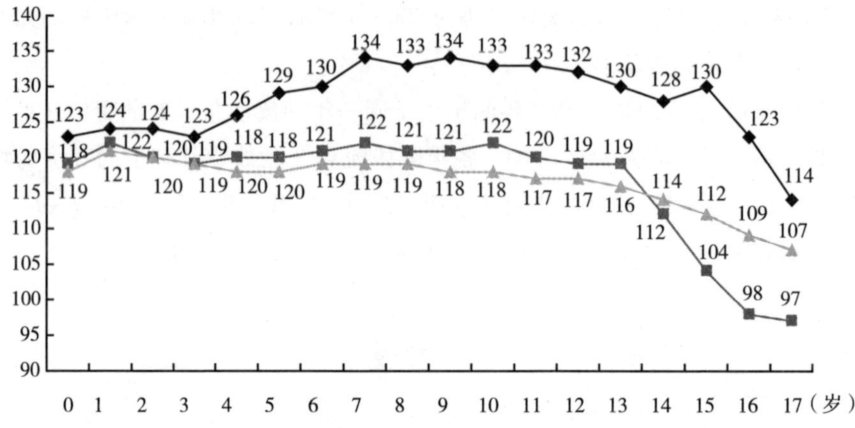

图6　2010年中国流动儿童性别结构

均水平15个百分点，高于省内流动儿童12个百分点。8～15岁阶段，跨省流动儿童性别比一直在130左右的高位小幅震荡，16岁以后开始快速下降，至17岁性别比滑落至114，仍然高于全国平均水平7个百分点。

3. 流动儿童的地域分布

从2010年中国流动儿童地域分布（见图7）来看，广东省（409万人）、浙江省（280万人）、江苏省（214万人）、山东省（194万人）和四川省（191万人）分列流动儿童数量的前五，上述5省流动儿童数量占全国流动儿童总量的35.94%，人数之和达1288万。

不同省份跨省和省内流动儿童的分布差异很大，大部分省份以省内流动儿童为主，京、津、沪则以跨省流动儿童为主，此外东部的广东、浙江、江苏和福建也存在较大比例的跨省流动儿童。在跨省流动儿童数量上，广东（181万）、浙江（152万）、上海（97万）、江苏（85万）和北京（64万）分列前五，上述5省跨省流动儿童数量占全国跨省流动儿童总数的55.09%，人数之和达到579万。

从流动儿童占本地常住儿童比例来看，部分地区流动儿童在当地儿童总量中所占比例很高，上海（41.51%），北京（32.78%），浙江（30.25%），内蒙古（24.46%）和福建（22.67%）排在前五位。

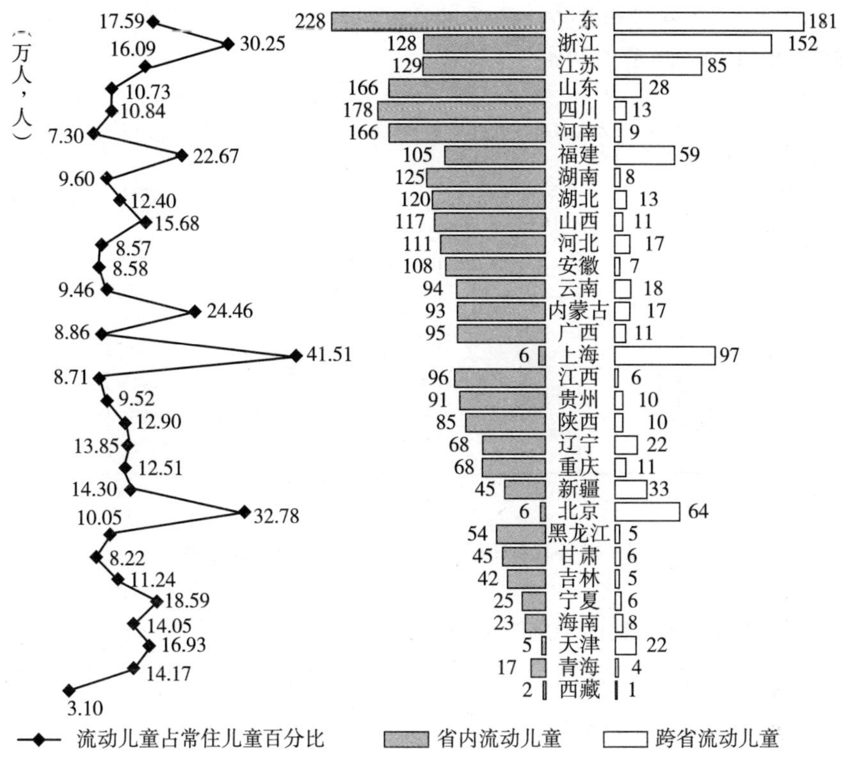

图 7　2010 年中国流动儿童地域分布

三　随迁子女教育数据

自 2009 年起，在教育部每年发布的教育事业发展统计公报中都包含有进城务工人员随迁子女①的数据，2009 ~ 2012 年间进城务工人员随迁子女数量（见图 8）逐年增加，从 2009 年的 997 万增加至 2012 年的 1394 万，3 年累计

① 进城务工人员随迁子女是指户籍登记地在外省（区、市）、本省外县（区）的乡村，随父母到输入地的城区、镇区（同住）并在校接受教育的适龄儿童少年。因此户籍登记地在城市的“流动儿童”并未包含其中，因此实际随迁子女数要高于进城务工人员随迁子女，但由于教育统计数据中仅公开了进城务工随迁子女的情况，下文的讨论也主要围绕进城务工人员随迁子女展开。

增长近40%。2013年进城务工人员随迁子女数量首次出现下降，为1277万，相较于2013年下降了8.39%。

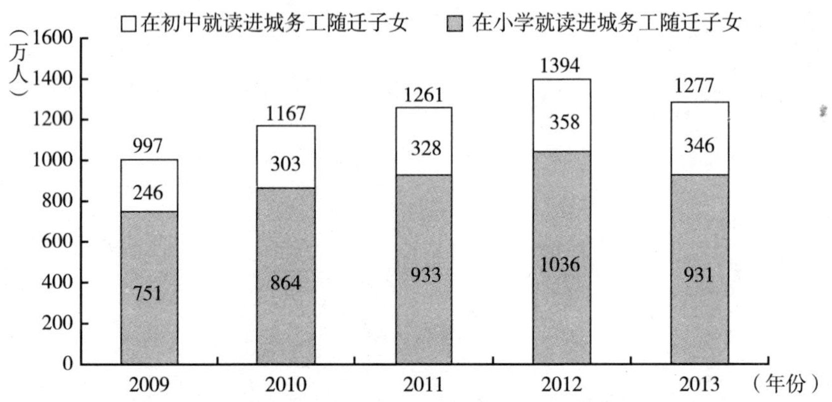

图8　义务教育阶段进城务工人员随迁子女数量

1. 进城务工人员随迁子女的年级结构

从2012年中国进城务工人员随迁子女年级结构（见图9）可见，随着年级的升高在校就读的进城务工人员随迁子女人数逐渐下降，其中外省迁入进城务工人员随迁子女人数下降的更快，从1年级101万降至9年级35万，占同年级学生比例从5.86%降至2.22%；本省外县迁入进城务工人员随迁子女从1年级的100万降至9年级69万，占同年级学生比例从5.82%降至4.37%。

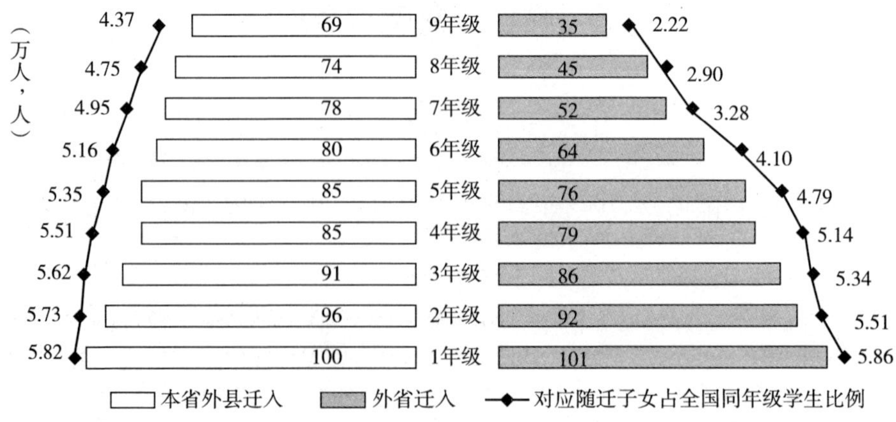

图9　2012年分年级流动儿童教育数据对比

以上仅仅是2012年的统计数据，由于缺少每个年级最初的入学人数，因此难以判断这种随着年级升高进城务工人员随迁子女人数逐渐下降现象的产生原因。考虑到中国流动人口数量一直在持续增长，一种可能的原因是进城务工人员随迁子女入学人数一直在持续增长，另一种可能的原因则是进城务工人员随迁子女在城市升学依然会面临诸多困难，随着年级的升高部分随迁子女被迫返乡，从而导致高年级人数的下降。实际情况可能是二者兼而有之。

利用2011年、2012年的教育统计数据，我们追溯同一学年入学的学生人数变化。从图10可见，在小学低、中年级阶段（2008～2011年入学，对应2011学年1～4年级学生），受流动儿童总量增加的影响，2012年每个年级在校进城务工人员随迁子女人数都要略高于2011年；但是进入小学高年级段，以及初中学龄阶段，2012年每个年级在校进城务工人员随迁子女人数都要低于2011年，其中5年级升6年级（从71万下降至64万，下降10.47%）、6年级升7年级（从59万下降至52万，下降12.05%）和8年级升9年级（从41万下降至35万，下降15.62%）的下降幅度都比较大。而省内外县迁入进城务工人员随迁子女人数变化与流动儿童总量增长的趋势基本一致，每个年级2012年的人数都比2011年略微增加，这里就不列出了。

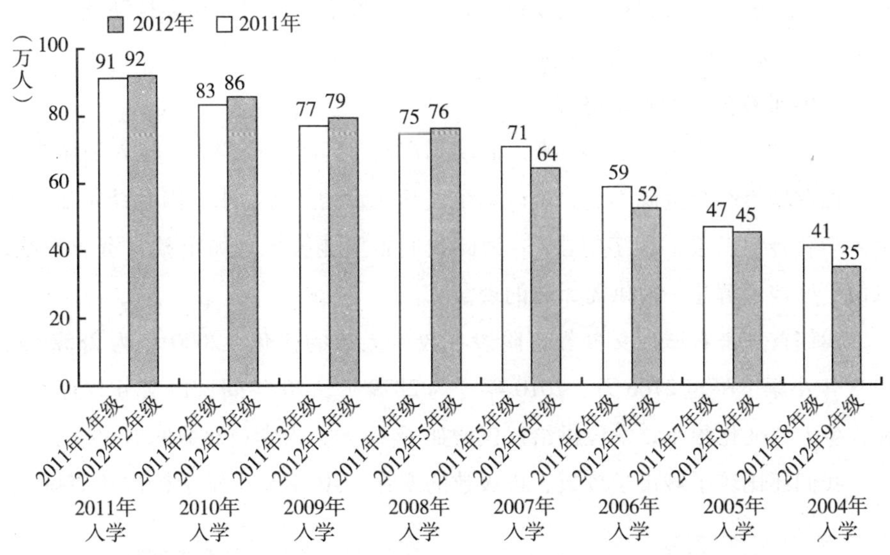

图10　2011～2012外省迁入进城务工人员随迁子女人数变化追踪

2. 进城务工人员随迁子女的性别结构

小学阶段和初中阶段进城务工人员随迁子女性别比（男：女）分别高达151:100和149:100，与之对比全国在校生平均性别比在小学阶段和初中阶段分别为116:100和112:100。

3. 随迁子女的地域分布

除了年级和性别结构外，随迁子女的地域分布也是我们非常关心的。但各省、市教育统计资料的公开程度有着非常大的差异。浙江、山东、四川等省份非常及时、有效地发布了包含随迁子女数据的教育统计公报；另有部分省份（福建、上海、河北等）虽然没有在教育统计公报中发布随迁子女数据，但还是很容易在地方教育厅、教育部或相关权威媒体中找到关于随迁子女的统计数字；还有少数省份（湖北、陕西、新疆等）只能从一些不确定的报告或报道中找到一些关于随迁子女数据的片段信息；最后还有几个省份（安徽、江西、宁夏、青海）我们几乎无法找到任何信息源，只能引用很早的数据或者采用人口普查的数据进行推测。

从中国义务教育阶段随迁子女地域分布（见图11）可见，广东（314万）、浙江（140万）、江苏（82万）、福建（75万）和山东（71万）义务教育阶段在校随迁子女数排在前5位，合计占全国义务教育阶段在校随迁子女总量的47.55%，人数之和达到682万。

4. 城市教育资源基本情况

自20世纪90年代末期以来，流动儿童教育问题渐渐浮现，流入地城市一直在强调城市教育资源不足，难以满足流动儿童的教育需求，因此针对随迁子女入学和升学设置了很多门槛①。为此我们希望能够梳理城市教育资源现状，以便更好地了解这一对供需矛盾的现实。

我们首先来看城市义务教育阶段在校生人数的变化，2000年为2852万，2005年小幅下降至2766万，2010年变为2879万，10年间城市义务教育阶段在校生人数变化很小，学位供给仅仅增加了27万，占学位总数的1.6%。

我们还比较了城市学校数、班级数的变化，10年间小学学校数从2000年

① 《“北上广”随迁子女大量涌入　教育资源难以承受》，http：//news.qq.com/a/20121231/000217.htm，2012－12－3。

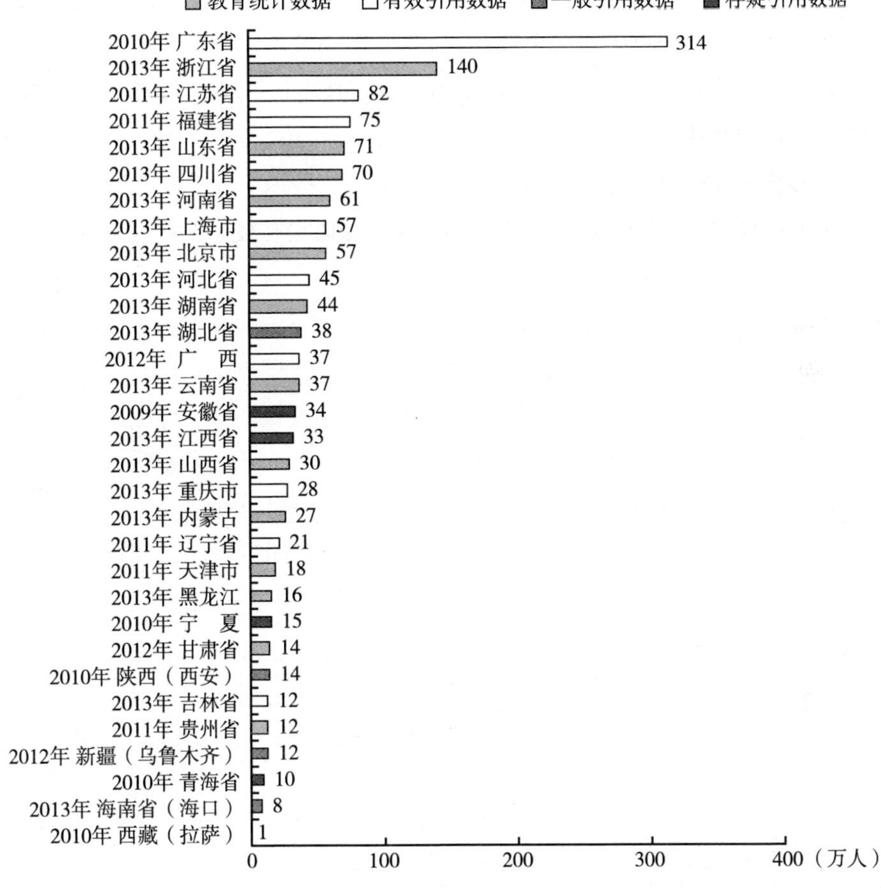

图 11 中国义务教育阶段随迁子女地域分布

的 32154 所下降至 2010 年的 16400 所，初中学校数从 2000 年的 12723 所下降至 2010 年的 7283 所。从结果来看，城市在增加义务教育资源（学位数）供给方面的努力十分有限，并且持续在用行动（关闭学校）缩小义务教育资源（学位数）的供给能力。

最后我们来看北京、上海和广州这 3 个中国最具代表性的超大型城市的义务教育资源（学位数）供给情况。由于统计年鉴中初中、高中以及职业技术类学校一并归入普通中学统计，因此我们仅以小学阶段在校生人数为例，来分析这 3 个城市的义务教育资源（学位数）状况。

从 1990 ~ 2012 年北、上、广义务教育小学阶段在校生人数变化图（见图

12）可见，北京、上海在1996年以前，其小学阶段在校生人数一直都在100万以上，其后开始迅速下降，至2006年降至最低点，分别只有47万（北京）和53万（上海），而后又开始缓慢上升，至2012年分别达到72万（北京）和76万（上海），但仍远低于各自历史的最高水平102万（北京）、114万（上海）。在2006年之前，广州市小学阶段在校生人数持续上升，直至2006年达到历史最高点89万后，开始缓慢下降，2012年小学阶段在校生人数为82万。

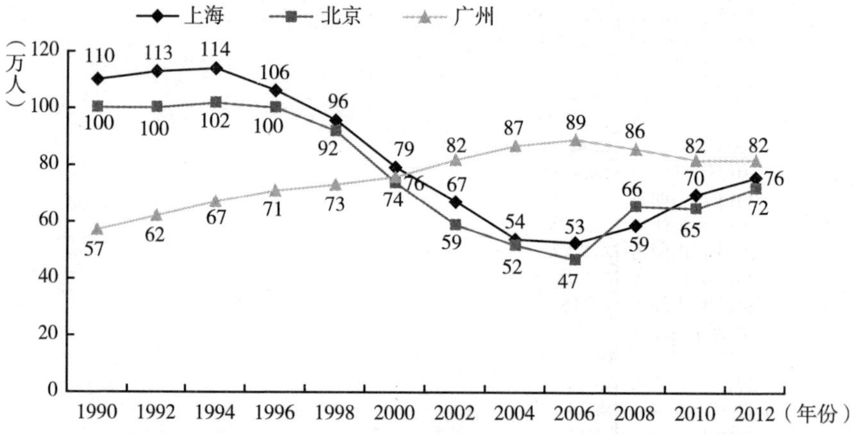

图12　1990～2012北、上、广义务教育小学阶段在校生人数变化

无论从北京、上海还是广州的情况来看，其目前义务教育小学阶段在校生人数均低于历史最高水平。因此从绝对意义的教育资源（学位数）供给来看，3所城市显然都具备不小的增加能力，至少在将目前的义务教育资源（学位数）供给水平恢复到历史高点之前，都没有充分的理由说当下的学位短缺是由绝对的资源不足导致的，况且当下的政府财政收入水平也远非20年前可比。

B.30

2014年出国留学趋势报告（节选）*

中国教育在线

教育部统计数据显示，2013 年中国出国留学总人数为 41.39 万人，比 2012 年增长了 3.58%，这是近年以两位数持续高速增长 5 年后，增速明显回调。虽然增长明显减速，但本科及以下层面就读人数增长仍然迅猛，低龄化趋势明显。虽然中国出国留学人数不断攀升，但中国学生入读名校的几率有所下降。首先，名校的申请人数不断增加，但是其录取率呈现出下降的趋势。与此同时，名校的录取要求不断提高，申请难度增加，然而中国学生的竞争力不足。从英语能力和学术能力两方面来看，中国学生都与世界名校的录取要求有一定的差距。

留学低龄化的趋势愈加明显，硕士留学在中国出国留学总人数中所占的比例明显下降。然而，本科留学的人数迅速增加。以中国赴美国留学人数为例，2013 年中国赴美读研的人数为 103427 人，而读本科的人数为 93768 人，两者之间的差距逐渐缩小。另外，高中留学人群也开始急速膨胀。

随着低龄学生对于国际化教育的需求量越来越大，高中国际班开始在国内迅速发展起来。国际班的数量和招生人数逐年增长。国际班在发展中也呈现出了一些特点，如国际班的学费普遍较为昂贵、国际班的课程种类繁多、国际班所授予的文凭种类也各不相同。从地域上来讲，高中国际班在一线城市发展迅速，而且“高中国际班热”有向二三线城市蔓延的趋势。随着近些年出国留学人数的不断增长，留学回国人员也日趋增多，其增长速度超过了出国留学人数的增长。教育部最新统计数据显示，2013 年留学回国人数达到 35.35 万人，增长率达到了 29.5%。然而，选择回国的留学生就业压力也越来越大。出国留学时，不少留学生热衷于选择商业管理、工程学等留学热门专业，从而造成

---

* 文章来源于中国教育在线于2014年3月13日发布的《2014年出国留学趋势报告》。

了留学生专业扎堆的现象，这也直接影响了留学生就业情况。留学生的就业竞争力呈现出下降的趋势。留学生扎堆某些专业导致其在国内的就业竞争十分激烈，就业压力较大。大多数留学生对于留学后的就业期待较高，对于起薪的要求也过高，超过了留学回国人员的实际起薪水平。在国内，留学生的光环逐渐消失，需要学生和家长理性对待。

一 中国出国留学总发展趋势

（一）中国出国留学总人数持续增长，但增速迅速放缓

1. 中国出国留学总人数持续增长

目前，中国已经成为世界第一大留学生输出国。截至 2013 年，中国出国留学总人数达到了 305.86 万人。进入 21 世纪以后，中国留学生的人数除了在 2004 年有小幅度下滑外，一直呈上升趋势，每年的出国留学人数不断增长。教育部最近的统计数据显示，2013 年中国出国留学总人数为 41.39 万人，较 2012 年约增长 3.58%。

2. 中国出国留学总人数增速明显放缓，出现回调迹象

从总趋势上看，改革开放以后，中国出国留学的人数呈上升趋势，但是其增长率经历了几次起伏。中国出国留学人数在 1978 年、1985 年、1992 年以及 2001 年的增长率达到过峰值。其中，最近一次峰值在 2001 年，出国留学人数增长率达到了 115.38%。在此之后，增长率出现了短时间大幅下降后平稳回升，其变化趋势也趋于缓和。

教育部的最新统计数据显示，2013 年中国出国留学人数增长率大幅下降，仅为 3.58%，出国留学人数增速放缓。中国出国留学人数在 2003 ~ 2004 年曾出现负增长，但从 2005 年至今一直保持了一定程度的增长。其增长率在 2009 年达到近十年的最高值 27.53%，之后每年增幅都有小幅度的下降，2013 年的增长率下降幅度较大，只有 3.58%。综上所述，中国出国留学人数仍然保持一定幅度的增长，但是其增长速度明显下降。

3. 留学行业产业规模超过2000亿元

随着出国留学人数的不断增加，留学行业的市场规模也不断扩大。据调

查，目前中国留学行业产业规模约达2000亿元。其中，留学生境外支出所占份额最大，达85%。每个国家学费略有不同，其中美国学费最高，私立大学学费约为24万~30万，公立大学学费约为10万~24万元。中国留学生学费、生活费总数约可达到1500万~2000亿元。中国留学生的境外支出在中国留学行业市场中所占比重超过了三分之二。在国内的留学行业市场中，语言培训所占份额较大，达到总市场份额的13%。雅思、托福或SAT等考试成绩，是海外高校录取时所必备的标准化考试成绩。随着出国留学人数的增多，参加出国留学考试的人数也随之增加。绝大多数学生在考试之前，会选择相对应的培训。据调查，留学考试培训的市场规模大约已到达了300亿元。另外，目前绝大多数留学生最终还是会选择留学中介办理出国留学手续。留学中介服务费用占了留学行业市场份额的2%。据调查，目前各留学中介对于留学中介服务费用的报价从1.5万到6万元不等，根据不同国家、不同层次学校等因素有所不同。留学中介服务行业的市场规模至少有50亿元。

（二）中国赴各国留学趋势

1. 赴美留学人数持续增多，名校申请难度增加

中国赴美留学人数近些年来一直保持持续增长的趋势，美国也成为中国留学生的第一留学目的国。中国留学生在美国国际留学生中所占的比例逐年增加，从2007年的11.6%增长到了2013年28.7%。据美国《开放报告》显示，一直到2008年，美国国际留学生最大生源国是印度，中国仅排第二，而在2009年，中国上升到第一位。从2005/2006学年的62582人增长到了2012/2013学年的235597人，创造了新的历史纪录。中国赴美留学人数在八年间增长了将近三倍。虽然中国出国留学的人数仍然不断攀升，但同时，名校的录取率不断下降，录取要求不断提高，导致中国留学生入读名校的几率下降。

在美国名校录取率不断下降的同时，名校的申请人数却在不断增加。自2004年至2013年，耶鲁大学、布朗大学、康奈尔大学、斯坦福大学，这四所美国名校的申请人数逐年上升。2004年，这四所学校的申请人数在两万人左右，其中，申请人数最少的布朗大学的申请人数仅有15286人，申请人数最多的康奈尔大学的申请人数也仅为20822人。而在2013年，康奈尔大学和斯坦福大学各自的申请人数几乎达到四万人，比2004年翻了一番。布朗大学2013

年数据还未公布，而其2012年申请人数就已经达到28742人，也几乎比2004年增加了一倍。耶鲁大学2013年的申请人数比2004年申请人数增加了一万人，达到了29610人。

美国名校的申请竞争越来越激烈，申请人数日益增加，而录取率却持续走低。其中下降最明显的是康奈尔大学，康奈尔大学2004年的录取率达到近30%，而到2013年，其录取率下降到了15.56%，几乎下降了一半。四所学校中，耶鲁大学录取率的下降幅度最小，但也由2004年9.9%的录取率，下降到了2013年度的6.9%。斯坦福大学的录取率也由2004年的12.97%，下降到了2013年的5.69%，斯坦福大学2013年录取率低于另外两所已公布2013年录取率的学校，不足6%。布朗大学2013年最新的录取率还未公布，但从之前的趋势来看，虽然有一定的反复，但总体上一直呈下降态势，由2004年的15.12%，下降到了2012年的9.6%，录取率不足十分之一。

美国排名前50的大学中，有45.83%的明确表示申请人的托福成绩需在100分以上，16.67%的学校要求申请人的托福成绩在90分以上，14.58%的学校要求申请人的托福成绩在80分以上，只有极个别学校的托福录取要求低于80分，另外还有18.75%的学校并未明确标注托福录取要求。

据美国教育考试服务中心的《托福考试及成绩汇总报告》显示，2010～2012年，中国托福考生的平均分为77分，与名校的录取要求差距较大。

对比美国前50名院校的SAT录取要求，不难看出中国考生SAT成绩难以满足名校要求。2013年，仅有4.96%的中国考生的SAT成绩超过2000分，只占极少的一部分，而65.63%的美国前50名院校要求申请者的SAT成绩在2000分以上。8.77%的中国考生的SAT成绩在1800～2000之间，而28.13%的美国前50名院校要求申请者的SAT成绩在1800～2000之间。有86.27%的中国考生的SAT成绩低于1800分，而仅有6.25%的美国前50名院校的SAT录取标准在1700～1800之间，没有学校的录取标准低于1700。

由此，可以看出，从学术能力上来说，绝大多数中国学生不能达到美国名校的录取要求，在美国名校申请的过程中，绝大多数中国学生竞争力较低。

2. 英国签证政策改革未影响赴英留学增长

2012年4月，英国正式关闭了国际学生毕业后在英国工作两年的PSW签证体系。但从近两年中国赴英留学趋势看来，政策的改变对于中国学生赴英国留学并没有太大的影响。中国赴英留学人数近两年继续保持增长趋势，但增长率有所下降。

英国是中国留学生第二大留学目的地。据英国高等教育统计署资料显示，2012/2013 学年，第一次在英国高校注册的中国留学生人数达到了 56535 人，与 2008/2009 学年相比，人数增长了近一倍。

在中国赴英留学人数持续增长的同时，其增长率出现了较大幅度的下降。第一次在英国高校注册的中国留学生人数增长率从 2008/2009 学年的 37.29% 下降到了 2012/2013 学年的 5.62%。中国赴英留学人数的增长率下降，增长幅度渐趋缓和。

3. 中国赴澳大利亚留学热度回升

2009 年大批澳洲私立职业院校倒闭的风波对中国赴澳留学趋势产生了冲击，从 2010 年起，中国赴澳留学人数一直在下降。近两年，澳洲接连推出多项留学新政，方便国际学生赴澳留学，如 2012 年推出简化签证审理办法（SVP）、2013 年初推出国际生毕业后工作签证政策（PSW）等。2013 年中国赴澳留学人数回升。

受 2009 年澳洲私立职业学院倒闭风波的影响，中国赴澳洲留学人数在 2009 年达到最高峰 91524 人以后，出现了下滑的态势，并一直持续到 2012 年。2013 年，中国赴澳洲留学的人数四年来首次出现增加，达到 78277 人，接近于 2008 年中国赴澳洲留学人数。

中国赴澳洲留学人数增长率在 2007 年达到近十年间的顶峰，达到 27.63%，而在之后出现了一定幅度的下滑。在 2010～2012 年间，中国赴澳洲留学人数增长率出现了负增长。2013 年，中国赴澳洲留学人数增长率出现回升，达到 6.42%。

4. 中国赴加拿大留学人数平稳增长，加拿大实施“国际教育战略”

加拿大一直是中国留学生的主要留学目的国，近些年来，中国赴加留学的人数平稳增长。为了进一步推动国际学生赴加留学，加拿大于 2014 年 1 月发布“教育国际战略”，确定“到 2022 年，赴加留学科研人员比现在翻一番，达到 45 万人次”。

中国赴加拿大留学人数从 2004 年起一直呈上升的趋势，到 2012 年，中国赴加拿大留学的新生人数达到了 25346 人，比 2004 年增长了近 2.5 倍。

中国赴加拿大留学人数增长率近十年来经历了几次起伏，增长率最高峰出现在2008年（达到了36.77%），2010年曾出现增长率的一次低谷（不足10%）。2011、2012年，中国赴加拿大留学人数增长率维持在20%左右，较为稳定。

5. 多国出台留学新政吸引中国留学生

基于中国庞大的留学行业市场规模，其他国家也在不断推出新的政策及奖学金，以吸引中国留学生。

2014年正值中国与法国建交50周年，为了吸引更多高质量的中国留学生，法国出台了多项政策简化签证办理，其中包括向高素质人才发放“人才护照”。此项措施将为高素质大学毕业生、创业者、投资者、企业代表和高端人才提供为期4年的居留证。另外，学生将获得与其学制年限相同期限的居留证，不再需要每年办理。

2011年起，法国驻华使馆设立了France Excellence奖学金。该奖学金只面向希望赴法攻读硕士学位的中国学生，奖学金覆盖：法学和政治学；新闻、信息科学和传媒；经济管理学；人文社会科学；城市规划、可持续发展和环境；自然科学和工程学。奖学金将包括每月750欧元的补贴、学生社会保险、协助租房以及社交、文化活动。学费也包含在奖学金内。第二年奖学金的续发需要参考上一年的学业成绩。该奖学金2014年在中国发放50份。

2014年荷兰也正式开始简化对华签证。除了申请总时间缩短外，此次简化最大的看点就是，申请人可以邮寄材料而不再需要当面递签。荷兰为中国大陆申请者提供了橙色郁金香奖学金项目。2014年共有20所荷兰大学参与该奖学金项目，预计为46名中国学生提供总额超过50欧元的奖学金。

二　中国迎留学生“最大回国潮”，就业问题凸显

（一）留学生回国人员发展趋势

进入21世纪以后，中国留学回国人数增长速度加快，几乎呈直线上升的趋势。在2000年，留学回国人员仅为9121人，不足一万人。而到2013年，留学回国人员达到了35.35万人，而当年出国留学的人数为41.39万人，仅相

差6万余人。

总体看来，从2000年到2013年，留学生回国人数一直保持了正增长。其中有11年都保持了20%以上的较快增长速度，只有极个别年份的增长率低于20%，有5年的增长率超过了40%。在2008、2009年，中国留学生回国人数增长率一度超过了50%，分别达到57.5%、56.2%。据教育部最新统计数据显示，2013年留学回国人员的增长率为29.53%。虽然较前两年的增长率有所下降，但仍保持了较大的增长幅度。

中国迎来了留学生“最大回国潮”，留学生回国人数进入高速增长期，并且这一增长趋势将持续下去。随之而来的是留学生的就业问题。

（二）留学生专业选择扎堆

产生留学生就业问题的一个重要原因在于专业选择扎堆。留学生的专业选择过于集中，导致某一专业的就业竞争压力增大。据中国（教育部）留学服务中心发布的《2012万名留学人员回国就业报告》显示，在学科分布上，管理学、经济学、理学和工学最热门，这四个学科的留学回国人数占到总留学回国人数的80%。

（三）留学生回国就业竞争力下降

1. 留学热门专业国内竞争压力大

2012年中国普通本科毕业生学科分布中，留学热门专业管理学、工学、文学所占的比例，位列前三位。据国家统计局数据显示，2012年中国普通本科毕业生中，工学毕业生占比最高，达到了25.32%，总人数为964583；文学毕业生人数位列第二，为588198，占比约15.44%；管理学毕业人数位列第三，达到了13.87%。庞大的毕业生人数，使得这三个学科的毕业生就业压力相对增加。

综上所述，在美国、英国、澳大利亚，中国乃至国际留学生最集中的专业均为商业管理，其次还有工程学、计算机、社会与文化等专业。这些留学生扎堆的专业在中国就业状况并不十分乐观，尤其是最热门的商业管理专业。2013年的就业“红黄绿牌”专业中，工商管理专业再次入选黄牌专业，其失业量较大，就业率较低，月收入较低，就业满意度较低。

2. 留学生就业期待高于实际起薪

出国留学付出的资金成本远高于国内的学习成本，绝大多数留学生对于就业收入的期待比较高。计划赴美硕士留学的中国学生期望的就业第一年年薪大多在60000元以上，这一比例占到了89.9%，仅有约10%的学生期望的年薪可以低于60000元。

留学生对于第一年就业起薪的期待较高，然而现实情况并不乐观。留学生回国后第一次就业的起薪绝大多数低于6万元，占比约为67.2%。也就是说，超过三分之二的留学回国人员的就业起薪不到6万元，其中36.5%的海归的就业起薪低于4万元。这与留学生就业心理预期产生了巨大的反差，仅有32.8%的留学回国人员的就业起薪在6万元以上。

B.31
南方科技大学五年改革考*

徐 伟

似乎从来没有一所大学像南方科技大学一样，在草创时期便举世瞩目；也没有一所大学像南科大一样，在襁褓中便被寄予中国高教改革的厚望。

这种热切的关注与期待，自然源于国人对一所没有官僚系统、按教育规律办事的大学的希冀，也源于13亿人不能解答“钱学森之问”的耻辱和不甘。

对南科大和它的创校校长朱清时而言，无从逃离的聚光灯，或许多数时候是一种支持和助力，但有时也会成为一种难以承受的负担。他们的每一个细小动作，都被外界放大来解读，这种解读自然也包括并不知情的曲解。

9月10日，朱清时的五年校长任期将满，他已明确表示不再连任，新校长的遴选工作已经启动。在朱清时执掌校长印的五年间，南科大数度被外界宣布“改革失败”，这样简单地下结论和贴标签，常让他们不知所措。

“筚路蓝缕，以启山林。”创业与改革之艰辛，只有亲身实践才会懂得。南科大一位负责联系媒体的工作人员向《凤凰周刊》记者吐露心声：“外界总喜欢轻言成败，一个才创办五年的大学，哪有那么快就能下结论？他们不会关心我们具体做了什么，而我们需要踏实做好每件具体的事情。”

因为各种误解和断章取义，朱清时也曾一度选择远离媒体，拒绝了不少采访，但采访邀请依然络绎不绝。不久前，有媒体以“遗憾朱清时”为大标题做了封面报道，但朱清时告诉《凤凰周刊》记者，他对此很有意见，也很失望，因为这样可能会给读者留下“很坏”的印象。他虽有遗憾，但更多的是欣慰愉快，因为南科大的发展已经超过他当初的预期。

南科大的“朱清时时代”行将结束，一个新的时代即将开启，朱清时在

* 文章来源于《凤凰周刊》2014年第20期。

五年时间里，为南科大种下了怎样的基因，留下了哪些遗产，对此有必要做一次认真的清点和梳理。

去行政化改革成效

关于南科大改革，第一个关键词肯定是“去行政化”。去行政化是世界一流大学的通行做法，也是今日中国大学各种疑难杂症的症结所在，公众对南科大的关心，很大程度上也是对去行政化改革的关心。

在此问题上，朱清时在接受校长之职时便有清晰定位，但随后的改革实践，让他不得不做出诸多妥协。中国人民大学前校长纪宝成曾言，“如果没有行政级别，校长啥都干不了”。可见，在中国的现实政治环境下，去行政化改革想要一步到位是不可能的。

而朱清时的理想，就是让学校不必有行政级别，而是靠自身的影响力和对社会的贡献，来赢得尊重、认可和社会资源。教育部、广东省教育厅对南科大在筹建、转正、招生等一系列事件中的特事特办，以及十八届三中全会的决定中关于教育改革的内容，都让他感觉到南科大的改革实践得到了有关决策部门的认可。

作为这场改革的主导者，朱清时虽不如纪宝成悲观，但他也承认最大的改革阻力还在行政上，成败的关键在于政策空间的大小。对此，朱清时特别庆幸，深圳市作为中国改革开放的桥头堡，不仅在财政上对南科大投入巨大，也在政策上尽可能地给予改革空间。

2011 年 7 月 11 日，深圳市政府颁布了《南方科技大学管理暂行办法》，明文规定“南科大具有独立法人资格，自发自主办学和管理”、“坚持追求卓越、学术自由、学者自律的大学精神，遵循理事会治理、教授治学、学术自治的原则”，并对理事会制度作出了详细规定。朱清时说：“这部地方行政法规让南科大去行政化有法可依。”

朱清时开玩笑式地说，南科大没有行政级别，给他带来的唯一“困难”，是每次政府开会和合影时都要排在后面，而在争取政策支持、财政资源等方面，他并没有受到歧视。

根据中国《高等教育法》第 39 条规定，高校实行党委领导下的校长负责制，党委“统一领导学校工作，支持校长独立负责地行使职权”。

早在2011年7月，南科大还在筹备阶段，就已成立中共南科大（筹）临时委员会，由校长朱清时兼任书记，副书记由深圳市政府秘书长李平担任。

2013年10月底，根据深圳市委组织部文件，南科大临时党委“去筹转正”，成立正式党委，隶属于深圳市委教育工作委员会管理，朱清时续任书记，李平任副书记兼纪委书记。

今年1月21日，深圳市原市委常委、公安局长李铭接任朱清时书记之职，朱清时不再兼任书记，顿时舆论一片哗然，改革失败的质疑重新泛起。

2月13日，《人民日报》对此发表评论《看南科大，勿过早言成败》，文中称，“对于一项需要较长时间的改革事业，不能完全系于一人之身，可能需要多代人的持续拼搏。即便是今年9月第一聘期结束，朱清时不再续聘校长，也不能轻易断言南科大改革失败”。次日，南科大官方网站转载了这篇文章。

朱清时向《凤凰周刊》记者坦言，如何处理党委、理事会和校长之间的关系，是南科大探索改革的关键议题之一，而他们也确实探索出了一条应对之策。在成立临时党委之初，南科大就决定实行干部“双轨制”。

一类是由党委任命的行政干部，包括各部门正、副部长；另一类是由校长提名、校务会审定产生的学术干部或业务干部，包括各系正、副主任，书院正、副院长和交叉中心主任等。这样的制度设计，虽然保留了一部分行政干部，但最大限度地保障了学术不受行政力量支配。

此外，教授会（成员为助理教授以上教师）还选举产生教务长、总务长、秘书长三长，与学术副校长等行政干部进行分工，在权力等级上，学术副校长与教务长平级，只是具体分工有所不同，充分尊重教授在教学科研事务上的主导地位。而“三长”由于是从基层教授中选出，而非由上级党委任命，所以他们会对基层教授负责，在他们离任之后还可以继续当教授。

朱清时向记者表示，“南科大自己决定校领导班子成员的探索，很值得国内其他高校认真考虑，这样是把单一的、由上级任命领导的方式打开了一个缺口，让学校可以自己任命一些没有行政级别的校领导”。

学术自由与师资建设

南科大对学术自由的尊重和对教授治校的改革，除了在干部“双轨制”上有所体现外，还反映在“学术委员会”的设置上。根据《南方科技大学管理暂行办法》，学术委员会负责对学校教学、科研等重大学术事项进行审议，学术委员会成员由教授会协商产生，其中不担任行政职务的教授代表所占比例应当不少于1/2。

目前，担任学术委员会主任一职的是原香港城市大学副校长、中科院院士唐叔贤教授，他曾向媒体表示：“学术委员会制度的意义在于，无论是哪位校长或者领导来到南科大，都不会影响学术委员会在学术方面的主导性，学术委员会将一直存在。”

据唐叔贤介绍，学术委员会每个月至少召开一次会议，有时候要讨论七八个议题，议题由学术委员会成员提出，包括新学科建立、人才招聘、教师考核、教授晋级以及研究中心申请、科研经费分配等，所有议题都由教授委员会投票表决，投票是匿名的，主席也没有办法看到具体是谁投的票。

教授招聘是学术委员会的重要工作，无论是谁被谁推荐，都要经过学术委员会的严格审查把关，并在引入第三方专业评价后进行投票，投票结果交由校长核准；校长基于学校现实条件与未来发展方面的考虑，可以提出反对意见甚或推翻委员会的决定，“但一定是基于一个非学术的、站得住脚的强大理由，到目前为止还没有出现过类似情况”。

作为校长，朱清时可以向学术委员会推荐人选，但他从未要求一定要引进某人，而通常是用商量的口吻，“这个人推荐给你们，你们看合不合适?”唐叔贤打了一个比方形容南科大校长与学术委员会的关系，“就类似于美国总统与国会，总统有很多提议，国会可能不接受，国会也有很多提议，总统不签字也不行”。

正是基于学术自由、教授治校的原则，南科大建立了一套与现代大学制度相适应的人力资源管理制度，包括人才评审制度、薪酬福利制度、考核晋升制度等，并在短时间内打造了一支国际化高水平的教师队伍。

根据官方资料显示，截至2013年底，南科大已签约引进教师146人，其中90%以上拥有博士学位，90%以上具有海外工作经验，60%以上具有在世界排名前100名大学工作或学习的经历。其中包括院士2人、双聘院士2人、国家“千人计划”入选者5人、“青年千人计划”入选者25人。“青年千人计划”入选者人数分别占广东省和深圳市的一半与八成。

能在短时间内拉起如此高水平的师资队伍，除了改革口号和政策吸引以外，自然少不了优渥的薪资待遇，这得益于深圳市政府强大的财政支持。

朱清时向记者介绍，引进“千人计划”人才，每个人的研究和实验室启动经费少则几百万元，多则上千万元，而一般的年轻教授的启动经费也都在200万元以上。“如果没有深圳市政府的巨大财力支持，是根本做不到的，深圳市政府的支持，是南科大能够成功的非常重要的因素。”

朱清时说：“南科大创校的基本方针，就是要用其他学校引进特殊人才的待遇，来引进南科大的所有教授，所以他们的薪酬待遇可以和其他学校的特殊人才相比。”

教师的高薪待遇，甚至引起一些行政人员的“抱怨”，觉得学校过分看重教师队伍，行政人员的待遇与教师的待遇相差太远，引起了新的不平衡。但朱清时认为：“如果在教师队伍和行政人员中间搞平衡的话，就可能挫伤教师队伍的积极性，在现在人才竞争如此激烈的背景下，他们随时可能走掉。”

在朱清时的理想中，“学校的每一个人要得到社会尊重，只能靠在科研教学工作中取得成绩，或者为教学科研工作服务好，不能靠行政级别或官位来得到”。

目前，南科大教师已经承担了国家科技创新重大专项子课题1项、国家“973计划”子课题1项、国家自然科学基金项目21项、广东省自然科学杰出青年基金1项、深圳市基础科学研究项目10项。

而在记者采访到的多名学生中，对教师的授课质量都给出了较为一致的肯定。大三学生孙立荣告诉记者，每门课上完以后，学生都会对老师和助教进行评教打分，“如果考核不合格，老师就要走人，所以老师对评教还是挺在意的，准备课件和讲课都比较认真”。

作为校长，朱清时不仅要考虑如何招到更多的优秀人才，还要考虑如何才能把他们留住。在他看来，留住人才的关键是要保持改革的势头，如果改革停滞或倒退，进来的人才随时可能会再流走。

招生制度改革

南科大的另一项重要改革是招生制度。到目前为止，南科大共招收了三届学生。2011 年通过完全自主招生，招收了 45 名高二学生，成立教改实验班，后有 4 名学生陆续退学。2012 年与 2013 年，通过“6 + 3 + 1”招生模式，分别录取了 186 与 386 人。

根据今年的招生计划，将继续沿用此种模式招生，面向 15 个省份招收 550 名学生，对生源好的省份将会扩招。从报考情况来看，有超过 3000 名学生在提前批次报考南科大。因此，从下学期开始，南科大的在校生规模将突破 1000 人。

所谓“6 +3 +1”模式，是指高考成绩占总成绩的 60%，南科大自行组织的能力测试成绩占 30%，高中阶段的平时成绩（含面试）占 10%，最终构成考生的综合成绩，按考生综合成绩择优录取。如综合成绩相同，则先按高考成绩，再按能力测试成绩从高分到低分依次录取。

能力测试以笔试测验考生的独立思考和批判思维能力、想象力、洞察力、注意力和记忆力。相对于只看高考成绩的招生模式，“6 +3 +1”模式能更全面地反映学生的综合素质。

在去年 11 月，十八届三中全会通过的《中共中央关于全面深化改革若干重大问题的决定》提出，“推进考试招生制度改革，探索招生和考试相对分离、学校依法自主招生等运行机制，并逐步推行普通高校基于统一高考和高中学业水平考试成绩的综合评价多元录取机制”。

这让朱清时感到振奋，他认为这是中央对南科大招生制度改革的认可，“南科大的改革跟中央顶层设计一致，这是南科大这几年做得最成功的改革，现在已经开始在许多高校推广开来”。

但他并不认为这是最理想的招生制度，而不过是一种过渡办法，因为如果把全部自主权都放给学校，对中国来讲影响太大，目前高考还是相对最公平的一种办法。通过这种模式招收的两届学生，他们的高考平均成绩超过一本线 60 ~ 80 分，达到了许多“985”高校的录取线。

培养模式创新

对于本科生的培养模式，南科大也进行了创新，采取“2+2”培养模式，即大学头两年不分专业，实行通修通识教学，强化学科基础和人文知识，从大学第三年开始，学生可根据自身的特长和发展要求选择主修专业。这样的设计既可以培养学生的全面性，又可以让学生选择的专业更符合自己的兴趣。

一些学生告诉本刊记者，学校从大一开始就实行中英文双语教学，经过一年的适应期，到了大二以后基本上是全英文教学，课程使用的教材或者老师推荐的参考书许多都是英文原版，而学生基本能慢慢适应。

因为都是理工科专业，老师特别注重培养学生的动手能力和创新思维，许多课程都要求学生做实验和 project（项目）。大一学生张志给记者举了个例子，物理课要求学生分成小组，自己设计物理实验，写实验报告，有的小组实验设计出一个产品，做这些东西要花半个月，而且要反复很多次。

有人选择 Java 课程，也是要求做一个 project，每个人写一段代码，然后自己做海报宣传它的功能，推销自己的产品，谁的软件设计得好，老师就会给一个高分。

第一届教改实验班的学生孙立荣告诉记者，老师对学生的考核不只是看期末考试成绩，期末成绩约占总成绩的 40% ~50%，期中成绩占 10% ~20%，project 占 30% ~40%，平时作业约占 20%。也因此，学生普遍反映平时作业压力比较大。

除了实行“2+2”模式外，学校还实行导师制和书院制，一个导师大约带不同年级的 8 个学生，导师平时会与学生一起吃饭、交流、指导选择专业等等。对于老师的上课水平，受访学生大多表示满意，但对学校的学习氛围则提出了不同看法。

孙立荣认为学校由于人数太少，学风并不特别浓，这可能需要时间慢慢改变。但他向《凤凰周刊》透露，这一届的 41 个毕业生，大部分都想继续深造，可能出国或去香港读书，因为在国内读不了，目前已经有两个同学成功申请到牛津大学和另一所世界名牌大学的研究生名额，这为他们开了个好头。

而张志也向记者表示，同学的学习状况有较大差别，他们班有五六个

"学习上瘾"的同学，天天从早到晚泡图书馆，看英文原版的线性代数，与老师探讨很高深的数学问题，有英语特别好的学生，但也有爱玩游戏的同学。

从外界对南科大的认可，或许更能看清南科大教改的成效。2012 年，南科大组织的两支学生队伍，首次参加麻省理工大学主办的 iGEM（国际基因工程机器大赛），在亚洲区比赛中，分别获一枚金牌和一枚银牌的佳绩，并且双双出线获得决赛资格，这也使得南科大成为当年 iGEM 总决赛中唯一一个派出两支参赛队伍的学校。

2013 年，南科大软件代表队在 iGEM 全球总决赛上夺得金牌，其中 3 名来自教改实验班的学生，还因此接到了哈佛大学的邀请函，获邀赴哈佛大学医学信息学系进行为期 3 个月的暑期实习，从事个体化医疗的生物信息学研究，该项研究由美国国立健康研究院经费支持，是奥巴马提出的医疗改革计划的组成部分。

自由民主之风气

一件颇令南科大学生自豪的事，是学校的思想自由、言论渠道通畅。当学生对学校建设、课程设计、管理制度有任何意见时，可以随时向学生会传达，或者在每一届的"本科生群"中提出意见，他们也经常可以在食堂遇见校长，向他直接提意见。

学校的学生会主席是通过投票民主选举产生的，在竞选前要发表"施政演讲"，作出政策承诺，全校至少有 2/3 的学生会去参与投票。学生会在成立后，一方面要组织各种社团活动，传达学校政策；另一方面也要收集学生对学校的意见，向校方传达。

由于学校的硬件设施和管理制度都在建设当中，学生会向校方提出很多建设性的意见。张志对记者说："我们有本科生群，同一届的学生都会加入这个群，谁要有什么意见，就可以发一封公邮，让大家讨论，学生会和校方都可以看到，只要几天不查看，可能就有几十封邮件。比如有人觉得 7 月 11 日结束考试太晚了，他想要提前一点回家，便提出将考试日期提前，结果有 100 多条评论。"

对课程设置，也可以向校方提意见，有同学喜欢日语，于是向学校提出开设日语课，后来真的就开设了日语兴趣班。学生会组织看露天电影，也会让同学投票选择，通常讨论都会很激烈。

在南科大校园，流行着两句话，一句是朱清时校长的名言，后来放进了南科大的宣传片里——“每天叫醒我们的不是闹钟，而是中国高教改革的梦想”；另一句摘自朱清时在2012年致考生和家长的公开信，后来改成了一副对联——“你和我们一起度过的四年，将成为你终生骄傲的经历”。

朱清时的名字与南科大牢牢地绑定在了一起，有许多学生是冲着朱清时而报考了这所大学。对于新任校长，张志表示有一定担忧：“说实话，我还是很留恋朱校长，很多同学是冲着他过来的，我希望未来的校长能将改革进行到底，解决学校的问题，不要半途而废。”

而朱清时则向记者表示：“希望下一任校长比我精力充沛，更有改革意识，有更高的学术声望，获得更多的社会支持，这样可以把南科大办得更好。”

Abstract

2014 is the fourth year to implement the "National Medium and Long-term Educational Reform and Development Plan (2010 – 2020)". A series of reform schemes on college entrance examination system, higher education, vocational education were promulgated. Educational reforms were deepened gradually. The governments at all levels were trying to further expand education equity and take special measures to make up for the shortcomings of education in poor rural areas. At the same time, old problems had not been solved such as the education of migrant children in the process of rural urbanization, new problems kept emerging such as the university scientific research corruption. It is urgent to solve those problems through system innovation. The importance of education governance modernization was highlighted.

In September 4, 2014 the State Council of the People's Republic of China released "Implementation Opinions on Deepening the Reform of the Examination and Enrollment System". This policy and its piloting plans published by Shanghai City and Zhejiang Province outlined a blueprint of the new Chinese College Entrance Examination (known as Gaokao in Chinese). As the supporting measures of the College Entrance Examination system reform, the Ministry of Education promulgated the reform scheme which intends to regularize the score bonus policy. The measures included cancelling all the encouraging score bonus, cancelling most local compensatory score bonus, and improving the retained compensatory score bonus, etc. This more was in accordance with public opinions, but had yet to be detailed and scientific.

In the development of secondary vocational education, regional differences in social and economic development and the decentralization of the management system determined that local secondary vocational education development differed in thousands of ways. There existed deep-seated contradictions in secondary vocational education, different regions faced their own prominent contradictions. According to a research, the probability of the poor children in rural areas to receive higher education was far below those in city areas. There was a high turnover rate of secondary vocational school students and the students even suffered knowledge regress after the start of the school year. The development of post compulsory education has become a pressing matter of the moment in our country.

In June 22, 2014 the State Council of the People's Republic of China issued "Decision on Accelerating the Development of Modern Vocational Education". It was clearly put forward that some undergraduate colleges and universities were encouraged to reshape themselves into applied technology ones. It was poisoned to establish the modern vocational education system in which different levels of vocational education-secondary, specialty, undergraduate and post graduate-linked up. However, based on the policy formulation and preliminary implementation, there had big controversies about the necessity of applied technology transformation and the classification of colleges and universities. How to regulate the development of independently established colleges was a big issue in the development of higher education in China. To March 2013, 90% of the independently established colleges around the country still failed to complete the transfer setting due to existing policies and their own problems.

"The Decision on Major Issues Concerning Comprehensively Deepening Reforms" was adopted at the Third Plenary Session of the 18th CPC Central Committee, proposing general requirement of "Deepening Educational Reform". In this context, new relationships between governments, schools and society must be built, and advocating educators enjoying school-running power had become focal points for reforming local education. In 2014, Beijing Municipal Government administrated education according to law and launched a series of new policies on admission to public junior high schools. School choice problem was solved at a stroke.

"The Plan for Promoting Special Education (2014 – 2016)" made an overall plan for the development of China's special education. Based on the Plan, China would within three years establish a system of inclusive education applicable domestically so as to encourage children with disabilities to receive proper education and equally participate in social life. In 2014, China launched the second round three – year – project for pre-school education development, with new policies issued and key projects kept implemented. How to make sure that all the children can receive equal and qualified pre-school education, and that the new policies can be well implemented, are the issues that need to be continuously investigated in practice.

In the area of basic education, it was necessary to establish clear development strategies, regulate the introduction of international courses, and tighten tuition policies so as to guarantee the healthy and orderly development of the international divisions of senior high schools. The new household registration (Hukou) reform reinforced the strict population control in mega cities. Shanghai had set off a new round of campaign to drive the low-end of the working population out of town, and Beijing had begun to set extremely high thresholds for migrant youth to attend public schools. How to protect non census registered school-age children for receiving compulsory education had become a serious problem to be solved in the process of urbanization. Being the largest education reform for the past 45 years, Taiwan's 12 - Year Public Education was launched in September 2014 finally. Exploration on the reform of the teacher education system is still burdened with heavy chains such as the gap between theory and practice, lack of capacities preparation. PISA is an international student assessment program sponsored by OECD. In order to recognize the positive and negative effects of PISA, PISA should be understood not only from the perspective of ability assessment directly, but also from the aspects of educational research and educational reform caused by PISA. There were important links between family factors and juvenile crime according to a study conducted by China Youth & Children Research Center. Bad family structure, improper way of family education, poor family economic and cultural environment were the key factors causing the delinquent minors.

The establishment of Yenching Academy in Peking University was a noticeable event in 2014 and indicated the administrative power strengthened while the more and more capitals flowing into universities. "Super High School" with the basic characteristics of "mega scale, management strict, training, examination, a top student super overclock much super, super high enrollment rate, 'North rate' high" once again became the focus in 2014. It was needed to deeply analyze the formation reasons and find the real effective governance path of "super high school". 2014 could be regarded as the construction year of Chinese online education. The domestic online education began to try to explore in the core areas of education, especially for

K12 education, foreign language education and vocational education.

As the most vulnerable part in the school system, rural small schools' development was crucial to the realization of education equality and the promotion of social justice. Among others, teacher enhancement was the key to promote the development of rural small schools. An investigation conducted by 21st Century Education Research Institute found that unhealthy life habits and nutrient absorb were two most hidden concerns for poor areas school-age children's physical health. The psychological health problems for school-age children in township central elementary schools were most serious. The school-age children in poor village elementary schools and teaching spots had insufficient basic boarding conditions, and their education resources access was far less than the township central elementary schools.

A survey on education value of the public revealed that the vast majority of the public had relatively healthy education value, attaching great importance to making children grow up healthy and happy, and paying attention to the cultivation of ability. The results appeared obvious contrast with the reality of examination-oriented education, such as elite competition and forced management to children.

Contents

B I General Report

Abstract: In 2014 the country continued to deepen educational reform. The improvements and innovations of education were reflected through the progress of a series of stereo type reforms: pilot reform of the college entrance examination system in Shanghai City and Zhejiang Province, the planning and management of modern vocational education system, the innovation of local education system based on decentralization, the fundamental education policy breakthrough represented by Beijing, the improvement of school conditions and the situation of children in poor areas, the transformation of higher education and educational innovations in Internet era. At the same time, old problems has not been solved such as the education of migrant children in the process of rural urbanization, new problems kept emerging such as the university scientific research corruption. In the process of deepening reforms and promoting the education governance modernization, it was important to know the "new normal" education and to solve the problems of rural education and teachers through system reform.

Keywords: Educational Reform; Education Governance Modernization; Education Equity

𝔹 Ⅱ Topics of Special Concern

Abstract: The State Council of The People's Republic of China recently released " Implementation Opinions on Deepening the Reform of the Examination and Enrollment System". This policy and its piloting plans published by Shanghai City and Zhejiang Province outlined a blueprint of the new Chinese College Entrance Examination (known as Gaokao in Chinese). Gaokao is a baton, and its reform influences the whole Chinese education. How will the new Gaokao guide the reforms of Chinese basic and higher education? What kind of opportunities and challenges will the new Gaokao bring to examinees, teachers, high schools and colleges? This paper will try to give a whole prospect of its influences.

Keywords: New Gaokao; Gaokao Reform; Elective System; College Independent Admission

Abstract: As the supporting measures of the College Entrance Examination system reform, the Ministry of Education promulgated the reform scheme which intends to regularize the score bonus policy in college entrance examination. The measures included cancelling all the encouraging score bonus, cancelling most local compensatory score bonus, and improving the retained compensatory score bonus, etc. This more was in accordance with public opinions, but had yet to be detailed and scientific. Some recommendations were brought out such as improving score bonus policy for minority students; integrating the compensatory policy for rural students; empowering the universities and colleges to decide their own bonus policy. And it was also advisable to perfect legal system of education in China, to adjust and improve the score bonus policy based on evaluation, to present this policy as independent text, and to stabilize the policy.

Keywords: College Entrance Examination; Score Bonus Policy; Education System Reform

B.4 Chinese Path to Explore the Secondary Vocational Education

Tian Zhilei, Wang Rong and Liu Mingxing / 032

Abstract: Firstly the relationship between the regional characteristics and vocational education development patterns was described through a simple analytical framework. Secondly four relationships between private and public secondary vocational education based on development of vocational education were discussed. Thirdly, survival conditions of different types of private vocational schools was introduced according to investigate and survey experience. Finally, several suggestions were proposed to set up more open governance structure, broader reforms in investment mechanism and support for development of private vocational college.

Keywords: Pre-employment Education; Entrance Oriented Education; Regional Secondary Vocational Education; Mixed Ownership

B.5 Priority of China's Post-Secondary Education

Ke Jin, Shi Yaojiang, Zhang Linxiu
and Scott Douglas Rozelle / 042

Abstract: The growth rate of China's economy in the next decade will decrease steadily. To transform the economy into a more advanced and more competitive economy, it is especially important for the developing countries to establish a highly skilled labor force market, which requires the future labor forces to have at least finished the high school education. According to one of Rural Education Action

Project (REAP) 's recent research, the results showed that the probability of an urban kids went to a higher reputation universities (Top 10) in the urban China is about 35 times higher than the rural kids; even just average four years university or college, urban peers are 21 times higher probability than the rural kids. The national and provincial governments had issued various development policies aiming to promote the development of vocational education and training (VET) program. Another research conducted by REAP, however, found that students did not learn more advanced high-tech knowledge, and it was even worse that many students' basic mathematic and Chinese skills decreased eventually after two years in the VET schools. This inability to make decision leaded to a constant low enrollment rate among the VET schools, and the dropout rate was still relatively high in the rural China.

Keywords: Vocational Education and Training (VET); Human Capital; Rural Education; Credential System of Vocational Education and Training

Abstract: The transformation of local undergraduate colleges and universities was vital to the structural optimization of higher education. Recently, some undergraduate colleges and universities were encouraged to reshape themselves into applied technology ones to establish the modern vocational education system of China. However, the new policy could not reflect the actual situation of local universities and had serious administrative tendency. By analyzing the present situation of Chinese higher education and the new classification trends of international higher education, it was suggested that the blueprint of vocational education and higher education should be reconstructed. Therefore a three-component system "Academic-Professional-Vocational" was put forward to promote the development of local universities.

Keywords: Transformation of Local Undergraduate Colleges and Universities; Modern Vocational Education System; Higher Education Classification

B. 7 Difficult Transition of Independently Established Colleges

Li Jianping / 062

Abstract: How to regulate the development of independently established colleges is a big issue in the development of higher education in China. In 2008 the Ministry of Education issued 26th Order, and promulgated that the independently established colleges were set according to an independent set of general university in a period of 5 years. To March 2013, 90% of the independently established colleges around the country still failed to complete the transfer setting due to existing policies and their own problems. Some suggestions were brought out such as straightening out the relationship between the interests, solving the problems of independently established colleges.

Keywords: Independently Established College; Internal and External Reasons; Involves Vital Interests

B. 8 Innovations of Local Education Systems-New Features and Proposals

Wang Liwei / 071

Abstract: The Third Plenary Session of the 18th CPC Central Committee stated "Deepening Educational Reform". In this context, the 21st Century Education Research Institute organized the 4th Local Education Governance Innovation Award. For this year's award candidates, "simplifying administration and decentralizing" emerged as a main theme. Three key goals had become focal points for reforming local education: clarifying the relationships between central and local governments, specifying the distribution of management roles among governments, schools and society, and advocating educators enjoying school-running power.

Keywords: Simplifying Administration and Decentralizing; Governance Innovation; Relationship between Governments and Schools

Abstract: In 2014, Beijing Municipal Government launched a series of new policies on admission to public junior high schools. In contrast to previous years, these policies were strictly implemented and achieved initial results. Through systematic analysis of policy documents and data collected from the related surveys at Beijing City and each district and county, a "New Normal" of no-exam and principle of proximity based compulsory education in Beijing was visualized. Some recommendations were brought out on further promoting the reform for an equal, transparent, balanced, qualified, diverse and innovative compulsory education.

Keywords: Compulsory Education; the Balanced Development; Admission to Junior High Schools (Xiao Sheng Chu); Beijing

B Ⅲ New Observations

Abstract: The Plan for Promoting Special Education (2014 –2016) made an overall plan for the development of China's special education. Based on the Plan, China would within three years establish a system of special education, which was expected to boast of a rational layout, interrelated phases of education, and an integrated education combining general education and vocational education, as well as medicine and education, and build an overall and smooth mechanism for safeguarding special education service, so as to promote the overall development of special education. In order to implement the Plan and its objectives, China needs to take effective measures, such as stressing the development of inclusive education, rendering more financial support to special education, attaching importance to the needs of students with disabilities, improving the salaries of special education teachers, and promoting inclusive education, thus enabling every student with disabilities to receive proper education.

Keywords: Special Education; Inclusive Education

Abstract: Equity and quality are two major issues for the development of pre-school education. With the closing of the first round three – year – project for pre-school education development, it was necessary to look into what outcomes have been achieved in terms of equity and quality improvement and what problems remain to be dealt with. In 2014, China launched the second round three – year – project for pre-school education development, with new policies issued and key projects kept implemented. How to make sure that all the children can receive equal and qualified pre-school education, and that the new policies can be well implemented, are the issues that need to be continuously investigated in practice.

Keywords: Pre-School Education; Three-Year-Project; Equity

Abstract: International divisions of senior high schools have met the needs of some students to study abroad so far. But from a long-term point of view, it was necessary to establish clear development strategies, regulate the introduction of international courses, and tighten tuition policies so as to guarantee the healthy and orderly development of the international divisions of senior high schools.

Keywords: International Divisions of Senior High Schools; Challenges

Abstract: In the rapid process of urbanization in China, there are thirty million school-aged children, and a majority of them have spent most of their lives in the cities. The new household registration (Hukou) reform reinforced the strict population control in mega cities. Shanghai had set off a new round of campaign to drive the low-end of the working population out of town, and Beijing had begun to set extremely high thresholds for migrant youth to attend public schools. How to protect non census registered school-age children for receiving compulsory education had become a serious problem to be solved in the process of urbanization.

Keywords: Household Registration (Hukou) Reform; Migrant Youth's Education; Population Control in Mega Cities

Abstract: 2014 could be regarded as the construction year of Chinese online education. The domestic online education began to try to explore in the core areas of education, especially for K12 education, foreign language education and vocational education. At the same time, several school-in-systems carried out a small-scale pilot, and education department officials were also trying to promote interaction and fusion of online education and system of education from the policy level.

Keywords: K12 Education; Foreign Language Education; Vocational Education; O2O Learning Model; Mobile Learning

Abstract: Being the largest education reform for the past 45 years, Taiwan's 12 -

Year Public Education was launched in September 2014 finally. However, the controversy had been continued since the policy was announced, even after its implementation. Examining the results of the implementation in the first year, among four core values of the policy, only "non-compulsory" had been fully achieved through legislation. The rest of them, "universal", "free tuition", and "exam-free", hadn't been delivered properly through the execution. The inconsistency reflected the contradictory thinking and compromise character of the authorities.

Keywords: Taiwan Education; 12 – Year Public Education; Education Reform; Education Policy

B. 16 Yenching Academy and University Governance

Lin Yaqiong / 153

Abstracts: The establishment of Yenching Academy in Peking University was a noticeable event in 2014. According to the claim of Peking University, Yenching Academy was a new move to build world top universities and to improve internationalization. This paper contended the establishment of Yenching Academy indicated the administrative power strengthened while the more and more capitals flowing into universities. Internationalization is a powerful driving force and rhetorical discourse for administrative system to build world top universities. There is tension between the international idea and the characteristics of knowledge production in humanities, which results in fierce discussion and debate among scholars. In addition, the dispute about master program of Chinese Studies indicated the idea about the discipline and program in China, where there was tight connection between a discipline to a program. The institutionalization of multidisciplinary field in America, for example East Asian Studies, in the form of research centers and program, could not be used as persuasive argument in legitimation of Yenching Academy.

Keywords: Yenching Academy; Administrative Power; Internationalization; Academic Discipline; Instruction Program

Abstract: After 21st century, the teacher education system, which covered 4 - level teacher preparation and consisted of normal universities/colleges, comprehensive universities/colleges, and secondary vocational schools, was built up. At the same time, teacher education institutes were exploring multi-length education model, practice-oriented curriculum, innovation practical activities. However, such explorations were with many shackles such as the gap between theory and practice, lack of capacities preparation. The recent reform in teacher certification exam policy created a fundamental attack on the value of teacher education and made de-professionalization of teacher education.

Keywords: Normal Education; Teacher Education

Abstract: "Super High School" with the basic characteristics of "mega scale, strict management, intensity training, frequent examination, a top student super overclock much super, super high enrollment rate, 'North rate' high" once again became the focus in 2014. The "super high school" praise or blame dispute were reviewed. From the perspectives of history and reality, the reasons for the formation of "super high school" were analyzed. Some suggestions were brought out about changing traditional examination and evaluation system, correcting mistake educational achievement view of graduation rates first, proper controlling the scale.

Keywords: Super High School; Education Ecology; Educational Achievement View; Regulate School-Running Behavior

B Ⅳ Investigations and Comments

Abstract: PISA is an international student assessment program sponsored by OECD. The program was planned to mainly evaluate abilities and literacies around reading, mathematics, science, creative problem solving and finance for the 15 year old students. In order to recognize the positive and negative effects of PISA, PISA should be understood not only from the perspective of ability assessment directly, but also from the aspects of educational research and educational reform caused by PISA.

Keywords: Measurement; Scientific Research; Reform; PISA Test

Abstract: At the present, the problem of juvenile delinquency in our country stage was still more serious. Juvenile delinquency first cause in the family, appeared in school learning, eventually deteriorated out in the process of socialization. There were important links between family factors and juvenile crime. Bad family structure, improper way of family education, poor family economic and cultural environment were the key factors causing the delinquent minors. It was necessary to explore the mechanism of prevention of juvenile delinquency from the family source. Good family education environment, scientific family education, family structure could effectively help to build up the juvenile crime prevention mechanism.

Keywords: Juveniles; Delinquency; Family Structure; Family Education; Family Economic and Cultural Environment

Abstract: An investigation on current development situation of school-age children was conducted based on four dimensions: student physical health, teachers' evaluation of psychological health on students, student learning conditions in school, and school education resources distribution. The investigation compared elementary schools in provincial capitals with those in poor counties; it also further comprehensively compared elementary schools in capital cities with those in townships, villages and teaching spots. It was found that unhealthy life habits and nutrient absorb were two most hidden concerns for poor areas school-age children's physical health. The psychological health problems for school-age children in township central elementary schools were most serious. The school-age children in poor areas village elementary schools and teaching spots had insufficient basic boarding conditions, and their education resources access was far less than the township central elementary schools.

Keywords: Poor Areas; School-Age Children; Education; Healthy

Abstract: As the most vulnerable part in the school system, rural small schools' development was crucial to the realization of education equality and the promotion of social justice. Among others, teacher enhancement was the key to promote the development of rural small schools. It was necessary to hold a solid understanding of the obstacles facing teacher enhancement in rural small schools, and re-structure rural small school teachers. And this could be the key to rebuild the confidence of rural small schools, and reform their education ecology.

Keywords: Rural; Small Schools; Teacher Resources

Abstract: Aiming at the hot topics in the field of education, the survey revealed different views of respondents on education value by gender, age, and educational qualifications. The survey showed that the vast majority of the public had relatively healthy education value, attaching great importance to making children grow up healthy and happy, and paying attention to the cultivation of ability. The results appeared obvious contrast with the reality of examination-oriented education, such as elite competition and forced management to children. Respondents with higher education recognized more value to the role of parents in children's education. Respondents with the lower education had more hopes to have their children succeed. The generation after 1970s showed more liberal and democratic attitudes to education. Parents living without children in urban areas gave more support to utilitarian value, such as admission of elite schools and competition of starting line.

Keywords: Education Value of the Public; Education Survey; Educational Qualifications; Quality Education

B V　Appendices

✤ 皮书起源 ✤

“皮书”起源于十七、十八世纪的英国，主要指官方或社会组织正式发表的重要文件或报告，多以“白皮书”命名。在中国，“皮书”这一概念被社会广泛接受，并被成功运作、发展成为一种全新的出版型态，则源于中国社会科学院社会科学文献出版社。

✤ 皮书定义 ✤

皮书是对中国与世界发展状况和热点问题进行年度监测，以专业的角度、专家的视野和实证研究方法，针对某一领域或区域现状与发展态势展开分析和预测，具备权威性、前沿性、原创性、实证性、时效性等特点的连续性公开出版物，由一系列权威研究报告组成。皮书系列是社会科学文献出版社编辑出版的蓝皮书、绿皮书、黄皮书等的统称。

✤ 皮书作者 ✤

皮书系列的作者以中国社会科学院、著名高校、地方社会科学院的研究人员为主，多为国内一流研究机构的权威专家学者，他们的看法和观点代表了学界对中国与世界的现实和未来最高水平的解读与分析。

✤ 皮书荣誉 ✤

皮书系列已成为社会科学文献出版社的著名图书品牌和中国社会科学院的知名学术品牌。2011 年，皮书系列正式列入“十二五”国家重点图书出版规划项目；2012~2014 年，重点皮书列入中国社会科学院承担的国家哲学社会科学创新工程项目；2015 年，41 种院外皮书使用“中国社会科学院创新工程学术出版项目”标识。

法律声明

权威报告·热点资讯·特色资源

皮书数据库

ANNUAL REPORT(YEARBOOK) DATABASE

当代中国与世界发展高端智库平台

WWW.PISHU.COM.CN

皮书俱乐部会员服务指南

1. 谁能成为皮书俱乐部成员?

- 皮书作者自动成为俱乐部会员
- 购买了皮书产品（纸质书/电子书）的个人用户

2. 会员可以享受的增值服务

- 免费获赠皮书数据库100元充值卡
- 加入皮书俱乐部，免费获赠该纸质图书的电子书
- 免费定期获赠皮书电子期刊
- 优先参与各类皮书学术活动
- 优先享受皮书产品的最新优惠

3. 如何享受增值服务?

（1）免费获赠100元皮书数据库体验卡

第1步 刮开附赠充值的涂层（右下）；

第2步 登录皮书数据库网站（www.pishu.com.cn），注册账号；

第3步 登录并进入“会员中心”—“在线充值”—“充值卡充值”，充值成功后即可使用。

（2）加入皮书俱乐部，凭数据库体验卡获赠该书的电子书

第1步 登录社会科学文献出版社官网（www.ssap.com.cn），注册账号；

第2步 登录并进入“会员中心”—“皮书俱乐部”，提交加入皮书俱乐部申请；

第3步 审核通过后，再次进入皮书俱乐部，填写页面所需图书、体验卡信息即可自动兑换相应电子书。

4. 声明

解释权归社会科学文献出版社所有

皮书俱乐部会员可享受社会科学文献出版社其他相关免费增值服务，有任何疑问，均可与我们联系。

图书销售热线：010-59367070/7028
图书服务QQ：800045692
图书服务邮箱：duzhe@ssap.cn

数据库服务热线：400-008-6695
数据库服务QQ：2475522410
数据库服务邮箱：database@ssap.cn

欢迎登录社会科学文献出版社官网（www.ssap.com.cn）和中国皮书网（www.pishu.cn）了解更多信息

社会科学文献出版社 SOCIAL SCIENCES ACADEMIC PRESS (CHINA) 皮书系列

卡号：376380527122

密码：

S 子库介绍
Sub-Database Introduction

中国经济发展数据库

涵盖宏观经济、农业经济、工业经济、产业经济、财政金融、交通旅游、商业贸易、劳动经济、企业经济、房地产经济、城市经济、区域经济等领域，为用户实时了解经济运行态势、把握经济发展规律、洞察经济形势、做出经济决策提供参考和依据。

中国社会发展数据库

全面整合国内外有关中国社会发展的统计数据、深度分析报告、专家解读和热点资讯构建而成的专业学术数据库。涉及宗教、社会、人口、政治、外交、法律、文化、教育、体育、文学艺术、医药卫生、资源环境等多个领域。

中国行业发展数据库

以中国国民经济行业分类为依据，跟踪分析国民经济各行业市场运行状况和政策导向，提供行业发展最前沿的资讯，为用户投资、从业及各种经济决策提供理论基础和实践指导。内容涵盖农业，能源与矿产业，交通运输业，制造业，金融业，房地产业，租赁和商务服务业，科学研究，环境和公共设施管理，居民服务业，教育，卫生和社会保障，文化、体育和娱乐业等 100 余个行业。

中国区域发展数据库

以特定区域内的经济、社会、文化、法治、资源环境等领域的现状与发展情况进行分析和预测。涵盖中部、西部、东北、西北等地区，长三角、珠三角、黄三角、京津冀、环渤海、合肥经济圈、长株潭城市群、关中—天水经济区、海峡经济区等区域经济体和城市圈，北京、上海、浙江、河南、陕西等 34 个省份及中国台湾地区。

中国文化传媒数据库

包括文化事业、文化产业、宗教、群众文化、图书馆事业、博物馆事业、档案事业、语言文字、文学、历史地理、新闻传播、广播电视、出版事业、艺术、电影、娱乐等多个子库。

世界经济与国际政治数据库

以皮书系列中涉及世界经济与国际政治的研究成果为基础，全面整合国内外有关世界经济与国际政治的统计数据、深度分析报告、专家解读和热点资讯构建而成的专业学术数据库。包括世界经济、世界政治、世界文化、国际社会、国际关系、国际组织、区域发展、国别发展等多个子库。